Berthold/Quitzau (Hrsg.)
Die Wirtschafts-Welt steht Kopf

Die Wirtschafts-Welt steht Kopf

Abschied von den Illusionen – Konzepte für eine neue Wirtschaftspolitik

herausgegeben von

Prof. Dr. Norbert Berthold

und

Dr. Jörn Quitzau

Verlag Franz Vahlen München

Inhalt

„Ökonomie ist die Kunst, das Beste aus dem Leben zu machen.“

(George Bernard Shaw)

Die (Wirtschafts-)Welt steht Kopf – Vorwort

Prof. Dr. Norbert Berthold und
Dr. Jörn Quitzau

Zeitenwende, wohin man auch schaut. Ob Außenpolitik, Verteidigungspolitik, Energie- oder Klimapolitik – nach der russischen Invasion in die Ukraine soll in diesen Bereichen offenbar kein Stein auf dem anderen bleiben. Die Bürger müssen sich auf härtere Zeiten einstellen.

Eine andere Zeitenwende hat in den vergangenen Jahren längst stattgefunden: In der Wirtschaftspolitik ist nicht mehr viel, wie es mal war. Vielfach wurden die Dinge von den Füßen auf den Kopf gestellt – schleichend, Stück für Stück und ohne vorausgegangenes Machtwort des Kanzlers oder der Kanzlerin. Deshalb hat die Öffentlichkeit die Veränderungen mehrheitlich wohl gar nicht als Zeitenwende wahrgenommen. Und doch handelt es sich um einen wirtschaftspolitischen Paradigmenwechsel. Ein paar Beispiele gefällig?

Stichwort Nullzinspolitik: Normalerweise muss derjenige, der Schulden aufnimmt, seinem Kreditgeber Zinsen zahlen. Im Gegenzug erhält derjenige, der Geld verleiht, Zinsen. Dieses Prinzip wurde durch die Nullzinspolitik der vergangenen Jahre ausgehöhlt, in Teilen auf den Kopf gestellt. Der deutsche Staat musste in den Jahren 2015 bis Anfang 2022 seinen Kreditgebern kaum noch Zinsen zahlen. Im Gegenteil: Kreditgeber mussten dem deutschen Staat oft sogar Geld dafür zahlen, wenn sie ihm Geld liehen. Gleichzeitig sollten Sparer mit Strafzinsen vom Sparen abgehalten und zum Geldausgeben animiert werden. Sparsamkeit – eigentlich eine Tugend – wurde zur Untugend. Diese paradoxe Situation endete erst, als die galoppierende Inflation die Europäische Zentralbank (EZB) zwang, ihre äußerst lockere Geldpolitik zu beenden.

Stichwort Staatsfinanzierung: Die Null- und Niedrigzinsphase trieb seltsame Blüten. Die Möglichkeit der Regierungen, kostenlos oder zumindest zu extrem niedrigen Zinsen Kredit aufzunehmen, änderte bei manchen Politakteuren die Einstellung zur Staatsverschuldung. Losgetreten vom linken Flügel der demokratischen Partei in den USA machte sich international das Narrativ breit, für Staaten mit eigener Zentralbank gäbe es beim Geldausgeben kein Limit. Ausgeglichene Haushalte und Budgetbeschränkungen seien von gestern, denn die Notenbank könnte dem Staat das Geld „drucken“, das er für seine Ausgabenpläne benötigt. Unter dem Begriff „Modern Monetary Theory“ (MMT) wurde dieser Sichtweise auch noch ein wissenschaftlicher Anstrich gegeben. In Deutschland griff zum Beispiel der heutige Bundeswirtschaftsminister das Narrativ auf und schwadronierte mit den MMT-Thesen durch den Bundestagswahlkampf 2021.

Stichwort „Bedingungsloses Grundeinkommen“: Die Idee, der Staat solle allen Bürgern ein Grundeinkommen zahlen, ohne dafür eine Gegenleistung bringen zu müssen, ist salonfähig geworden. In einer Zeit, in der der Arbeitskräftemangel nicht mehr nur Zukunftsvision, sondern bereits Realität ist, sollen die Bürger also Geld vom Staat erhalten, um ihr Leben notfalls auch ohne Erwerbsarbeit gestalten zu können. Argumente gegen ein „Bedingungsloses Grundeinkommen“ – wie die Finanzierbarkeit (insbesondere in Zeiten offener Grenzen) – werden zur Seite gewischt. Die soziale Absicht und die Lust, einfach mal etwas Neues auszuprobieren, scheinen wichtiger zu sein, als eine rationale Bewertung der sozialpolitischen Utopie.

Stichwort Wachstumspolitik: Lange Zeit galten gesunde Staatsfinanzen, Deregulierung, eine liberale Handelspolitik sowie der Abbau von Bürokratie und Subventionen als wirtschaftspolitisches Erfolgsrezept. Die Rahmenbedingungen sollten so gesetzt sein, dass es den privaten Unternehmen möglichst leichtfällt, das volkswirtschaftliche Angebot auszuweiten. Die angebotsorientierte Wirtschaftspolitik setzt auf Anreize. Eigeninitiative, Innovationskraft und letztlich die Leistungsbereitschaft aller wirtschaftlichen Akteure sollen bestmöglich gefördert werden. Von dieser Grundausrichtung hat sich die Wirtschaftspolitik in den letzten Jahren immer weiter abgewendet. Statt die Rahmenbedingungen für ein größeres Angebot zu verbessern, gefällt sich die Politik seit einigen Jahren darin, aktiv ins Wirtschaftsgeschehen einzugreifen – oft mit kleinteiligen Regulierungen, die den Unternehmern die Lust am Wirtschaften nehmen. Die Selbstheilungs- und Produktivkräfte des Marktes sind offenkundig aus der Mode gekommen. Wenn die Dinge den Politikern sichtbar entgleiten, greifen sie in der Not einfach zu Verzichtsappellen oder gar zu Rationierungen, statt die zugrundeliegenden Missstände mit allen Mitteln zu beseitigen. So war es während der Corona-Krise: Auch im zweiten Winter nach Pandemiebeginn versuchte die Politik noch krampfhaft, mit Lockdowns und Kontaktbeschränkungen aller Art die Nachfrage nach Krankenhausbetten zu reduzieren. Die Alternative, nämlich die Kapazitäten im Gesundheitswesen kräftig zu erhöhen, spielte keine große Rolle. Auch die Energiekrise zeigt, dass die Politik im Zweifel lieber auf moralische Appelle und Verzichtsbereitschaft der Bürger setzt, als alles Notwendige zu tun, um die Energieversorgung sicherzustellen. Das vom Bundeswirtschaftsminister mantraartig vorgetragene „Deutschland hat kein Stromproblem" sollte schnell als Makulatur enttarnt werden. Denn als die Deutschen in großer Zahl Heizlüfter kauften, um eine Alternative zur Gasheizung zu haben, meldete sich der Chef der Bundesnetzagentur zu Wort: Wenn zu viele Menschen gleichzeitig mit Heizlüftern heizen, könnten die Stromnetze zumindest regional überlastet werden. Statt die großen Weichen richtig zu stellen (Weiternutzung der Atomkraft), werden von hoher Stelle lieber kleinteilig Tipps zum Energiesparen erteilt.

Woher kommt es, dass die Welt heute gefühlt auf dem Kopf steht? Woran liegt es, dass der Staat als wirtschaftlicher Akteur sein Comeback feiern konnte? Die Spurensuche reicht zurück zur globalen Finanzkrise 2007/08. Bis zur Finanzkrise gab es ein weit verbreitetes Vertrauen in die Marktwirtschaft. Zwar dominierte in gewissen Kreisen nach wie vor das Unbehagen gegenüber Markt und Kapitalismus, doch die Erfolge marktwirtschaftlicher Reformen sprachen für sich. Misst man eine Wirtschaftsordnung an ihren Ergebnissen, so ist klar, dass die Marktwirtschaft – ergänzt um sozialen Ausgleich – anderen Ordnungen haushoch überlegen ist. Ein Bündel marktorientierter wirtschaftspolitischer Reformmaßnahmen wurde im sogenannten *Washington Consensus* verdichtet. Internationale Organisationen wie der IWF stützten sich lange Zeit auf diesen wirtschaftspolitischen Konsens: Solide Staatsfinanzen, Privatisierung, Deregulierung und vieles mehr waren als Grundlage für wirtschaftliche Stabilität und Wachstum anerkannt. Diese positive Sicht auf marktorientierte Reformen änderte sich mit der globalen Finanzkrise. Viele Kritiker sahen sich in ihren Vorbehalten bestätigt: Märkte neigten zu irrationalen Übertreibungen. Die Gier der Menschen führe ins Verderben.

Doch die Ursachen der Finanzkrise allein auf Unzulänglichkeiten des Marktes und der Markakteure zu reduzieren, wäre nicht sachgerecht. Am Entstehen der US-Immobilienblase, die der Auslöser der globalen Finanzkrise war, waren auch andere beteiligt. Die amerikanische Zentralbank hatte die Wirtschaft mit ihrer expansiven Geldpolitik mit zu viel Liquidität versorgt. Das begünstigte die Blasenbildung an den Finanz- und Vermögensmärkten. Und die Politik hatte nicht nur versäumt, den Finanzsektor angemessen zu regulieren. Sie hat mit dem politischen Ziel, möglichst vielen Amerikanern zu einem Eigenheim zu verhelfen, die Exzesse insbesondere am Subprime-Markt mit angeheizt.

Das Beispiel der globalen Finanzkrise zeigt: Die wirtschaftliche und gesellschaftliche Realität ergibt sich immer aus dem Zusammenspiel von Markt und Staat. Märkte können versagen. Doch der Staat, der das Marktversagen heilen soll, kann ebenso versagen. Ökonomen haben beides, Markt- und Staatsversagen, ausgiebig erforscht. Theorie und Praxis sprechen dafür, dass dem Markt ein Vertrauensvorschuss gebührt.

Schaut man sich die Gründe für das Versagen von Märkten genau an, lassen sich alle unerwünschten Fehlentwicklungen auf zwei grundlegende Aspekte zurückführen: In bestimmten Marktkonstellationen sind die Akteure zu eigennützig und/oder ihnen fehlen wichtige Informationen, um zu einem gesamtwirtschaftlich optimalen Ergebnis zu kommen. Doch auch Politiker, die etwaiges Marktversagen prinzipiell heilen könnten, sind weder allwissend, noch sind sie reine Altruisten. Deshalb sind staatliche Lösungen umso eher sachgerecht, je größer der fachliche und moralische Vorsprung der regierenden Politiker gegenüber den Bürgern ist. Fehlt dieser Vorsprung, dann sind Marktlösungen zu bevorzugen. (Norbert Walter)

Im Informationszeitalter ist der Wissensvorsprung der Regierenden dramatisch abgeschmolzen. Jeder interessierte Bürger hat heute mühelos Zugriff auf praktisch alle für ihn interessanten Informationen. Das Wissen der Top-Experten aus allen Bereichen und Fachdisziplinen ist dank des Internets und der neuen Medienformate (Podcasts etc.) für jeden Bürger verfügbar. Die Zeiten, in denen nur die politischen Akteure Zugriff auf die Top-Experten und dadurch einen entscheidenden Informationsvorsprung hatten, sind vorbei. Zudem heben sich die Politiker gemessen an ihrer formalen Qualifikation kaum noch von der zu einem größeren Teil akademisierten Bevölkerung ab. Der fachliche Vorsprung, der sie zu besseren Problemlösern machen könnte, ist weitgehend dahin. Auch moralisch dürften Politiker im Schnitt kaum besser sein als die Bürger. Allein der Wunsch nach Wiederwahl führt für Politiker oft genug zu inneren Konflikten – denn das, was eine sachgerechte politische Maßnahme wäre, ist nicht immer das, was beim Wähler gut ankommt. Bei einer realistischen Betrachtung politischer Prozesse spricht viel dafür, möglichst viel Verantwortung an den Markt und damit an die Bürger zu geben und den Einfluss der Politik auf die Bereiche zu beschränken, wo der Markt an seine Grenzen stößt.

Bis hierher zielte die Argumentation auf Effizienzfragen. Darüber hinaus gibt es noch eine staatsphilosophische Komponente. In den westlichen Demokratien ist es keine Frage, dass der Staat Dienstleister für seine Bürger ist. Die Gesellschaften werden prinzipiell vom Individuum her gedacht („Mechanische oder Instrumentelle Staatsauffassung"). Ganz anders sieht es in Autokratien aus. Hier wird die Gesellschaft als ein natürlicher Organismus gesehen, in den sich das Individuum einzufügen hat („Organische Staatsauffassung"). Der Staat hat einen Selbstzweck, hinter dem die individuellen Bedürfnisse der Bürger zurückzustehen haben. Der Zusammenbruch des Kommunismus war nicht das Ende der Geschichte. Heute erleben wir, dass das autoritäre China unter Staatspräsident Xi Jinping zum Systemwettbewerb gegen die liberalen Demokratien des Westens antritt. Umso wichtiger ist es, die Funktionsbedingungen unserer Wirtschafts- und Gesellschaftsordnung zu verstehen und zu verteidigen.

Wir möchten mit diesem Buch Wege für eine bessere Wirtschaftspolitik aufzeigen. Als Ökonomen geht es uns naturgemäß um ökonomisch sinnvolles Handeln. Es geht uns um die effiziente Nutzung knapper Ressourcen. Es geht darum, Verschwendung zu vermeiden und aus den knappen Ressourcen das Bestmögliche herauszuholen. Oder um es mit den eingangs zitierten Worten von George Bernard Shaw zu sagen: „Ökonomie ist die Kunst, das Beste aus dem Leben zu machen".

„Die Soziale Marktwirtschaft ist die schlechtes-te Wirtschaftsord-nung, ausgenom-men aller anderen, die schon auspro-biert wurden.“

(nach Winston Churchill)

Wirtschaftspolitik heute: Viel ordnungspolitischer Unfug

__Norbert Berthold__ war Inhaber des Lehrstuhls für Volkswirtschaftslehre, insbesondere Wirtschaftsordnung und Sozialpolitik an der Julius-Maximilians-Universität Würzburg. Er ist Mitglied des Wissenschaftlichen Beirats beim Bundesministerium für Wirtschaft und Klimaschutz. Im Jahre 2002 erhielt er den Ludwig Erhard-Preis für Wirtschaftspublizistik.

Prof. Dr. Norbert Berthold

Die Skepsis der Bürger gegen marktwirtschaftliche Ordnungen wächst. Unter den Parteien besteht weitgehend Konsens, die Bürger müssen vor den Unbilden der Welt gerettet werden. Und die Bürger wollen gerettet werden. Sicherheit ist ihnen wichtiger als Freiheit. Der Ruf nach dem Staat wird lauter. Die Krisen der vergangenen Jahre haben bewährte wirtschaftspolitische Grundsätze weggespült. Regelgebundene Politik und eine effiziente Aufgabenverteilung sind aus der Mode. Die Wirtschaftspolitik eilt von Notfall zu Notfall. Interventionsspiralen sind das Ergebnis. Eine „neue" Ordnungspolitik muss viererlei anpacken: Sie muss „alte" Glaubenssätze wieder aktivieren, für neue Entwicklungen neue Regelwerke finden, Regeln für ein Krisenmanagement entwickeln und Unvollkommenheiten auf politischen Märkten verringern.

Die deutsche Wirtschaftspolitik der Nachkriegszeit war ein Erfolgsmodell. Die wettbewerbliche Ordnung und eine regelgebundene Wirtschaftspolitik waren wichtige Elemente. Das hat Deutschland das „Wirtschaftswunder" und die Wiedervereinigung beschert. Seither geriet allerdings die regelbasierte und stabilitätsorientierte Wirtschaftspolitik mit distributivem Augenmaß auf Abwege. Seit dem Jahr 2007 haben multiple Krisen diese regelvergessene Entwicklung verstärkt. Drei Ereignisse werfen ein Schlaglicht auf die Verwahrlosung der Ordnungspolitik: In Berlin will eine Mehrheit der Wähler privates Immobilieneigentum teilweise verstaatlichen, um die Wohnungsknappheit zu beseitigen. Die Garantie des Privateigentums wird obsolet, ein Grundpfeiler der Marktwirtschaft. Auch die Makro-Politik steht Kopf. Die EZB operierte lange mit Null- und Negativzinsen. Nun hat sie die Kontrolle über die Inflation verloren (Otmar Issing). Die Inflation galoppiert. Nicht mehr die Geld-, die Fiskalpolitik soll es richten, Inflation zu bekämpfen. Das wirtschaftspolitische Assignment wird auf den Kopf gestellt. Auch in der Politik der sozialen Gerechtigkeit sind ordnungspolitische Tabubrüche gang und gäbe. Es geht immer weniger um existentielle staatliche Hilfe zur Selbsthilfe. Ein bedingungsloses Grundeinkommen wird ernsthaft diskutiert.

Alte „Glaubenssätze" (Grundsätze der Wirtschaftspolitik)

Die Erfolge marktwirtschaftlicher Ordnungen sind unbestritten. Sie sind eine Wohlstandsmaschine, weltweit. Ohne evidenzbasierte Regeln (Institutionen), die sich der veränderten Umwelt anpassen, ist der Erfolg aber nicht denkbar. Erst eine wettbewerbliche Ordnung lenkt die Anstrengungen der Marktteilnehmer in die gesamtwirtschaftlich erwünschte Richtung (Hans Gersbach). Der Marktmechanismus sorgt für ökonomische Effizienz, statisch und dynamisch. Knappe Ressourcen werden in die produktivste Verwendungsart gebracht. Das schafft (wachsenden) materiellen Wohlstand. Flexible Märkte sorgen aber auch für eine hohe Anpassungskapazität bei exogenen Schocks. Neudeutsch: Sie machen Volkswirtschaften resilienter. Nicht nur in Zeiten von Krisen ist das von Vorteil. Das Problem ist allerdings, dass eine effiziente marktwirtschaftliche Ordnung von Voraussetzungen lebt, die der Markt selbst nicht schaffen kann. Märkte funktionieren nur, wenn der Staat einen adäquaten ordnungspolitischen Rahmen schafft. Die wichtigsten Regeln sind schnell aufgezählt: Private Eigentumsrechte müssen garantiert werden, private Vertragsfreiheit ist sicherzustellen, ein ungehinderter Zugang zu den Märkten muss möglich sein. Der Preismechanismus sorgt dann dafür, dass die Pläne der Marktteilnehmer (effizient) koordiniert werden.

Die Aufgaben des Staates in einer marktwirtschaftlichen Ordnung sind klar vorgegeben. Er setzt die Spielregeln, überwacht sie, agiert als Schiedsrichter, sanktioniert Regelverletzungen, spielt aber nicht mit (Ludwig Erhard). Der Staat korrigiert Mängel im Marktmechanismus, idealerweise allerdings nur, wenn sie größer ausfallen als die Mängel seiner eigenen Eingriffe. Externe Effekte sind zu korrigieren, informatorische Defizite zu verringern, Marktmacht zu unterbinden. Es gilt allerdings auch: Der Markt ist zwar (relativ) effizient, gerecht ist er aber nicht. Damit hat der Staat auch die Aufgabe, für eine Balance von marktlicher Effizienz und gesellschaftlich erwünschter Gerechtigkeit zu sorgen. Dabei sollte er allerdings darauf achten, dass „soziale Gerechtigkeit" möglichst wenig effizienzverschlingend produziert wird. Die gesellschaftlich geforderte staatliche Umverteilung von „reich" zu „arm" sollte über das Steuer-Transfer-System, nicht aber durch (diskretionäre) Interventionen in den Preismechanismus erfolgen. Die vielen „Bremsen" in Corona- und Energiekrise zeigen, dass die Politik diese Regel sträflich verletzt. Eine anreizkompatiblere Form, materielle Ungleichheiten längerfristig zu verringern, ist eine höhere soziale Mobilität. Stabilere Familien, bessere Schulen, funktionierende Arbeitsmärkte sind nützlich. Auch dabei kann der Staat helfen.

Ordnungspolitischer Unfug wird auch spürbar verringert, wenn die Makro-Politiken bestimmten Regeln folgen. Das gilt für die Geld- und Fiskalpolitik. Monetäre und fiskalische Makro-Politiken sollten nicht diskretionär eingesetzt werden, sie sollten regelgebunden agieren. Eherne Regeln sind das Tinbergen-Prinzip und ein klares wirtschaftspolitisches Assignment. Wirtschaftspolitische Mittel sollten sich zum einen auf nur ein Ziel der Wirtschaftspolitik konzentrieren (Jan Tinbergen). Es ist keine gute Idee, mit einem Mittel mehrere Ziele anzusteuern. So ist etwa das Vorhaben der EZB, mit der Geldpolitik nicht nur die Inflation im Zaum zu halten, sondern auch den Klimawandel aufzuhalten, wenig ineffizient. Es spricht vieles dafür, dass sie keines der beiden Ziele erreicht. Das Mittel sollte zum anderen eingesetzt werden, das am besten geeignet ist, ein Ziel mit minimalem Aufwand zu erreichen (Assignment). Eine Regel lautet: Die Geldpolitik (Notenbank) sollte sich um Preisniveaustabilität kümmern, die Fiskalpolitik (Staat) sollte öffentliche Güter effizient anbieten, Lohn- und Tarifpolitik (Tarifpartner) sollte für Vollbeschäftigung sorgen. Diese Regel wird auf den Kopf gestellt, wenn die Notenbank zum Klimaschützer mutiert, die Fiskalpolitik inflationäre Entwicklungen bekämpft und die Tarifpartner öffentliche Güter produzieren.

Die fiskalische Makro-Politik ist auch noch aus einem anderen Grund besonders anfällig für ordnungspolitischen Unfug. Mit dem Instrument der Staatsverschuldung verfügt sie über ein mächtiges Instrument, Lasten auf künftige Generationen zu verlagern. In Demokratien ist der Anreiz der Politik groß, heute den Wählern das Blaue vom Himmel zu versprechen und die finanziellen Lasten über höhere Schulden auf die Zukunft zu verlagern. Das wäre weniger schlimm, wenn die Politik die Mittel aus der Kreditnahme für investive Zwecke verwenden würde. Garantiert ist das aber nicht. Die Realität zeigt tagtäglich das Gegenteil. Der Löwenanteil der kreditär finanzierten staatlichen Ausgaben entfällt auf staatlichen Konsum. Es spricht vieles dafür, staatliche Verschuldung für staatliche Investitionen zu reservieren. Das ist aber leichter gesagt als getan. An den Kriterien, was staatliche Investitionen sind, scheiden sich seit langem die Geister. In der Not bleibt nur die Schuldenbremse, der fiskalische Holzhammer, der die staatliche Budgetrestriktion härten soll. Wenn es dumm läuft, trifft das Schuldige (Konsumfinanzierung) und Unschuldige (Investitionsfinanzierung). Unstrittig ist allerdings (bisher) eine andere fiskalische Regel. Monetäre Staatsfinanzierung ist verboten. Die Erfahrungen zeigen, die Gefahr inflationärer Entwicklungen ist zu groß.

Veränderte ökonomische Umwelt

Eine erfolgreiche marktwirtschaftliche Ordnung braucht „gute" Regeln. Sie strukturieren das Verhalten der Marktteilnehmer, setzen individuelle Anreize für marktkonformes Verhalten, legen fest was des Marktes und was des Staates ist, haben aber keinen Ewigkeitscharakter (Wolf Schäfer). „Gute" Regeln haben sich in der Vergangenheit bewährt. Sie sind anreizkompatibel, vermeiden also, dass Handlung und Haftung auseinanderfallen. Was „gut" ist, muss nicht „gut" bleiben. Ändern sich die wirtschaftlichen Umstände oder unser Wissen über Regeln, können auch „gute" Regeln obsolet werden. Sie müssen sich an die neuen Gegebenheiten anpassen. Es ist ein Missverständnis zu glauben, nur „gute" rechtliche Regeln garantierten „gute" ökonomische Ergebnisse. Wirtschaftliches Zusammenleben funktioniert nur, wenn sich wirtschaftliche Akteure vertrauen. Solches Vertrauen entsteht durch Bindungen der Menschen untereinander. Daraus entwickeln sich Normen, also Regeln und Verhaltensmuster, die helfen die Bindungen zu stabilisieren. Ohne sie lassen sich die formellen, rechtlichen Bindungen nicht oder nur unter hohen (Transaktions-)Kosten aufrechterhalten. Die marktwirtschaftliche Ordnung würde kaum reibungslos funktionieren. Es braucht also beides, „gute" formale, rechtliche und informelle, nicht rechtliche Regeln.

„Gute" Regeln haben eine Achillesferse. Sie lassen sich nur schwer installieren. Einmal installiert haben sie eine Tendenz, sich selbst zu zerstören. Die marktwirtschaftliche Ordnung lebt von Voraussetzungen, die Märkte selbst weder schaffen noch garantieren können. Bei den formalen, rechtlichen Regeln ist sie auf die Hilfe der Politik angewiesen. Unvollkommene politische

Märkte verhindern allerdings oft, dass ein effizienter ordnungspolitischer Rahmen installiert wird. Die Politik ist nicht primär an ökonomischer Effizienz orientiert, sie interessiert sich zuerst für Wählerstimmen. Dabei folgt sie konsequent der Logik des Politischen, möglichst viele Gruppen spürbar zu begünstigen und die Lasten möglichst unfühlbar auf die breite Masse zu verteilen. „Weiche“ Budgetrestriktionen helfen. Staatliche Verschuldung ist ein beliebtes Mittel. Eine regelgebundene Politik, die etwa die Budgetrestriktion mit Fiskalregeln „härtet“, ist für die Politik ein Hindernis. Politisch ertragreiche und ökonomisch effiziente Lösungen sind deshalb oft zwei Paar Schuhe. Auch beim informellen, nicht-rechtlichen Rahmen ist die Marktwirtschaft auf die Hilfe anderer angewiesen. Allerdings ist auch die Politik nicht in der Lage, den „sozialen Kitt“ gesellschaftspolitisch direkt herzustellen. Er entsteht vor allem durch viele Nicht-Markt-Institutionen, wie Familien, Kommunen, Vereinen, Kirchen und vielen anderen mehr, die auf freiwilligen Entscheidungen der Bürger basieren.

„Gute“ Regeln sind nicht nur schwer zu installieren und inhärent instabil. Auch exogene Schocks können ihnen zusetzen. Die Erfahrungen zeigen, Not kennt kein Gebot. Vor allem in Krisen zeigen Haushalte, Unternehmen und Politik oft kein Verständnis für regelhaftes Verhalten. Und die Zahl der „großen“ Krisen hat in den letzten Jahrzehnten zugenommen. Allerdings: Es gab Krisen fast aus dem „Nichts“ und Krisen quasi mit „Ansage“. Die Finanz-, Flüchtlings-, Corona- und Ukraine-Krise zählen zur ersten Gruppe. Die Euro-Krise, der demographische Wandel, die Zuwanderung, der Klimawandel, die De-Industrialisierung gehören zur zweiten Kategorie von Krisen. Beide Arten von Krisen erhöhen die Anpassungslasten für eine Volkswirtschaft. Bei den Krisen aus dem „Nichts“ ist weder der Eintritt noch der Zeitpunkt vorhersehbar („unknown unknowns“). Der Anpassungsbedarf steigt sprunghaft an. Das ist bei Krisen mit „Ansage“ anders. Die Krise ist absehbar, oft ist der Zeitpunkt (Korridor) des Eintritts bekannt („known unknowns“). Der Anpassungsbedarf verteilt sich über die Zeit. Die Erfahrungen zeigen, bei beiden Arten von Krisen treffen große Anpassungslasten auf zu geringe Anpassungskapazitäten. Das müsste allerdings nicht sein. Die Marktteilnehmer könnten Vorsorge treffen. Das gilt für Haushalte, Unternehmen und Staaten. Die Anpassungskapazitäten würden erhöht. Tatsächlich tun sie das in der Regel aber nicht ausreichend.

Die Krisen mit „Ansage“ sind eigentlich beherrschbar. Es ist den wirtschaftlichen Akteuren lange genug klar, was auf sie zukommt. Sie müssen sich nicht abrupt anpassen. Es bleibt genügend Zeit sich mit den neuen Gegebenheiten vertraut zu machen. Trotzdem sorgen sie zumeist nicht vor. Tätig werden sie oft erst, wenn das Kind in den Brunnen gefallen ist. Das gilt für den demographischen Wandel, den Strukturwandel und den Klimawandel. Es trifft auch auf die EWU zu. Sie ist eine Fehlkonstruktion mit hohem „moral hazard"-Potential und geringen Überlebenschancen. Schwieriger ist es bei den Krisen aus dem „Nichts". Das gilt für die Finanz-, die Corona- und die Ukraine-Krise. Der Anpassungsbedarf schnellt von heute auf morgen hoch. Die eigentliche Gefahr liegt in möglichen Kaskadeneffekten solcher Verwerfungen. In der Finanzkrise drohte die finanzielle Kernschmelze. Die Corona-Krise drohte, die wirtschaftlichen Aktivitäten lahm zu legen. In der Ukraine-Krise besteht wegen des Mangels an Energie die Gefahr einer industriellen Kernschmelze. Ein regelorientiertes Verhalten reicht nicht. Eine Art „Kriegswirtschaft" ist notwendig, um das Schlimmste abzuwenden, wirtschaftlich, gesellschaftlich und sozial. Der Staat muss mit Notmaßnahmen versuchen, Zeit für die Anpassung über die Märkte zu kaufen. Einen wirklichen Plan gibt es dafür allerdings nicht.

Welt der Ökonomen steht Kopf

Der ordnungspolitische Unfug nimmt zu. Die vielen Krisen haben dazu beigetragen, dass ordnungspolitische Regeln (noch) stärker missachtet werden. Eingriffe in private Eigentumsrechte nehmen zu, staatliche Umverteilung erfolgt immer stärker über Preise, das wirtschaftspolitische Assigment wird auf den Kopf gestellt, staatliche Budgetrestriktionen werden aufgeweicht. Die Garantie des Privateigentums ist ein tragender Pfeiler marktwirtschaftlicher Ordnungen. Die Tendenzen sind eindeutig. Private Eigentumsrechte stehen auf dem Prüfstand. Offenkundig wird das in der staatlichen Wohnungspolitik. Am weitesten vorgewagt, haben sich die Wähler in Berlin. Sie sind mehrheitlich dafür, Wohnungseigentum zu verstaatlichen. Marktwidrige Mietpreisbremsen reichen ihnen nicht, bezahlbare Wohnungen werden noch knapper. Diese marktwidrigen Eingriffe verringern die Wohnungsnot nicht, ganz im Gegenteil. Der Angriff auf das Privateigentum geht allerdings weiter. In der Corona-Krise wurde – auch von bekannten Ökonomen – der Vorschlag gemacht, Patente für Impfstoffe zu vergesellschaften, Zwangslizenzen an den Staat zu vergeben und eine Art staatlicher „Kriegswirtschaft" zu betreiben. Damit aber nicht genug. In der gegenwärtigen Energiepreis-Krise hat die Bundesregierung eine Übergewinnsteuer eingeführt. Weitergehende Vorschläge, eine Vermögensabgabe zu erheben, liegen auf dem Tisch.

Der Preismechanismus ist das Herzstück der Marktwirtschaft. Eine relativ effiziente Allokation ist ein großer Vorteil, eine eher ungerechte Verteilung ein möglicher Nachteil. Die Lehren daraus sind nicht nur, allokative Verzerrungen ursachenadäquat anzugehen, sondern auch Allokation und Verteilung so gut es geht voneinander zu trennen. Umverteilung sollte nicht mit der Gießkanne über die Preise, sie sollte über gezielte Transfers an Bedürftige erfolgen. Diese Regel wird immer weniger beachtet. Ein Beispiel ist die Mietpreis-Bremse. Sie verknappt das Angebot an Wohnungen und begünstigt die Bestandsmieter zu Lasten der Neumieter. Wird (zumeist) keine Fehlbelegungsabgabe erhoben, profitieren einkommensstärkere Haushalte. Ein Paradebeispiel für eine Umverteilung mit der Schrotflinte ist auch die Gaspreis-Bremse. Wird mit der Gießkanne verteilt, profitieren alle, arm und reich. Die unerwünschten Verteilungswirkungen sollen nach einem Vorschlag des SVR mit temporär höheren Steuern für Besserverdienende abgemildert werden. Ein besseres Beispiel für eine Interventionsspirale ist schwer zu finden. Denselben Fehler beging die Politik schon beim Energiegeld in der Corona-Krise. Es widersprach allen Regeln einer effizienten und gerechten Umverteilung. Eigentlich sollten nur Bedürftige in den Genuss staatlicher Hilfe kommen.

Es ist gesellschaftlicher Konsens, der Staat muss allen Bürgern ein (soziokulturelles) Existenzminimum garantieren. Das gilt unabhängig davon, ob Menschen unverschuldet oder selbst verschuldet in Not geraten sind. Die Hilfe der Gesellschaft ist aber nicht bedingungslos. Sie ist eine staatliche Hilfe zur individuellen Selbsthilfe. Auch darüber besteht (noch) gesellschaftliches Einvernehmen. Das Prinzip von „fördern und fordern" drückt diesen Konsens aus. Es besteht allerdings die Gefahr, dass auch in der Grundsicherung eine Zeitenwende ansteht. Die kontroverse Diskussion um das Bürgergeld hat gezeigt, die Regel, wonach der Sozialstaat für seine Leistungen eine Gegenleistung verlangen kann, gerät unter Druck. Die seit den Hartz-Reformen gefundene neue Balance zwischen Großzügigkeit staatlicher Leistungen und Forderungen an die Transferempfänger kommt ins Wanken. Das „Fördern" soll ausgebaut, das „Fordern" verringert werden. Mit dem neuen Bürgergeld entsteht zwar kein „fast bedingungsloses" Grundeinkommen (Bert Rürup). Von einem „bedingungsarmen" Grundeinkommen (Holger Schäfer) kann man allerdings getrost sprechen. Damit nistet sich die Philosophie, dass der Sozialstaat bedingungslos sei, immer mehr in unserer Gesellschaft ein. Das hat einen (hohen) Preis. Umverteilung wird effizienzverschlingender.

In den vielen Krisen der letzten Jahre gerieten auch die Regeln einer effizienten wirtschaftspolitischen Aufgabenteilung unter die Räder. Die wirtschaftlichen Akteure eilten von Notfall zu Notfall. Das gilt vor allem für die EZB. Sie verletzt die Tinbergen-Regel. Mit der Geldpolitik verfolgt sie nicht nur das Ziel der Preisniveaustabilität, eher erfolglos, wie die hohe Inflationsrate zeigt. Sie strebt seit einiger Zeit auch klimapolitische Ziele an. Gewichtiger ist allerdings, dass sie seit der Finanzkrise mehr fiskal- als geldpolitisch unterwegs ist (Assignment-Problem). Die Aufgabenteilung zwischen Staat und EZB hat sich geändert. Die EZB ist stark in fiskalpolitisches Fahrwasser geraten. Sie betreibt (verbotene) monetäre Staatsfinanzierung. Damit stützt sie nicht nur die ausufernde Verschuldungspolitik der Mitgliedsländer, sie stabilisiert auch die EWU. Die Nebenwirkungen dieses neuen Politik-Mix sind erheblich. Mit der Staatsfinanzierung über die Notenpresse „weicht" die EZB die staatliche Budgetrestriktion weiter auf. Die Politik selbst tut fiskalisch alles, damit die Budgetrestriktion „weich" bleibt. Von den Fiskalregeln ist wenig geblieben. Die Schuldenregel ist ausgesetzt. Immer neue Nebenhaushalte („Sondervermögen") verschleiern die fiskalische Regelverletzung. Das erschwert die eigentliche Arbeit der EZB, die galoppierende Inflation im Zaum zu halten.

„Neue" Ordnungspolitik

Vor allem die „Krisen mit Ansage" haben die strukturellen Defizite hierzulande aufgezeigt. Die großen Anpassungslasten trafen auf eine geringe Anpassungskapazität. Was ist zu tun? Es ist wenig erfolgversprechend, die Anpassungslasten der Krise zu verringern. Sie sind da und müssen getragen werden. Mehr Erfolg versprechen Maßnahmen, die helfen die Anpassungskapazität zu erhöhen. Das ist die Stunde der Angebotspolitik. Davon ist allerdings wenig zu sehen. Die Anpassung erfolgt weniger über die Märkte. Eher gilt: „Kick the can down the road." Es ist die Zeit der Staatswirtschaft, der sozialen Transfers, der Subventionen, der staatlichen Unternehmer. Aber auch der Bazookas, der Wummse und Doppelwummse. Die Probleme werden mit Geld zugekleistert. Alle wollen entlastet werden. Tatsächlich sind wir alle zusammen ärmer geworden. Es ist deshalb nicht möglich, alle zu entlasten. Der Staat kann die Lasten nur verteilen. Wenn aber die Bürger, die Lasten partout nicht tragen wollen, bleibt nur der Ausweg, sie über staatliche Verschuldung zu finanzieren. Die eingetretenen Lasten werden auf künftige Generationen verlagert.

Die ordnungspolitische Verwahrlosung ist offensichtlich. Eine „neue" Ordnungspolitik muss viererlei anpacken: Sie muss „alte" Glaubenssätze wieder aktivieren, für neue Entwicklungen neue Regelwerke finden, Regeln für ein Krisenmanagement entwickeln und Unvollkommenheiten auf politischen Märkten verringern. Die „alten" Glaubenssätze regelorientierter Wirtschaftspolitik sind nicht obsolet. Sie sind notwendiger denn je. Private Eigentumsrechte zu garantieren, private Vertragsfreiheit sicherzustellen und den Marktzugang offen zu halten sind noch immer Herzstücke. Staatliche

Umverteilung nicht über die Preise zu betreiben, ein effizientes wirtschaftspolitisches Assignment wieder herzustellen, den Tinbergen-Vorschlag umzusetzen und für „harte" staatliche Budgetrestriktionen zu sorgen, gehören ebenfalls zum Kernbestand der guten „alten" Ordnungspolitik. Aber es gibt auch Entwicklungen auf neuen Märkten, für die neue, passgenauere Regelwerke notwendig sind (Hans Gersbach). Es ist etwa unklar, wie „gute" Regelwerke für das Bankensystem, für die Betreiber sozialer Netzwerke und Suchmaschinen oder für die „Sharing Economy" aussehen. Notwendig ist ein Entdeckungsverfahren für geeignete Regelwerke. Helfen könnten Experimentierräume (regulatorische Reallabore), um zu neuen Erkenntnissen zu kommen.

Die Finanzkrise hat es zuerst offengelegt, die Euro-Krise hat es verstärkt, die Corona-Krise und die Ukraine-Krisen haben es bestätigt: Die (Wirtschafts-)Politik hatte in den Krisen keinen Plan, wie sie vorgehen sollte. Auch die Ökonomie war eher blank. Für regelgebundenes Verhalten war es zu spät. Es galt den Systemzusammenbruch zu verhindern. Es war zunächst unklar, was zu tun sei. Handlungsvorgaben existierten nicht. Man handelte ad hoc. Das glich einem Schießen im Nebel auf ein laufendes Ziel (Joseph A. Schumpeter). Erst die täglichen Erfahrungen mit Versuch und Irrtum brachten mehr Wissen. Vieles lief schief. Ordnungspolitischer Schweinkram (Olaf Sievert) war unvermeidlich. Die geld- und fiskalpolitische Artillerie verhinderte zunächst das Schlimmste. Der Preis wurde erst später sichtbar: Die Zahl der Zombie-Unternehmen nahm zu, negative Anreizeffekte traten auf, die Staatsverschuldung explodierte, Steuerzahler wurden stark belastet. Da keine der Krisen wie die andere war, sind klare evidenzbasierte Regeln für ein Krisenmanagement schwierig. Einige Anhaltspunkte über die Prinzipien staatlicher Hilfen existieren aber schon: Geholfen werden soll Menschen, nicht Unternehmen. Die kritische Infrastruktur muss geschützt werden. Eine klare Arbeitsteilung zwischen Staat und Wirtschaft ist notwendig (Christoph Eisenring).

Es ist schon schwer genug, „gute" Regeln zu finden. Noch schwerer ist es allerdings, sie auch in die Tat umzusetzen. Darüber wird auf politischen Märkten entschieden. Diese funktionieren aber anders als ökonomische. Ökonomische Effizienz ist eher nebensächlich, Wiederwahlchancen dominieren. Gedacht wird in Legislaturperioden, nicht in Generationen. Politische Märkte haben Mängel. Rationales Unwissen der Wähler ist an der Tagesordnung. Abgestimmt wird über politische Paketlösungen. „Rent seeking" von Interessengruppen dominiert. Die Budgetrestriktionen der Politiker sind „weich". Staatliche Verschuldung (explizit und implizit) fördert ineffiziente Entscheidungen. Die Chancen, dass sich Politiker für einen effizienten Ordnungsrahmen entscheiden, sind eher gering. Viel wäre gewonnen, wenn es gelänge, die Kluft zwischen Handlung und Haftung der Politik zu verringern. Der Einbau von Elementen der direkten Demokratie wäre ein Anfang. Die Macht der Interessengruppen zu beschränken, wäre sinnvoll, mehr Transparenz auf politischen Märkten ein geeignetes Mittel. Alle diese marginalen Reformelemente könnten helfen, unvollkommene politische Märkte funktionsfähiger zu machen. Tatsächlich dürfte der Weg einer wirksamen Reform der politischen Märkte aber steinig sein. Schließlich müssen die Profiteure der gegenwärtigen Verhältnisse möglichen Veränderungen zustimmen. Das ist nicht zu erwarten.

Fazit

Auch in der Wirtschaftspolitik gibt es eine Zeitenwende. Sie kündigte sich nicht mit einem lauten Knall an, sie kam auf leisen Sohlen. Die Krisen der letzten 15 Jahre beschleunigte sie. „Alte" Grundsätze der Wirtschaftspolitik kommen immer mehr aus der Mode. Die „moderne" Wirtschaftspolitik hat mit Ordnungspolitik nur noch wenig am Hut. Das entspricht dem herrschenden Zeitgeist. Die Skepsis der Bürger gegen marktwirtschaftliche Ordnungen wächst. Unter den Parteien besteht weitgehend Konsens, die Bürger müssen vor den Unbilden der Welt gerettet werden. Und die Bürger wollen gerettet werden. Sicherheit ist ihnen wichtiger als Freiheit. Der Ruf nach dem Staat wird lauter. Die Bürger können von staatlichen Leistungen nicht genug kriegen. Dafür bezahlen wollen sie aber nicht. Die Bereitschaft ist groß, marktliche Prinzipien ohne viel Federlesens aufzugeben. Die Lasten aus den Krisen machen uns alle ärmer. Aber alle wollen entlastet werden. Und die Politik nährt diese Illusion. Tatsächlich kann sie die Lasten nur umverteilen. Und sie tut es, zu Lasten künftiger Generationen. Die Politik setzt die Schuldenbremse faktisch außer Kraft, richtet immer neue „Sondervermögen" ein und camoufliert die finanziellen Löcher in den Systemen der Sozialen Sicherung mit (auch kreditfinanzierten) Bundeszuschüssen. Wir hinterlassen nachfolgenden Generationen nicht nur ein kaputtes Klima, sondern auch einen Berg von Schulden. Ich sehe nicht, wie es gelingen könnte, den ordnungspolitischen Unfug zu beenden.

In Demokratien ist der Anreiz der Politik groß, heute den Wählern das Blaue vom Himmel zu versprechen und die finanziellen Lasten über höhere Schulden auf die Zukunft zu verlagern.

Jahrelang wurde die Geldpolitik immer stärker an anderen Zielen als der Preisniveaustabilität ausgerichtet.

Notenbanken in der Zwickmühle: Vorrang für stabile Preise

Ulf Krauss

***Ulf Krauss** ist Kapitalmarktanalyst im Bereich Research und Advisory der Helaba. Hier ist er u. a. verantwortlich für die Zinsprognosen sowie die Einschätzung der EZB-Geldpolitik. Er berät Sparkassen, Kommunen sowie institutionellen Investoren und ist Dozent an der Sparkassenakademie Hessen-Thüringen.*

Dr. Gertrud R. Traud

***Gertrud Rosa Traud** ist seit 2005 Chefvolkswirtin der Helaba. Sie ist in zahlreichen Gremien vertreten, u. a. im Aufsichtsrat der DLE Group AG, im Vermögensbeirat der VolkswagenStiftung sowie im Kuratorium der Aventis Foundation. Sie engagiert sich in sozialen Projekten, u. a. als Schirmherrin von ZONTAlente.*

Die Gründe für die hohe Inflation sind vielfältig: Lieferkettenprobleme bei anziehender Nachfrage nach den Pandemie-Lockdowns, hohe Energie- und Nahrungsmittelpreise durch den Krieg in der Ukraine, aber auch die jahrelang sehr expansive Geldpolitik. Die Notenbanken haben sich zu lange an anderen Zielen als der Preisniveaustabilität ausgerichtet. Je mehr Nebenziele die Geldpolitik aber verfolgt, desto mehr Zielkonflikte drohen. Notenbanken brauchen wieder eine eindeutige Fokussierung auf die Inflationsbekämpfung. Denn strukturelle Gründe sprechen künftig für Inflationsraten oberhalb des 2-Prozentziels der EZB, selbst wenn sich die Energiepreise stabilisieren.

„Das vorrangige Ziel des Europäischen Systems der Zentralbanken ist es, die Preisstabilität zu gewährleisten". So steht es in den Verträgen zur Europäischen Union. Ein klarer Auftrag, aber eine doch mehr als komplexe Aufgabe. Durch den Anstieg der Euro-Inflationsrate auf über 10 % im Oktober 2022 hat die dafür entscheidende Institution, die Europäische Zentralbank (EZB), dieses Ziel massiv verfehlt. Natürlich würden die Vertreter der EZB einwenden, dass man die ganze Historie zu einer fairen Beurteilung heranziehen müsse. Berechnet man den Inflationsdurchschnitt seit Gründung der Institution 1998, ergibt sich mit einem Wert von rund 1,9 % ein sehr viel freundlicheres Bild.

Zudem dürften die EZB-Vertreter mehr oder weniger deutlich zu erkennen geben, dass diese Inflation nicht ihre Schuld sei. In der Tat war der Inflationsanstieg ein globales Phänomen, ausgelöst durch mehrere Krisen. Als schon während der Pandemie die Nachfrage deutlich anstieg, mangelte es an Vorprodukten u. a. infolge von Lockdowns in China und anderswo. Negativ wirkten sich ebenfalls fehlende Transportkapazitäten und entsprechend hohe Kosten für Logistik aus. In der Summe kam es zu gewaltigen Lieferkettenproblemen. Den größten Einfluss hatte aber der massive Anstieg der Energie- und Rohstoffpreise durch den Krieg in der Ukraine. Die Inflationsmodelle der EZB waren nach der jahrelangen Niedriginflationsphase entweder schlecht geeicht oder sie wurden mit ungeeigneten Erwartungswerten gefüttert – vermutlich beides. Aber dieses Problem hatten mehr oder weniger alle Prognostiker.

Zeitenwende bei Inflation legt Zielkonflikte offen

Viel schwerer wiegen länger zurückreichende Fehlentwicklungen. Jahrelang wurde die Geldpolitik immer stärker an anderen Zielen als der Preisniveaustabilität ausgerichtet. Die zeitweise sehr niedrige Inflation gab der EZB den Spielraum, die Finanzierungsbedingungen schuldnerfreundlich zu gestalten. Dies kam Unternehmen genauso entgegen wie den Euro-Finanzministern. Die Aktien- und Immobilienmärkte haussierten gleichzeitig. Die Risikoaufschläge wurden in diesem Umfeld spürbar gedrückt, was nach den Erfahrungen der Finanzkrise und der Euro-Schuldenkrise für die EZB vermutlich eine ganz entscheidende Motivation war, die Geldpolitik extrem locker auszurichten. Die Wirtschaft prosperierte, die Arbeitslosigkeit sank deutlich. Als die Pandemie diese Erfolge bedrohte, wurde die Bilanzsumme nochmals deutlich ausgeweitet. Die Leitzinsen notierten zu diesem Zeitpunkt bereits lange im negativen Bereich.

Das übergeordnete Ziel all dieser Bemühungen war der Erhalt der Währungsunion. Das Problem dabei war, dass viele Maßnahmen mehr oder weniger in einem Zielkonflikt zur Erhaltung der Preisstabilität standen. Es ist vermutlich vor allem diesem Umstand geschuldet, dass mehrere deutsche Mitglieder des EZB-Rats im Laufe der Zeit frustriert das Handtuch warfen. Nicht wenige Ökonomen in und außerhalb der EZB dürften den Deutschen insgeheim eine pathologische Angst vor Inflation unterstellt haben. Über viele Jahre hatte sich bei Anlegern und Notenbankern der Glaube verfestigt, dass die Inflation quasi von uns gegangen sei. 1996 erschien das Buch „The Death of Inflation" des britischen Ökonomen Roger Bootle. Für ein Viertel Jahrhundert richtungsweisend, lässt sich angesichts des dramatischen Inflationsanstiegs 2022 nun aber auch hier eine Zeitenwende konstatieren. Die unbequeme Konsequenz: Die Spielräume für eine wachstumsfreundliche Geldpolitik sind damit wahrscheinlich für eine lange Zeit stark eingeschränkt.

Neue geldpolitische Instrumente bergen hohe Risiken

Der Instrumenteneinsatz veränderte sich nach der Euro-Staatsschuldenkrise deutlich. Unter der Präsidentschaft von Mario Draghi 2011 bis 2019 wurden zuvor nicht für möglich gehaltene neue geldpolitische Pfade beschritten. 2014 wurde mit dem Einlagensatz erstmals ein Schlüsselzinssatz in negatives Terrain gesenkt. Die Geldmarktsätze und Bundesanleihen mit kurzen Laufzeiten folgten sehr schnell den Leitzinsen in den Zinskeller. 2016 notierte sogar erstmals die Rendite der 10-jährigen Bundesanleihen unter null Prozent. Dafür verantwortlich waren aber nicht nur die Leitzinssenkungen. Anfang 2015 beschloss die EZB im großen Umfang den Ankauf von Anleihen aus dem privaten, insbesondere aber aus dem staatlichen Sektor. Damals lag die EZB-Bilanzsumme bei 2,2 Billionen Euro. Seither ist sie auf 8,8 Billionen Euro gestiegen, also um den Faktor 4. Im gleichen Zeitraum hat sich das nominale Wachstum im Euroraum lediglich um den Faktor 1,3 erhöht.

Mit der „Forward Guidance" wurde ein weiteres neues und unkonventionelles geldpolitisches Instrument eingesetzt. Diese gibt die Absichten des EZB-Rates über die künftige Entwicklung der Leitzinsen und den Horizont der Kaufprogramme vor. Unter Christine Lagarde, EZB-Chefin seit 2019, galt die zentrale Aussage, dass die Leitzinsen so lange auf ihrem aktuellen oder einem niedrigeren Niveau verharren, bis sich die Inflationsaussichten im EZB-Projektionszeitraum dem Zielniveau bei rund 2 % annähern. Die EZB konnte so die Erwartungen steuern und versprach eine noch langewährende Niedrigzinsphase. Die Wirtschaftsakteure wähnten sich in Sicherheit, die sich letztlich als trügerisch entpuppte. Zudem trug dieses Instrument zum zögerlichen Verhalten des EZB-Rats in der Anfangsphase des Inflationsanstiegs bei. Noch unter Mario Draghis Vorgänger Jean-Claude Trichet, EZB-Präsident von

2003 bis 2011, hieß eine der Leitlinien: „The ECB is never pre-committed". Der EZB-Rat traf sich, analysierte die Lage und beschloss etwas, ohne sich im Voraus festzulegen. Erst jetzt – unter dem Eindruck der jüngsten Ereignisse – ist die EZB zu dieser Art von Geldpolitik zurückgekehrt.

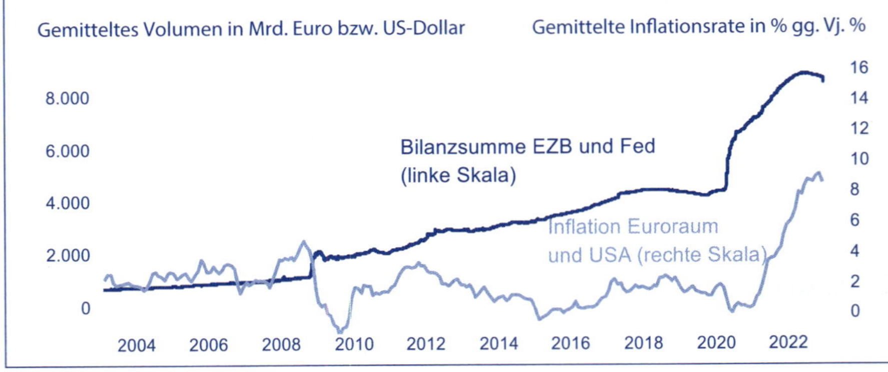

Notenbanken nicht unschuldig an der hohen Inflation

Quellen: Refinitiv, Helaba Research & Advisory

Auch andere Notenbanken erlagen dem Glauben an eine weit vorausschauende Geldpolitik und es entwickelten sich hier und da bereits Allmachtsfantasien. Befeuert wurde dies durch neue Ansätze wie die Modern Monetary Theory (MMT, siehe Beitrag von Hanno Beck und Aloys Prinz in diesem Buch). Den Zentralbanken kommt dabei die Schlüsselaufgabe zu, ausgabenfreudige Fiskalpolitik abzusichern, insbesondere durch den Ankauf von Staatsanleihen. Apropos Fiskalpolitik – dass eine massiv gleichgerichtete Geld- und Fiskalpolitik ein erstzunehmender Inflationstreiber sein kann, hat eindrucksvoll das Zusammenspiel der US-Notenbank mit der Biden-Regierung während der Pandemie gezeigt. Auch die schuldenfinanzierten EU-Wiederaufbaufonds, die insbesondere auf Länder wie Italien und Spanien ausgerichtet sind, haben in Kombination mit der rekordverdächtig lockeren Geldpolitik im Euroraum zu einer sprunghaft steigenden Nachfrage beigetragen. Diese traf auf eine sich pandemiebedingt gerade erst wieder erholende Angebotsseite. Im Zusammenspiel mit den Lieferengpässen waren die Folgen fatal. Ein Beispiel: Innerhalb eines Jahres, von September 2021 bis September 2022, verteuerten sich die Preise für Baumaterialien in Italien um 58 %, in Deutschland um 14 %.

Auch die Währungsseite war betroffen. Insbesondere die EZB bekam Probleme: Der Euro verlor gegenüber dem US-Dollar seit Mitte 2021 bis zu 20 % an Wert. Vor allem in Kombination mit den erhöhten Rohstoffpreisen, die oft in Dollar abgerechnet werden, ist dies ein ernstzunehmender Inflationsfaktor. Aber auch hier hat eine Art Zeitenwende stattgefunden. Bemühten sich die Notenbanken lange Zeit, die eigene Währung eher schwach zu halten, um die Wettbewerbsposition ihrer Volkswirtschaft auf den Weltmärkten nicht zu gefährden, so ist seither relative Stärke gefragt.

Um die Währung zu schwächen, wurden neben niedrigen bzw. negativen Leitzinsen über viele Jahre die Kaufprogramme kultiviert. An vorderster Stelle operierte hier die Schweizerische Nationalbank (SNB). Um den Franken-Kurs zu drücken, kaufte sie in großem Stil Euro-Staatsanleihen, aber auch US-Aktien landeten in ihrem Portfolio. Kehrseite der Medaille: Im Jahr 2022 verzeichnete die SNB infolge der Franken-Aufwertung sowie massiver Kursverluste an den Kapitalmärkten ein Minus von über 130 Mrd. Franken. Rote Zahlen schrieben auch die anderen Notenbanken. Die Bundesbank hat deshalb ihre Risikovorsorge bereits seit geraumer Zeit deutlich ausgeweitet. Negatives Eigenkapital stellt zwar für Zentralbanken keinen Insolvenzgrund dar, die horrenden Buchverluste sind aber ein beträchtlicher Imageschaden.

Reputation erleidet tiefe Schrammen

Ohnehin ist das Vertrauen in die Währungshüter durch den massiven Inflationsanstieg erschüttert. Zu lange blieb die EZB entspannt. Selbst als die Inflation die 2 %-Marke erreichte und in den USA die Teuerung bereits auf 5 % kletterte, wurde auf unkritische Einmal- und Basiseffekte verwiesen sowie die ökonomischen Unterschiede zwischen den USA und dem Euroraum betont. Natürlich wurde Mitte 2021 das Risiko eines die Staatengemeinschaft betreffenden Krieges und eines damit verbundenen Energiepreisschocks niedrig eingeschätzt. Gleichwohl bewegten sich sowohl die Inflationserwartungen der Anleger als auch der Konsumenten bereits zügig nach oben. Das Einfrieren des Pandemie-Kaufprogramms erfolgte recht spät im März 2022 und die erste Leitzinsanhebung kam erst vier Monate später.

Zwar wäre die EZB gar nicht in der Lage gewesen, den Zug aufgrund der vor allem angebotsseitigen Inflationseffekte zu stoppen. Der Eindruck, dass sie das unheilvolle Gespann quasi zunächst durchgewunken hat, dürfte ihrem Ansehen jedoch erheblich geschadet haben. Als der Kaufkraftverlust infolge der zweistelligen Inflationsrate im Euroraum teilweise existenzbedrohende Formen für Unternehmen und Verbraucher annahm, musste die EZB einen radikalen Schwenk vornehmen und die Leitzinsen bis Jahresende 2022 um 2,5 Prozentpunkte anheben. Die Finanzierungsbedingungen verschlechterten sich dadurch in kürzester Zeit drastisch. Um die Nachfrage zu reduzieren und die Preisüberwälzungsspielräume einzuengen wurde eine deutliche Abschwächung des Wirtschaftswachstums in Kauf genommen.

Während sich der Ausblick für Schuldner immer weiter eingetrübt hat, verbesserte sich die Lage für die Sparer. Die Besitzer von Anleihen verzeichneten 2022 zwar erhebliche Buchverluste. 2022 sanken die Ertragsindizes von Bundesanleihen insgesamt um rund 17 %. Neuengagements bieten nun jedoch wieder eine angemessenere Verzinsung. Kapitalsammelstellen wie Pensionskassen und Lebensversicherungen profitieren per Saldo von der deutlichen Verschiebung des Zinsniveaus. Der Anlagenotstand, insbesondere bei konservativen Anlegern, an dem die EZB mit ihrer langen Zeit extrem einseitigen Geldpolitik einen großen Anteil hatte, wurde so gemildert.

In Zusammenhang mit den Kapitalmarkterträgen stellt sich eine für Notenbanken jedoch sehr delikate Frage: Wie sind eigentlich die Verteilungseffekte der Geldpolitik? Das Übel der Inflation liegt vor allem darin, dass sie weniger gut bemittelte Menschen hart trifft. Und genau diese Bevölkerungsgruppe profitierte in den Jahren davor kaum vom liquiditätsgetriebenen Boom an den Vermögensmärkten, insbesondere bei Aktien und Immobilien. Konservative Anlageformen, auf die infolge ihrer Lebensumstände weniger spekulationsfreudige Menschen angewiesen sind, brachten hingegen irgendwann gar keine Rendite mehr. Immerhin hatte die geldpolitisch gestützte robuste Konjunktur die Arbeitslosigkeit deutlich gesenkt. Allerdings zeigen die Demografie und der Arbeitskräftemangel in vielen Branchen, dass die Geldpolitik hier in der Zukunft eher weniger gefordert ist, konjunkturelle Impulse zu setzen. Dies ist ein wichtiger Faktor, der dazu beitragen dürfte, dass die EZB bei neuen Krisen vorsichtiger agieren wird.

Dauerhaft höhere Inflation – unter der Last von Klimawandel, Demografie und Geopolitik

Am Anfang der Währungsunion und dieses Artikels stand die Frage, was die Geldpolitik grundsätzlich leisten soll. Von den Gründungsvätern des Euro wurde das Mandat der EZB relativ einfach gefasst: Ziel ist es, Preisstabilität zu gewährleisten. Soweit dies ohne Beeinträchtigung möglich ist, soll die Notenbank ebenfalls die allgemeine Wirtschaftspolitik in der Union unterstützen. Damit sind ein ausgewogenes Wirtschaftswachstum, Vollbeschäftigung, sozialer und technischer Fortschritt sowie Umweltschutz gemeint. Die Idee von Christine Lagarde, angesichts der drängenden Klimaprobleme dieses Thema in die Strategieüberprüfung einzubeziehen, erscheint grundsätzlich möglich. Allerdings läuft eine Geldpolitik mit explizit umweltpolitischen Zielen Gefahr, sich zu übernehmen. Je mehr Nebenziele sie verfolgt, desto mehr Zielkonflikte drohen. Die Geldpolitik würde sich zudem noch weiter in politisch vermintes Gebiet wagen, was langfristig ein Risiko für die Unabhängigkeit der Notenbank darstellt.

Alle Notenbanken brauchen jetzt wieder eine eindeutige Fokussierung auf die Inflationsbekämpfung. Die globalen Umstände sprechen für höhere Inflationsraten, selbst wenn die Teuerung aufgrund sinkender Energiepreise zunächst wieder abebbt. Da ist zum einen der Klimawandel, der sich bereits heute negativ auswirkt, beispielsweise durch das Aufkommen von Extremwettersituationen. Es ist zu befürchten, dass sich dieser Trend noch verstärkt und damit immer mehr Schäden drohen. Neben Missernten, die zu einer Verteuerung von Nahrungsmitteln führen, stellt ein vorausschauender Ausbau der Infrastruktur bzw. ein ressourcenintensiver Wiederaufbau im Katastrophenfall ein Inflationsrisiko dar. Die Maßnahmen zur Minderung des weltweiten Temperaturanstiegs beanspruchen einen hohen Einsatz an knappen Rohstoffen, beispielsweise an Lithium für Solaranlagen und Akkus. Da alle gleichzeitig und unter Zeitdruck energetische Investitionen tätigen, sind anhaltende Knappheiten absehbar.

Der Klimaschutz hat bereits in den vergangenen Jahren die Inflationsraten beeinflusst. Beispielsweise wurde die Transformation der Energiewende in Deutschland mit Hilfe der EEG-Umlage finanziert. Dies trug über Jahre zu stärkeren Strompreiserhöhungen als in anderen Ländern bei. Zudem ist die Emission von CO_2 mit einem Preis versehen worden. Dies führt dazu, dass im Produktionsprozess zusätzliche Kosten entstehen, die letztlich die Verbraucher bezahlen müssen.

Neben Klimawandel und Klimapolitik dürften sich auch andere preistreibende Effekte verstärken. Bereits heute ist bei uns der Arbeitskräftemangel allgegenwärtig. Jetzt scheiden die geburtenstarken Jahrgänge aus dem Berufsleben aus und es ist nachvollziehbar, dass vor allem das Werben um Fachkräfte über höhere Löhne verläuft. Ein anderer belastender Effekt ist die abnehmende preisdämpfende Wirkung der Globalisierung. Wie weit Protektionismus und Deglobalisierung noch um sich greifen, bleibt abzuwarten. Allerdings deuten die immer wieder aufflammenden Handelsstreitigkeiten zwischen den USA und dem Euroraum eher auf eine anhaltend schwierige Phase hin. Hinzu kommt der sich inzwischen deutlich abzeichnende und vermutlich langwierige Kampf der Systeme. Auf der eine Seite stehen Demokratien insbesondere in Nordamerika und Europa und auf der anderen Seite Autokratien wie China und Russland. Abhängigkeiten können im Konfliktfall sehr schnell zu einer Waffe mit massiven Inflationseffekten werden. Dies hat vor allem Deutschland seit den Sanktionen im Ukrainekonflikt aufgrund seiner starken Energieabhängigkeit von Russland schmerzhaft zu spüren bekommen. Die Verringerung solcher Abhängigkeiten hat nunmehr Priorität, was jedoch mit erhöhten Investitions- und Produktionskosten einhergeht. Es ist absehbar, dass die Inflationsrate im Euroraum auch in den nächsten Jahren strukturell bedingt über dem 2 %-Ziel der EZB liegen wird.

To-Do-Liste: Reaktionsfunktion kalibrieren, Politikabhängigkeit reduzieren, klarer Inflationsfokus

Eine Überprüfung der geldpolitischen Reaktionsfunktion durch die Notenbank ist aufgrund der veränderten Inflationsbedingungen dringend geboten. Im Grunde muss die geldpolitische Uhr zurückdreht werden, auf eine Zeit vor Mario Draghi. Hilfreich könnte dabei sein, die Inflationserwartungen der Bürger stärker zu berücksichtigen. Christine Lagarde hat mit ihrer Bürgerbefragung 2020 zur Strategiefindung unter dem Motto „Die EZB hört zu“ bereits in dieser Richtung Vorarbeit geleistet. Woran es noch hapert, ist aber die Umsetzung. Bereits damals überwog eindeutig die Sorge vor einem Kaufkraftverlust infolge steigender Preise. Inflation wurde von der Bevölkerung bereits eher als Problem eingestuft als Deflation.

EZB: Sensibilität und Reaktionsfähigkeit auf der Strecke geblieben

* EU-Umfrage zu Konjunktur und Inflationserwartungen im Euroraum

Quelle: Refinitiv, Helaba Research & Advisory

Ein einfacher Indikator, der in der Vergangenheit eine hohe Deckungsgleichheit zwischen Leitzinsen und der Verbraucherstimmung gezeigt hat, war der Umfragesaldo aus Konjunktur- und Inflationserwartungen. Bevor die EZB unter Mario Draghi den Paradigmenwechsel eingeleitet und kein Atmen der Leitzinsen mehr zugelassen hat, war die Veränderung dieses aggregierten Saldos ein guter Signalgeber für notwendige geldpolitische Anpassungen.

Vielleicht ist es für eine Notenbank nicht die schlechteste Handlungsempfehlung, dem Volk etwas mehr „aufs Maul zu schauen“. Zumindest hätte sich so der eine oder andere Fehler vermeiden lassen – wie im August 2008: Die Stimmung unter den Verbrauchern hatte damals bereits gedreht, die Konjunkturerwartungen waren deutlich gesunken. Trotzdem entschied der EZB-Rat, den Leitzins noch einmal anzuheben, kurz bevor er das Zinsruder herumreißen musste. 2017/18, als das Wirtschaftswachstum in der Eurozone deutlich zulegte und die Inflation spürbar anzog, wäre es sinnvoll gewesen, zu reagieren und den negativen Einlagensatz anzuheben. Diese Chance verpasste die EZB, getrieben von latenten Deflationsängsten bzw. dem Drang, eine neue Schuldenkrise im Euroraum dauerhaft zu verhindern. In der Folge hatte sie in der pandemiebedingten Rezession 2020 bei den Leitzinsen keinen Handlungsspielraum mehr – im Gegensatz zur US-Notenbank. Stattdessen musste sie komplett auf Wertpapierkäufe und Liquiditätsmaßnahmen setzen. Mitte 2021 schoss der Indikator erneut steil nach oben. Die Reaktion der EZB blieb wieder aus, obwohl es der richtige Zeitpunkt gewesen wäre, die Zügel anzuziehen. Dass der Stimmungsindikator zuletzt im Zuge massiver Konjunkturängste nach unten sackte und die Leitzinsen gleichzeitig im Rekordtempo nach oben angepasst wurden, zeigt, dass geldpolitisch einiges aus dem Lot geraten ist.

Zukünftige Entwicklungen und Handlungsweisen sind damit vorgezeichnet: Es bildet sich zunächst ein neues Gleichgewicht auf einem höheren Leitzinsniveau. In Zukunft muss die EZB dann schneller reagieren und insgesamt eine bessere Balance zwischen Lockern und Straffen finden, wobei dies nicht in wilden Aktionismus ausarten darf. Gesucht ist ein neues geldpolitisches Gleichgewicht, um die Inflation langfristig unter Kontrolle zu halten.

Die EZB muss sich dabei soweit wie möglich politischer Einflussnahme entziehen. Aufgrund begrenzter bzw. abnehmender Ressourcen sowie demografischer Veränderungen ist mit zunehmenden Verteilungskonflikten zu rechnen. Die EZB wäre gut beraten, sich hier herauszuhalten, um nicht ihr Inflationsziel erneut aus dem Auge zu verlieren. Die aktuelle Krise schafft ihr in gewisser Weise die Chance hierfür. Eine klare, unmissverständliche Fokussierung auf die Inflationsbekämpfung würde helfen, sich politische Begehrlichkeiten und Forderungen nach einer allzu lockeren Geldpolitik vom Leib zu halten. Mit einem zügigen Abbau ihrer hohen Anleihebestände, sie besitzt inzwischen rund 40 % aller umlaufenden Euro-Staatspapiere, würde die EZB auch in Richtung Politik ein deutliches Ausrufezeichen setzen: Die Zielfunktion der Geldpolitik wird gerade neu ausgerichtet.

Weiterführende Literatur

Mütze, Stefan (2022), Klimaschutz erhöht Konsumentenpreise, Herausgeber: Helaba Research & Advisory, 15. Juli 2022

Ist es eine gute Idee, Politikern freie Hand beim Geldausgeben zu lassen?

Geld und der staatliche Umgang damit: Modern Monetary Theory und die (möglichen) Folgen

Hanno Beck *ist seit 2006 Professor für Volkswirtschaftslehre und Wirtschaftspolitik an der Hochschule Pforzheim; zahlreiche Veröffentlichungen in Fachzeitschriften und Zeitungen; zahlreiche Bücher auch zu populärwissenschaftlichen Themen.*

Prof. Dr. Hanno Beck

Aloys Prinz *ist seit 2000 Professor für Volkswirtschaftslehre, insbes. Finanzwissenschaft, an der Westfälischen Wilhelms-Universität Münster. Veröffentlichungen in nationalen und internationalen Fachzeitschriften zu Themen der Steuer-, Finanz- und Wirtschaftspolitik.*

Prof. Dr. Aloys Prinz

Die sogenannte Modern Monetary Theory (MMT) stellt geld- und finanzpolitische Grundsätze auf den Kopf. MMT-Vertreter meinen, Geld sei nicht knapp. Frisch gedrucktes Geld gilt ihnen als Wunderwaffe, wenn es darum geht, politische Projekte zu finanzieren. Zur Finanzierung der Staatsausgaben seien keine Steuern zu erheben, das Geld für die Ausgabenprogramme könne einfach gedruckt werden. Kein Wunder, dass manche Politiker solchen Konzepten bereitwillig folgen. Doch letztlich ist das MMT-Konzept unausgegoren, es handelt sich um eine fiskalische Illusion.

Die erste Lektion, die Ökonomen lernen, ist Knappheit: Es gibt nie genügend Mittel, um alle Bedürfnisse zu befriedigen. Die erste Lektion, die Politiker lernen, lautet, die erste Lektion der Ökonomen zu ignorieren: Politiker leben davon, dass sie ihren Wählern alles versprechen, weswegen es in ihrer Welt kein Knappheitsproblem gibt, allenfalls ein Verteilungsproblem. Da sich Knappheit aber schwer leugnen lässt, sind Politiker anfällig für jede Form der Beratung, die ihnen verspricht, dass Knappheit kein Problem ist – um damit die erste Lektion der Ökonomen aus der Welt zu schaffen. Noch besser gefällt es der Politik, wenn von Ökonomen Knappheit geleugnet wird. In diese Kategorie der Politikberatung kann man die Ideen der sogenannten Modern Monetary Theory (MMT) einstufen, die der Politik sagt, dass insbesondere Geld nicht knapp sei. Der Charme dieses Konzeptes – Kritiker sprechen davon, dass man es nicht einmal als Theorie bezeichnen kann – liegt darin, dass es eine einfache Lösung für viele Probleme anbietet: Arbeitsbeschaffungsmaßnahmen, Sozialprogramme, Umweltschutzprogramme, Digitalisierungsstrategien – das alles, so die Botschaft der MMT, lässt sich denkbar einfach finanzieren: Der Staat muss nur mehr Geld drucken. Kein Wunder, dass dieses Konzept – im Gegensatz zu vielen anderen ökonomischen Ideen – den Sprung nicht nur in die Politik, sondern auch in die breitere Öffentlichkeit geschafft hat. Prominente Verfechter sind beispielsweise die populäre Abgeordnete der amerikanischen demokratischen Partei, Alexandria Ocasio-Cortez oder Stephanie Kelton, eine Wahlkampfberaterin des ehemaligen demokratischen Präsidentschaftsbewerbers Bernie Sanders. Auch hierzulande nimmt die Zahl der Publikationen aus dieser Richtung zu, die sich an ein allgemeines Publikum richtet. Wie soll das funktionieren?

Geld als die Lösung aller Probleme

Der Wunderstoff der MMT ist das Geld: Dieses, so die Idee, kann der Staat ja selbst unbegrenzt herstellen und damit alle politischen Träume erfüllen. Ob Arbeitsbeschaffungsmaßnahmen, Digitalisierungsprojekte oder der Traum von einer grüneren Zukunft – das alles kann der Staat finanzieren, indem er einfach Geld druckt. Erst über die staatlichen Ausgaben, so die Idee der MMT, kommt das Geld überhaupt in den Umlauf, der Staat *muss* also Geld ausgeben, um Geld zu schaffen. Und eine Staatspleite ist in der Welt der MMT damit auch ausgeschlossen, da der Staat jederzeit Geld nachdrucken kann, wenn es benötigt wird. Allerdings gilt diese Idee nur, solange sich der Staat in seiner eigenen Währung verschuldet – verschuldet sich Deutschland beispielsweise in Dollar, so funktioniert das nicht mehr, weil Deutschland sich keine eigenen Dollars drucken kann. Auch wenn sich Deutschland in Euro verschuldet, verschuldet es sich seit der Währungsunion nicht mehr in eigener Währung.

Wenn der Staat immer mehr Geld druckt – bedeutet das nicht Inflation? Nicht in der Welt der MMT: Solange Vollbeschäftigung nicht erreicht ist, führt das zusätzlich gedruckte Geld, mit dem der Staat bei Unternehmen und Bürgern einkaufen geht, nur zu einem Anstieg des Angebots, aber nicht der Preise; daher kommt es auch nicht zu Inflation. Erst wenn Vollbeschäftigung herrscht und alle Maschinen ausgelastet sind, drohen steigende Preise. Um das zu verhindern, muss der Staat dann einfach nur die Steuern erhöhen. Das entzieht den Bürgern zum einen Kaufkraft und wirkt damit dämpfend auf die Preise, zum anderen fließt über die Steuerzahlungen das vom Staat gedruckte Geld wieder an ihn zurück und wird damit dem Wirtschaftskreislauf entzogen. In der Welt der MMT dienen Steuern also lediglich dazu, die Inflation zu bekämpfen – und zur Umverteilung von Einkommen und Vermögen.

Schaut man sich diesen Geldkreislauf genauer an, stellt man fest, dass der Staat Geld druckt, um sich einen Anteil an der Produktionsleistung der Bürger anzueignen – die Bürger produzieren Waren und Dienstleistungen, der Staat druckt Geld und eignet sich durch Herausgabe dieses Geldes an die Bürger einen Teil dieser Produktion an. Die Bürger akzeptieren das Geld, weil sie damit später ihre Steuern zahlen können respektive müssen. Und je mehr Geld der Staat in Umlauf bringt, umso größer ist sein Anteil an der gesamtwirtschaftlichen Wertschöpfung, dem Bruttoinlandsprodukt (BIP). Und da er sich sein eigenes Geld drucken kann, kann er auch jederzeit alle Forderungen der Bürger an ihn begleichen und sich auf diesem Weg jede gewünschte Menge an Wertschöpfung aneignen und entsprechend seinen Wünschen umverteilen.

Und was ist mit der Inflation?

Damit diese Politik funktioniert, benötigt der Finanzminister des Landes allerdings die Kontrolle über die Geldvermehrung. Die Geldmenge eines Landes bestimmt sich also nicht mehr nach geldpolitischen Erwägungen wie Preisniveaustabilität oder Stabilität des Finanzsystems, sondern nach den Ausgabenwünschen und dem politischen Gestaltungswillen der Regierung. Das bedeutet das Ende von Zentralbanken als selbständige Institutionen; sie werden zu Erfüllungsgehilfen der staatlichen Ausgabenpolitik. Genau das ist einer der wichtigsten – und wohl auch gefährlichsten – Punkte des MMT-Programms: In der Welt der MMT ist die Zentralbank dem Finanzministerium untergeordnet und folgt seinen Anweisungen, anstatt eigenständig und unabhängig über die Geldpolitik zu entscheiden. Ein Problem?

Kein Problem, sagen Vertreter der MMT, solange es noch Arbeitslosigkeit gibt und die Produktionskapazitäten des Landes nicht vollständig ausgelastet sind, führt der Anstieg der Geldmenge lediglich zu höherer Produktion: Der Staat druckt Geld, um damit Waren und Dienstleistungen zu kaufen, was zu steigender Produktion und Beschäftigung führt, nicht zu steigenden Preisen. Und sollten die Preise steigen, weil die Kapazitäten ausgelastet sind, so werde der Staat über Steuern die umlaufende Geldmenge reduzieren (da die Bürger ihre Steuern mit dem Geld bezahlen, das er zuvor ihnen im Gegenzug für Waren und Dienstleistungen gegeben hat) und damit das Inflationsgespenst vertreiben. Kein Problem.

Eine andere Theorie, die Quantitätstheorie des Geldes, sagt demgegenüber, dass mit einer staatlicherseits willkürlich gesteigerten Geldmenge auch die Preise steigen – warum tun sie das nicht in der Welt der MMT? Weil hier die Geldmenge ausschließlich davon abhängt, was der Staat mit seinen Ausgaben, die alle mittels der Neuemission von Geld finanziert sind, an Geld schafft. Weder Unternehmen noch Banken können hier eigenständig die Geldmenge verändern. Da der Staat die Geldmenge voll im Griff hat, ist er auch alleine für Inflation verantwortlich, kann sie – theoretisch – vollständig kontrollieren. Ist es wirklich so einfach?

Diese vollständige Kontrolle der Geldmenge entspricht aber heutzutage in keiner großen Volkswirtschaft der Realität, weder in den USA noch in der Europäischen Währungsunion. Dort existiert neben dem Zentralbankgeld das so genannte Giral- oder Buchgeld, das vom Bankensystem – auf der Basis von Zentralbankgeld, aber in Bankenregie – selbst geschaffen wird. Die insgesamt vorhandene kaufkräftige Nachfrage besteht damit monetär aus Zentralbankgeld plus Bankengeld (Giral- oder Buchgeld). Steigert der Staat mittels zusätzlicher Staatsausgaben, die mit neuem Zentralbankgeld finanziert sind, seinen Anspruch auf das BIP, konkurriert er mit anderen Ansprüchen wie beispielsweise Unternehmensinvestitionen (auch eine Komponente der gesamtwirtschaftlichen Nachfrage). Entweder diese gehen dadurch zurück (dies wird als Crowding-out bezeichnet), wenn die Zinsen steigen, oder das Preisniveau steigt, es gibt Inflation, die die reale kaufkräftige Nachfrage senkt. Da die zusätzlichen Staatsausgaben mit neuem Geld finanziert sind, werden die Zinsen steigen – und es kommt zu Inflation.

Der blinde Fleck der MMT

Neben vielen Kritikpunkten an den Ideen der MMT ist der aus politischer und praktischer Perspektive wohl wichtigste Punkt die Frage nach der Verantwortung der Politik, der MMT den alleinigen Schlüssel zur Geldschöpfung mittels Staatsausgaben in die Hand gibt. Vereinfacht gesagt: Ist es eine gute Idee, Politikern freie Hand beim Geldausgeben zu lassen? Was riskiert man, wenn Politiker auf einmal unbegrenzt Geld drucken und damit auf Shopping-Tour gehen können? Um diese Frage zu beantworten, muss man sich fragen, welchen Anreizen Politiker unterliegen. In einer idealen Welt besteht das Ziel der Politik darin, die Wohlfahrt der Bürger und des Landes zu maximieren – haben sie damit Erfolg, so die Idee der Demokratie, sind die Bürger zufrieden und wählen die betreffenden Politiker wieder. So weit zur Theorie.

Und nun zur Praxis: In dieser lässt sich nicht so eindeutig sagen, ob eine bestimmte Politik oder ein Politiker gut für die Wohlfahrt eines Landes ist oder war. Einmal abgesehen davon hat auch jeder Bürger unterschiedliche Wahrnehmungen und Interessen, die er von der Politik berücksichtigt wissen will – eine Politik, die einen Bürger glücklich macht, mag seinen Nachbarn Geld kosten. Und die Kunst der Politik besteht darin, allen Bürgern respektive Wählern das Gefühl zu geben, dass sie Gewinner der jeweiligen Politik seien, während man die Kosten dieser Politik verheimlicht und unter den Teppich kehrt. Und dabei kann die Finanzierung mit neuem Geld sehr nützlich sein: Die Staatsausgaben „kosten nichts", weil „das Geld nicht knapp ist".

Stellt eine Regierung ausreichend Geld zur Verfügung, lassen sich damit zumindest kurzfristig – also bis zu den nächsten Wahlen – Verteilungskonflikte jeglicher Art vermeiden, sie kann allen Bürgern das Gefühl geben, zu den Gewinnern der Politik gehören – sie ist vermeintlich kostenlos. Was immer sich Wähler wünschen, kurzfristig wird es mit neuem Geld finanziert. Die langfristigen Folgen dieser Politik – steigende Inflationsraten und letztlich auch steigende Steuern – hingegen werden oft nicht wahrgenommen und werden auch später nicht mehr mit ihrer eigentlichen Ursache – einer heiß gelaufenen Gelddruckmaschine – in Verbindung gebracht. Und erst recht nicht mit den Politikern, die das viele Geld in Umlauf gebracht haben.

Für Politiker ist die Gelddruckmaschine damit ein politisches Zaubermittel: Verteilungskonflikte werden lautlos vertuscht oder in eine fernere Zukunft verschoben, in der man als Politiker längst den Ruhestand genießen kann. Wie wahrscheinlich ist es vor dem Hintergrund dieser Überlegungen, dass Politiker einen angemessenen Umgang mit dem Geld und Geldausgeben pflegen?

Diese Überlegungen sind ein Argument für die Existenz unabhängiger Zentralbanken. Diese sollen, so das Konzept, unabhängig von den Wünschen und Einflüsterungen der Politik das vorrangige Ziel verfolgen, die heimische Währung stabil zu halten, also Inflation zu verhindern. Der Grund für die Unabhängigkeit der Zentralbanken von der Politik ist also weniger ein ökonomischer als ein politischer: Die Bürger sollen vor einer Politik geschützt werden, die mit überbordenden Ausgaben den Geldwert ruiniert. In den vergangenen Jahrzehnten hat das auch recht gut funktioniert.

Den Bürgern dürften diese Überlegungen nicht fremd sein – wer ein wenig über ökonomische Zusammenhänge nachdenkt, kommt rasch zu der Vermutung, dass eine Politik, die sich der Gelddruckmaschine bedient, zu steigenden Inflationsraten führen kann. Die Konsequenz solcher Erwartungen lässt die heimische Währung an Wert verlieren, die Bürger nach Auswegen suchen, beispielsweise indem sie heimische Währung meiden, ihr Vermögen ins Ausland bringen, in Finanzprodukte investieren. Damit wird nicht nur der Außenwert der Währung gefährdet, sondern langfristig auch die Stabilität der heimischen Währung untergraben. In der Finanzgeschichte gibt es genug Beispiele für Staaten, deren inländische Währung durch eine ausländische oder eine Warenwährung ersetzt wurde. Das ist ein blinder Fleck der Ideen der MMT: Sie vernachlässigt die Erkenntnis, dass die Bürger bei ihren Entscheidungen wesentlich aktiver sind, als sie es vermutet oder wahrhaben will. Vereinfacht gesagt: Finanziert sich der Staat ausschließlich mit neuem Geld, werden die Bürger misstrauisch und erwarten, dass dies zu steigenden Preisen und Steuern führen wird, und richten sich darauf ein. Damit hat die MMT-Politik andere Wirkungen, als beabsichtigt waren: Inflation und Steuererhöhungen.

Ist MMT in der Eurozone bereits Realität?

Ein Blick auf die rechtlichen und ökonomischen Grundlagen der Europäischen Währungsunion schließt prinzipiell aus, dass die Ideen der MMT in der Eurozone ohne Weiteres umgesetzt werden können. In den Statuten der Europäischen Zentralbank (EZB) ist festgelegt, dass ihr vorrangiges Ziel Preisniveaustabilität ist – Geld zu drucken, um staatliche Ausgabenprogramme zu finanzieren, ist mit den EU-Verträgen nicht vereinbar. Ein Blick in die neueren Entwicklungen in und nach der Finanz-, Wirtschafts- und Eurokrise, insbesondere der Jahre ab 2011, weckt Zweifel. Die zahlreichen Programme der EZB – PSPP, PEPP, OMT, TPI und wie sie alle heißen – interpretieren Kritiker als den Versuch einer heimlichen Staatsfinanzierung durch die EZB. Dies legt es nahe, hinter der Rhetorik der EZB-Politik längst eine Realisation der Ideen der MMT zu erkennen. Die EZB stellt in großem Umfang neues Geld zur Verfügung, mit dem die Mitgliedsstaaten diverse Programme finanzieren. Das zuletzt beschlossene EU-Next Generation-Programm, das de facto eine Vergemeinschaftung von Schulden auf europäischer Ebene darstellt, passt da recht gut in dieses Bild.

Die Folgen dieser Entwicklung kann man bereits in den monetären Statistiken besichtigen. Mittlerweile halten einige nationale Zentralbanken in der Euro-Zone mehr als 20 Prozent der nationalen Staatsschulden. Ein weiterer beträchtlicher Teil der nationalen Staatsschulden liegt in einigen Mitgliedsländern bei nationalen Banken, die im Fall einer erneuten Staatsschuldenkrise in schwierige Gewässer geraten dürften. Faktisch gesehen muss man vermuten, dass viele nationale Notenbanken – und damit die EZB – dazu übergegangen sind, die Staatsschulden einiger Mitgliedstaaten zu finanzieren. Ökonomen sprechen von fiskalischer Dominanz und meinen damit, dass die Geldpolitik sich nach den Bedürfnissen der Fiskalpolitik richtet – so wie es die MMT fordert.

Die Folgen dieser Politik zeigen sich bereits seit langem, vor allem in steigenden Vermögenspreisen: Die von der EZB geschaffene Liquidität ist in den vergangenen Jahren nicht in den Güterkreislauf, sondern in den Finanzsektor gewandert, was zu steigenden Aktienkursen und Immobilienpreisen geführt hat und damit die Gefahr einer spekulativen Blase provoziert. Die Zusammenhänge zwischen Geldmenge, Fiskalpolitik, Inflation, Inflationserwartungen, Vermögenspreisen und der Stabilität von Finanzmärkten sind ein weiterer blinder Fleck im Theoriegebäude der MMT – welche Folgen eine steigende staatlich geschaffene Geldmenge für die Finanzstabilität eines Landes haben kann, ignoriert sie.

Doch diese Entwicklung reicht noch nicht, um von einem Siegeszug der MMT in der Eurozone zu sprechen. Die Konstruktion der Währungsunion macht eine vollständige Anwendung der Ideen der MMT schwerlich möglich, und der Grund dafür sind die Steuern. Diese sollen in der Welt der MMT zur Stabilisierung des Preisniveaus verwendet werden, indem sie die überschüssige Geldmenge abschöpfen, wenn die Preise steigen. Will heißen, die Stabilisierung des Preisniveaus liegt in den Händen der nationalen Steuerbehörden, nicht in den Händen der Notenbank. Eine eigene Steuer besitzt die Europäische Währungsunion nicht, ebenso wenig ein eigenständiges Finanzministerium. Kommt es nun zu einem Anstieg der Preise innerhalb der EU, müssten alle nationalen Regierungen gemäß den Überlegungen der MMT ihre Steuern erhöhen, um Inflation zu bekämpfen. Das ist aus zwei Gründen ein eher unrealistisches Szenario. Zum einen dürfte es der nationalen Politik schwerfallen, den Bürgern zu vermitteln, warum man in Zeiten steigender Preise noch zusätzlich die Steuern erhöhen will. Zum anderen kann eine nationale Regierung auch darauf hoffen, sich als Trittbrettfahrer aus der Affäre zu ziehen. Wenn genügend andere Staaten die Steuern erhöhen, sinken die Inflationsraten, und zwar in allen Ländern, auch in den Ländern, die ihre Steuern nicht erhöhen. Was also liegt näher als bei steigenden Preisen nichts zu tun (und damit zu vermeiden, dass man sich den Ärger der Wähler zuzieht) und zu hoffen, dass die anderen Staaten ihrerseits genug tun, um die Inflationsraten zu senken. Solange also die Steuerpolitik in der Währungsunion nicht zentralisiert wird, dürfte mit einer vollständigen Umsetzung der MMT-Ideen nicht zu rechnen sein.

Dennoch ist die Befürchtung nicht von der Hand zu weisen, dass sich die EZB angesichts steigender Belastungen der öffentlichen Haushalte genötigt sieht, diese Belastungen mit Geldschöpfung zu finanzieren – und damit ihren Ruf als unabhängige Hüterin des Euro zu verlieren.

Vier einfache Lehren

Insgesamt kann u. E. festgehalten werden, dass die Ideen der MMT weit überwiegend politischer Natur sind. Sie leben von dem ökonomisch illusorischen, aber politisch attraktiven Versprechen, dass die Politik mittels neuen Geldes alles finanzieren kann, was auf ihrem Wunschzettel steht. Das klingt wie ein Märchen, und wenn etwas zu gut klingt, um wahr zu sein, dann ist es auch nicht wahr. Leider ist die Suche nach der Wahrheit in den Wirtschaftswissenschaften schwierig, vermutlich gibt es keine oder nur wenige unverrückbare Wahrheiten, auf die sich Ökonomen einigen könnten. Welche könnten das hinsichtlich des Geldes sein? Hier vier Ideen dazu:

1. **Geld ist gedrucktes Vertrauen.** Ohne Geld kann eine moderne arbeitsteilige Wirtschaft nicht funktionieren. Doch es reicht nicht, dass nur Geld vorhanden ist, Bürger müssen darauf vertrauen, dass es wertbeständig ist. Entsteht der Eindruck, dass der Staat mit seiner Währung Schindluder treibt, werden die Bürger aus der eigenen Währung fliehen, sie verliert ihre Funktion. Zahllose Beispiele aus der Wirtschaftsgeschichte zeigen was passiert, wenn die Politik sich zu sehr der Gelddruckmaschine bedient. Sie sollten uns eine Lehre sein.
2. **Geld ist wie Wasser.** Erhöht die Zentralbank die Geldmenge, so hat dies Folgen für die Wirtschaft; das Geld versickert nicht einfach irgendwo und irgendwie. In manchen Situationen mag es in der Tat die Produktion und damit Wirtschaftstätigkeit beflügeln, in anderen Situationen werden die Preise steigen oder die Finanzmärkte heiß laufen. Wann welche dieser Folgen eintreten, ist schon theoretisch schwer vorherzusagen. Wir wissen es nicht genau. Was uns zur nächsten einfachen Idee bringt.
3. **Wir wissen zu wenig darüber, wie Geld funktioniert.** Es gibt einige Theorien zu den Wirkungen von Geld, und die meisten dieser Theorien haben durchaus ihre Berechtigung und treffen relevante Punkte. Doch insgesamt wissen wir zu wenig darüber, wann Geld wie funktioniert, um

perfekte Geldpolitik betreiben zu können. Dieses Unwissen lehrt uns, vorsichtig mit der Gelddruckmaschine umzugehen.

4. **Geld ist nicht allmächtig.** Der vorherige Leitsatz gilt umso mehr, als wir zumindest eines mit Sicherheit wissen: Geld ist keine Wunderwaffe, es kann nicht alle Wünsche der Politik erfüllen. Mittlerweile sollen die Schultern der Geldpolitik fast alles tragen, was politisch sinnvoll und nützlich erscheint: Vollbeschäftigung, Preisniveaustabilität, Klimaschutz – all diese Ziele und noch viele mehr soll die Geldpolitik mit verfolgen oder zumindest unterstützen. In Anbetracht der Tatsache, dass unser Wissen um die Wirkung von Geld alles andere als vollständig ist und Fehler der Geldpolitik mitunter die Zerstörung der eigenen Währung nach sich ziehen, sollte man mit diesem Instrument vorsichtig sein.

Diese vier Ideen sprechen dafür, die Geldpolitik dem direkten Zugriff der Politik zu entziehen, um zu verhindern, dass unsere Währung zum Spielball der Politik wird. Unser Geld ist zu wichtig, um es den Moden und der Unersättlichkeit politischer Wünsche zu überlassen.

Weiterführende Literatur

Beck, Hanno; Prinz, Aloys (2022), Gefahr für unser Geld? Die neuen Propheten des Geldes und die Zukunft unseres Währungssystems, Verlag Vahlen.

Beck, Hanno; Prinz, Aloys (2014), Die große Geldschmelze: Wie Politik und Notenbanken unser Geld ruinieren, Hanser Verlag, München.

Auch wenn derzeit die Schuldentragfähigkeit des Bundes nicht in Gefahr ist, sollte dies die Haushaltspolitik nicht dazu bringen, diese Tragfähigkeit auszureizen.

Staatsschulden – notwendig oder gefährlich?

Prof. Dr. Jens Boysen-Hogrefe

Nach dem Studium in Heidelberg und Kiel promovierte ***Jens Boysen-Hogrefe*** *im Jahr 2008 an der Christian-Albrechts-Universität zu Kiel und ist seither am Kiel Institut für Weltwirtschaft beschäftigt. Seit dem Jahr 2011 ist er dessen Vertreter beim Arbeitskreis Steuerschätzung des Bundesministeriums der Finanzen. Arbeitsschwerpunkte sind Konjunkturprognose und öffentlichen Finanzen.*

Deutschland hat – wie viele andere Länder auch – die Kreditaufnahme in den letzten Jahren massiv ausgeweitet. Die Gründe waren die wirtschaftlichen Schocks, ausgelöst durch die Pandemie und den Russland-Ukraine-Krieg. Die hohen Haushaltsdefizite wecken Erinnerungen an die globale Staatsschuldenkrise. Doch wäre ein Verzicht auf stabilisierende staatliche Maßnahmen überhaupt sinnvoll gewesen? In Krisenzeiten ist tatsächlich der Staat gefragt, die Nachfrage zu stützen. In wirtschaftlichen Normalzeiten ist jedoch solide Haushaltspolitik gefragt. Die Herausforderungen des demografischen Wandels und der Dekarbonisierung werden uns viele Jahre begleiten. Die Politik sollte nachhaltige Lösungen suchen und nicht den einfachen Weg höherer Schulden gehen. Die deutsche Schuldenbremse ist grundsätzlich so konzipiert, dass schuldenfinanzierte Konjunkturmaßnahmen in Krisenzeiten zwar möglich sind, in „normalen" Zeiten die Schulden aber wirksam begrenzt werden.

Nachdem die öffentlichen Haushalte einige Jahre Überschüsse aufwiesen, sind mit der Corona-Krise wieder Budgetdefizite größeren Ausmaßes aufgelaufen. Für die „Schuldenbremse" wurde im Jahr 2020 die Notlage vom

Bund und auch von allen Ländern erklärt, wodurch die Beschränkungen der Fiskalregel in dem betreffenden Haushaltsjahr nicht mehr bindend waren. Zwar müssen die zusätzlichen Schulden verbindlich später getilgt werden, doch kann diese Tilgung zeitlich gestreckt werden. Der Bund hat die Notlage auch für die Haushaltsjahre 2021 und 2022 mit der Begründung der Corona-Krise erklärt. Allerdings wurde die Corona-Notlage auch dazu genutzt, Verschuldungsspielräume für die folgenden Jahre zu organisieren. So wurden diverse Sondervermögen mit Kreditermächtigungen im hohen zweistelligen Milliardenbereich ausgestattet und der 200 Mrd. Euro starke „wirtschaftliche Abwehrschirm gegen die Folgen des russischen Angriffskrieges" eingerichtet. Zusammen mit dem neben der Schuldenbremse aufgebauten Sondervermögen Bundeswehr, stehen so rund 400 Mrd. Euro bzw. 10 Prozent des Bruttoinlandsprodukts für zusätzliche Verschuldung alleine für den Bund bereit, auch wenn in den kommenden Jahren die Schuldenbremse vom Bund eingehalten wird.

Der erhebliche Umfang der zusätzlichen Verschuldungsspielräume wirft die Frage auf, wie die zusätzliche Staatsverschuldung einzuordnen ist, wie vielleicht Staatsverschuldung generell beurteilt werden kann. Muss sie zurückgezahlt werden? Welche Gefahren gehen mit hoher Staatsverschuldung einher? Aber zugleich stellt sich auch die Frage, ob die Verschuldung des Staates nicht auch Potenziale bietet und gerade in Krisenzeiten einen großen Nutzen hat.

Staatsschulden und private Schulden: Unterschiede und Gemeinsamkeiten

Der Staat ist vordergründig ein seltsamer Schuldner. Anders als bei privaten Schuldnern hat der Gläubiger hier keine direkte Handhabe, seine Ausstände bei Zahlungsverzug einzutreiben. Der souveräne Staat muss den Gerichtsvollzieher nicht fürchten, schließlich wird dieser ja vom Staat bezahlt. Trotzdem sind Staaten in hohem Maße bestrebt, ihren Zahlungsverpflichtungen regelmäßig nachzukommen. Der Bund gilt sogar als besonders vertrauenswürdiger Schuldner. Viele Staaten scheinen also den Unterschied zu den privaten Schuldnern nicht auszunutzen. Warum? Zum einen geht dies mit der Sorge von staatlicher Seite einher, wie es um die Kreditwürdigkeit stehen würde, wenn der Schuldendienst eingestellt wird. Die Einstellung des Schuldendienstes birgt die Gefahr, für einige Zeit den Zugang zu neuen Krediten zu verlieren. Zudem spielt bei vielen Staaten vermutlich auch eine Rolle, dass die Staatsanleihen direkt oder indirekt via Finanzsystem in der Hand von Bürgerinnen und Bürgern liegen. Plötzliche Vermögensverluste könnten die Finanzstabilität gefährden und der jeweils amtierenden Regierung Zustimmung kosten. Letztlich sind die Unterschiede aus Sicht der Gläubiger daher auch nicht so groß, als dass nicht Staatsanleihen neben den Anleihen privater Unternehmen ins Portfolio genommen würden.

Da die unterschiedliche rechtliche Position des Staates für viele Gläubiger gar nicht so sehr ins Gewicht zu fallen scheint, wird als Unterschied gerne betont, dass Staatsschulden aus ökonomischen Überlegungen anders zu beurteilen wären als die von privaten Haushalten oder Unternehmen. Das Bild der „schwäbischen Hausfrau" dient dabei oft als Zerrbild. Doch zunächst dürften viele Überlegungen, die mit Verschuldung zusammenhängen, für beide öffentliche und private Schuldner in ähnlichem Maße gelten. So hängen die Möglichkeit bzw. die mögliche Höhe der Verschuldung im Wesentlichen vom Einkommen ab. Das kennen Private durchaus, dass bei der Kreditaufnahme bei einer Bank zunächst der künftige Schuldner nach seinen Einkommensverhältnissen befragt wird. Die mögliche Höhe eines Kredites hängt wesentlich an den diesbezüglichen Auskünften. Der Schuldendienst wird schließlich aus dem Einkommen erbracht. Das „Einkommen" des Staates bzw. seine Einnahmen aus Steuern, Beiträgen oder Entgelten hängen von der Wirtschaftsleistung des Landes bzw. seiner Bürgerinnen und Bürger ab. Daher ist es plausibel die Verschuldung des Staates in Relation zur Wirtschaftsleistung anzugeben und zu beurteilen.

Der Vergleich mit privaten Schuldnern gibt übrigens auch eine erste Antwort auf die Frage, wie es um die Rückzahlung bzw. Tilgung von Staatsschulden steht. Bei Unternehmen ist ein dauerhafter Fremdkapitalanteil von größer als Null durchaus üblich. Die Tilgung bzw. das Aufbringen von entsprechendem Eigenkapital kann das Unternehmen bzw. dessen Eigentümer beeinträchtigen – es stünden dann vielleicht weniger Mittel für Investitionen zur Verfügung oder der Eigentumsanteil wird verwässert, so dass es, sofern sich weiterhin Fremdkapitalgeber finden, im Sinne des Unternehmens bzw. seiner Eigentümer sein kann, die Verschuldung nicht zu reduzieren. Solange die Einkommens- bzw. Gewinnperspektiven gut sind, werden sich auch Gläubiger finden lassen. Bei Staatsschulden verhält sich dies ähnlich. Die Tilgung belastet den laufenden Haushalt. Diese Belastung sollte mit den Belastungen aus zukünftigem Schuldendienst abgewogen werden, dabei muss selbst unter Berücksichtigung der Interessen, die in kommenden Budgets abgebildet werden sollen, die Tilgung nicht unbedingt die insgesamt präferierte Lösung sein. „Generationengerechtigkeit" – ein Begriff, der übrigens sehr schwer zu operationalisieren ist – kann schließlich auch bedeuten, dass die aktuelle Generation nicht zu sehr zu belasten ist.

Eine weitere Gemeinsamkeit ist in den Motiven zur Verschuldung zu finden. Wenn die Schulden Ausgaben finanzieren, die die künftigen Einkommen bzw. Wachstumsperspektiven hinreichend erhöhen, so dass der Schuldendienst aus diesen Erträgen leicht zu finanzieren ist, sind sie gerechtfertigt und sinnvoll. Ein Problem ist allerdings die Abgrenzung des Investitionsbegriffs der öffentlichen Hand und die „Erfolgskontrolle" (vgl. Abschnitt „Brauchen wir die Schuldenbremse?"). Im privaten Sektor führen unrentable Investitionen im ärgsten Fall zu einem Marktaustritt. Diese Form der Erfolgskontrolle gibt es auf staatlicher Seite nicht.

Der zentrale Unterschied zwischen Privaten und Staat, wenn es um die Rechtfertigung für Verschuldung geht, tritt in Krisenzeiten hervor. Während Private angesichts der hohen Unsicherheiten in einer Krisensituation vermutlich Ausgaben und Kreditfinanzierung zurückfahren, da die Rentabilität inmitten einer Rezession von Kreditgebern wie -nehmern vermutlich nicht hinreichend überblickt werden kann und das Risiko des Marktaustritts besteht, soll der Staat als risikoneutraler Akteur auftreten. In Rezessionen, die von Unterauslastungen geprägt sind, führen kreditfinanzierte Staatsausgaben zu einer Stabilisierung der Wirtschaft und können kurzfristig sowie auch langfristig für die Bürgerinnen und Bürger von Nutzen sein. Staatsverschuldung zur Konjunkturstabilisierung und zur Absicherung ansonsten nicht zu versichernder Risiken ist geboten. Verschuldete sich der Staat nicht, könnten die Privaten ihre wegen der Unsicherheit erhöhten Sparpläne nicht umsetzen. Das Bestreben mehr zu Sparen führte zu einem Einbruch der Nachfrage und somit zu einem Rückgang der Wirtschaftsleistung. In der sogenannten Keynesianische Situation verfängt eine Reduktion des Zinssatzes, die eigentlich Investitionen und andere Ausgaben der Privaten wieder anregen sollte, nicht, da der Unsicherheitsschock nicht hinreichend kompensiert werden kann. Starke konjunkturelle Schwankungen und seltene, katastrophale Ereignisse rechtfertigen somit die Kreditaufnahme des Staates – die Notlagenregelung in der Schuldenbremse trägt dem Rechnung.

In den Jahren nach der Finanzkrise ist über die Frage des Keynesianischen Motivs für Staatsverschuldung allerdings eine Kontroverse entbrannt. Der Umstand, dass die Zentralbankzinsen viele Jahre auf Null waren und zugleich die Verbraucherpreisinflation moderat blieb, haben einige Ökonomen als „permanente" Keynesianische Situation interpretiert, die oft als „secular stagnation" bezeichnet wird. In Deutschland hat insbesondere Carl Christian von Weizsäcker diese Position vertreten. Sofern Nachfrage und Zinsen dauerhaft niedrig sind, sollte der Staat wiederholt und dauerhaft mit kreditfinanzierter Nachfrage kontern. Die aktuelle Inflation und die damit einhergehende Zinswende sprechen allerdings gegen eine dauerhafte Keynesianische Situation (vgl. Abschnitt „Wann ist ein Staat überschuldet?").

Die Rolle der Zentralbank

Die Diskussion der Staatsverschuldung geht bisher implizit davon aus, dass die öffentlichen Haushalte kein Geld schöpfen können und sich durch Abgaben, Anleihen, Kredite oder Entgelte finanzieren müssen. Im Zusammenhang mit der Niedrigzinsphase hat die Europäische Zentralbank mit Anleihekaufprogrammen versucht die langfristigen Zinsen weiter zu reduzieren und gerade zu Beginn der Corona-Krise große Teile der Nettokreditaufnahme der Staaten in ihre Bilanz genommen. Dies hat die Frage der Finanzierung der öffentlichen Haushalte durch die Zentralbank wiederbelebt – gerade in den ersten Monaten der Corona-Pandemie waren die Grenze zwischen Zentralbankfinanzierung des Staates und Geldpolitik eher definitorischer Art. Insbesondere die Vertreter der sogenannten „Modern Monetary Theory" propagieren, dass die Unabhängigkeit der Zentralbanken aufgegeben werden und diese direkt und dauerhaft die Staatshaushalte finanzieren sollte. Aus ihrer Sicht werden die öffentlichen Haushalte derzeit unnötig eingeschränkt. Grundüberzeugung ist, dass ein Staat, der von der Zentralbank finanziert wird, nie im privatwirtschaftlichen Sinne pleitegehen kann. Als Grenze der Staatsverschuldung bzw. der Geldschöpfung der Zentralbank zugunsten von Staatsausgaben gilt die Inflation.

Der Gedanke Zentralbankfinanzierung ist nicht neu und hat letztlich zu der Forderung geführt, dass Zentralbanken unabhängig sein sollen, da die öffentlichen Haushalte mit der Begrenzung des Geldes zur Steuerung der Inflation überfordert sind. Durch die Geldentwertung besteht zwar auch eine Art Budgetbeschränkung, die aber weicher ist und wegen Wirkungsverzögerungen zwischen Staatsausgaben und Preisanstiegen schwerer einzuschätzen ist und daher in der Abwägung zu anderen Zielen des Budgets droht untergeordnet zu werden. Die Unabhängigkeit der Zentralbank, die die Finanzierungsmöglichkeiten mit dem Ziel, die Inflation zu steuern, knapphält, war daher Konsens der Wirtschaftspolitik für viele Jahre.

Wie schwierig es für Zentralbanken sein kann, die Inflation (wieder) einzufangen, wenn zuvor die Zentralbank den Zielen der Fiskalpolitik untergeordnet wurde, zeigt das Beispiel Italien, wo in den 70er und 80er Jahren ausgesprochen expansive Geld- und Fiskalpolitik betreiben wurde. In der Konsequenz stieg die Inflation deutlich. Diese Erfahrung unterminierte die Glaubwürdigkeit der Zentralbank und es brauchte sehr hohe Zinsen, um den Politikschwenk hin zur Unabhängigkeit der Zentralbank und einer Politik niedriger Inflation durchzusetzen. Die hohen Zinsen wurden allerdings zur Belastung des italienischen Staatshaushalts, der zunächst nur moderat verschuldet war, wegen der hohen Zinszahlungen aber unter Druck geriet und letztlich die Zinsforderungen mit zusätzlichen Schulden zu begleichen suchte. Dass Italien mit einem Bruttoschuldenstand von über 110 Prozent in Relation zur Wirtschaftsleistung in die Währungsunion startete, war somit eine Folge des Kampfes der italienischen Zentralbank um neue Glaubwürdigkeit. Während also Staaten, die von der Zentralbank direkt finanziert werden, vielleicht nicht Pleite gehen, besteht die Gefahr, dass die Geldwertstabilität leidet. Wenn diese wiederhergestellt werden soll, kann dies wiederum die öffentlichen Haushalte massiv unter Druck setzen.

Wann ist ein Staat überschuldet?

Letztlich tritt dann eine Schuldenkrise auf, wenn der Staat keine Gläubiger mehr findet. Die Schuldenstandsquote alleine ist bei der Frage, ob dies bevorsteht, nicht unbedingt informativ. So war Argentinien im Jahr 2000 ein Jahr vor der Pleite in Relation zur Wirtschaftsleistung deutlich geringer verschuldet als z. B. Deutschland heute. Und Griechenland hat nun einen höheren Schuldenberg als zu Beginn der Krise im Jahr 2010. Schließlich weist Japan mit über 260 Prozent in Relation zur Wirtschaftsleistung einen massiven Wert auf, wird aber nicht als Pleitekandidat gehandelt. Die Unterschiede liegen darin, dass Argentinien nicht in der Währung, in der die Steuereinnahmen waren, sondern in US-Dollar verschuldet war und innerhalb kürzester Zeit explodierte der Schuldenstand, weil der Wechselkurs einbrach. Es handelte sich bei Argentinien im Jahr 2001 vordringlich um eine Währungskrise, die schließlich die Staatspleite nach sich zog. Griechenland wiederum hat aktuell den Vorteil, dass der Großteil der Verschuldung zu dauerhaft günstigen Konditionen bei den europäischen Partnerländern bzw. der EFSF und dem Nachfolger ESM liegen, so dass trotz höhere Schuldenstände als 2010 die Refinanzierungsnotwendigkeiten geringer sind als damals. Und schließlich ist zu Japan festzuhalten, dass die Zentralbank einen Großteil der Schulden hält und als Finanzier bereitsteht. Überraschend ist hier, dass Japan kaum Inflation erlebt. Dies hängt vermutlich damit zusammen, dass die japanischen Geldhalter bisher wenig Nachfrage entwickeln und weiterhin ihre Einlagen im Land belassen. Somit bleibt der Wechselkurs des Yen relativ stabil. Ob die besondere Situation Japans auf andere Währungsräume übertragbar ist, kann angezweifelt werden.

Als weiteres Maß wird häufig die Zins-Steuer-Quote herangezogen. Sie deutet daraufhin, dass es für den Staat bzw. für seine Bürgerinnen und Bürger sehr unerfreulich sein kann, wenn zu viel Einnahmen für den Schuldendienst aufgewandt werden müssen. Dies gilt selbst dann, wenn die Gläubiger im Inland sind. Sofern das Verhältnis zwischen staatlichen Einnahmen und Leistungen verrutscht, um z. B. Kreditverträge zu erfüllen, dürfte dies für

Unmut sorgen. Doch ist die Zins-Steuer-Quote für sich alleine ebenfalls nur begrenzt aussagekräftig, da zugleich die Inflation in den Blick genommen werden muss. Bei hoher Inflation sind hohe Zins-Steuer-Quoten deutlich besser zu verkraften als bei niedriger. Dies resultiert schlicht daraus, dass bei hoher Inflation höhere Defizite gemacht werden können als bei niedrigerer, um den gleichen Bruttoschuldenstand in Relation zum Bruttoinlandsprodukt am Ende der Periode zu erreichen. Griechenland zum Beispiel hatte in den 90er Jahre deutlich höhere Zins-Steuer-Quoten als im Jahr 2010. Aber eben auch eine deutlich höhere Inflation.

Aus Sicht des Gläubigers ist letztlich die Frage relevant, ob die zukünftigen Einnahmen des Staates hinreichend sind für den Schuldendienst. Dazu kann zum Beispiel das Konzept des Primärsaldos (Budgetsaldo ohne Zinsausgaben) herangezogen werden, der nötig ist, um die Schuldenstandsquote zu stabilisieren. Vordringlich relevant ist bei diesem Konzept die Differenz zwischen der Zuwachsrate des nominalen BIP und dem Zinssatz und das Ausmaß der Verschuldung. Ist der notwendige Primärsaldo recht hoch, bedeutet das, dass der Staat viele Einnahmen erzielen muss, über deren Verwendung er aber nicht verfügen kann. Dies birgt politischen Sprengstoff. An einem gewissen Punkt könnte die Einstellung des Schuldendienstes aus Sicht der staatlichen Akteure das geringere Übel sein oder eine weitere Anhebung der Einnahmen z. B. durch Steuererhöhungen nicht durchsetzbar („Laffer-Kurve"). Die Risikoeinschätzung der Investoren steigt und es werden bei absehbar höheren notwendigen Primärsalden nochmals höhere Zinsen verlangt, was die Situation zusätzlich verschärft. Dies Kalkül bedeutet auch, dass plötzliche Zinsanstiege für hoch verschuldete Akteure ein riesiges Problem sind, während eine geringere Verschuldung steigende Zinsen weniger problematisch macht oder deutlich mehr Zeit zur Anpassung lässt.

Die Verschuldung der öffentlichen Haushalte in Deutschland ist im internationalen Vergleich moderat. Trotz der Krisen zu Beginn der 20er Jahre dürfte der Bruttoschuldenstand relativ zur Wirtschaftsleistung nicht über das Niveau aus Zeiten der Finanzkrise steigen. Trotz Zinswende bleibt die Zinssteuer-Quote historisch auf niedrigem Niveau. Hohe Primärüberschüsse muss der Staat in Deutschland nicht erbringen, um den Schuldenstand einzuhegen, da zumindest derzeit der Zuwachs des nominalen Bruttoinlandsprodukts höher ausfällt als die vom Staat geforderten Zinsen. So dürfte die nominale Wirtschaftsleistung in den kommenden beiden Jahren aus Sicht der meisten zum Jahreswechsel 2022/2023 vorliegenden Prognosen deutlich über der Spanne von 2–2,5 Prozent zulegen, in der sich zur selben Zeit in etwa die Renditen der langjährigen Anleihen des Bundes bewegten.

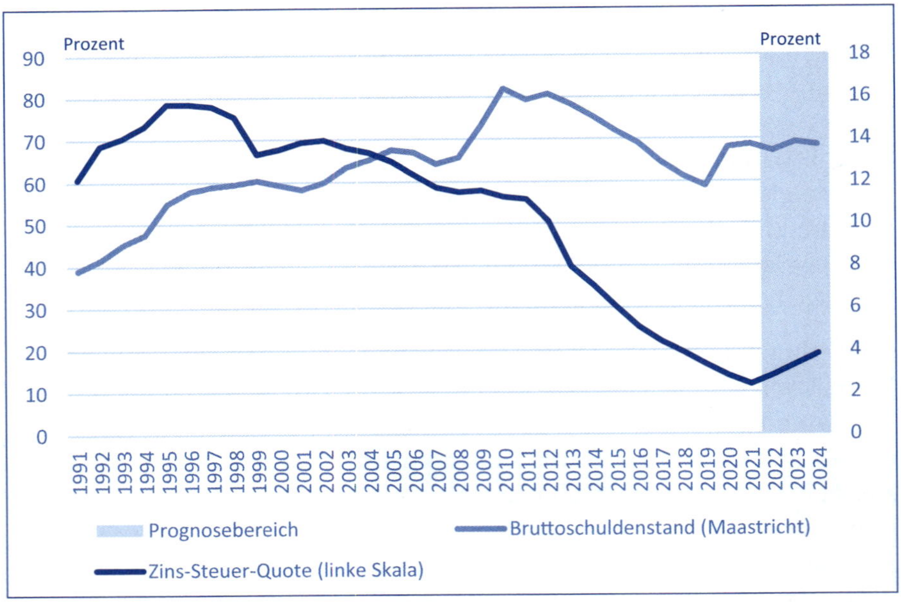

Quelle: Volkswirtschaftliche Gesamtrechnungen; Statistisches Bundesamt; Deutsche Bundesbank; Prognosen des IfW Kiel.

Abb.: Bruttoschuldenstand in Relation zum Bruttoinlandsprodukt und Zins-Steuer-Quote 1991–2024

Brauchen wir die Schuldenbremse?

Die Name Schuldenbremse ist etwas irreführend. Begrenzt wird nicht der Bruttoschuldenstand, sondern eine modifizierte Nettokreditaufnahme auf 0,35 % des Bruttoinlandsprodukts, wobei sogenannte finanzielle Transaktionen ausgeschlossen sind. Im Rahmen der Schuldenbremse könnte sich der Bund für den Erwerb von Finanzvermögenstiteln somit unbegrenzt verschulden. Ferner entspricht die modifizierte Nettokreditaufnahme auch nicht der tatsächlichen Differenz von Ausgaben und Einnahmen eines Haushaltsjahres, da Rücklagen entweder im Kernhaushalt oder in Sondervermögen gesondert zu sehen sind. Daher ist es z. B. möglich, dass in einem Jahr der Bund die Schuldenbremse formal einhält, aber zugleich in großem Maße neue Schulden macht. So ist es für das Jahr 2023 geplant. Durch die Neuregelung der Sondervermögen in der Schuldenbremse und die Verschuldungsspielräume in der Corona-Zeit erscheint die Schuldenbremse, vorsichtig gesagt, sehr flexibel. Sofern aber die Notlagenregelungen nicht mehr greifen, ist sie von den finanziellen Transaktionen abgesehen eine relativ strikte Fiskalregel, die bei steigenden Zinsausgaben sogar ihre Bremskraft verstärkt. Da die Zinslast höher liegt und weiter steigen wird in den kommenden Jahren, impliziert dies zunehmende Primärüberschüsse im Kernhaushalt. Dies spricht für sich genommen dafür, dass bei einer nominal expandierenden Wirtschaft die Verschuldung relativ zum Bruttoinlandsprodukt deutlich zurückgefahren wird.

In der kommenden Zeit wird es daher wohl intensive Debatten um die Schuldenbremse geben. Als diese eingeführt wurde, sanken die Zinsausgaben von Jahr zu Jahr und die Beschäftigung expandierte unerwartet stark. Das Einhalten der Vorgaben der Schuldenbremse fiel den Haushaltspolitikern sehr leicht. Aktuell steigt die Zinslast, und der Beschäftigungsaufschwung dürfte sich angesichts des demografischen Wandels kaum fortsetzen. Zugleich tun sich überall Knappheiten und Probleme auf, die viele Beobachter dazu bringen, mehr Staatsausgaben zu fordern. Bei der Debatte um die Schuldenbremse sollte aber berücksichtigt werden, welche zusätzlichen Verschuldungsmöglichkeiten bereits geschaffen wurden und dass in der kommenden Zeit die Einhaltung der Schuldenbremse mit relativ hohen Finanzierungsdefiziten einhergehen dürfte. Effektiv ist die Schuldenbremse daher in der kommenden Zeit nicht so restriktiv, wie sie eigentlich konzipiert ist.

Vielmehr gilt zu berücksichtigen, dass, wenn der Staat mehr Ausgaben per Kredit finanziert, dies bei angespannten Arbeitsmärkten die Knappheiten insgesamt eher verstärkt, was wiederum über den Inflationsdruck die Zinssätze weiter hochtreiben dürfte und damit die Verschuldung problematischer macht. Auch wenn derzeit die Schuldentragfähigkeit des Bundes nicht in Gefahr ist, sollte dies die Haushaltspolitik nicht dazu bringen, die Tragfähigkeit auszureizen. Die Herausforderungen des demografischen Wandels und der Dekarbonisierung werden uns viele Jahre begleiten. Vorausberechnungen zur Schuldentragfähigkeit von Martin Werding oder die Ergebnisse der Generationenbilanzen von Bernd Raffelhüschen weisen darauf hin, dass die öffentlichen Haushalte vor großen finanzpolitischen Herausforderungen stehen. Die Alterssicherungssysteme stehen vor großen Umbrüchen. Wenn diesen kurzfristig mit Krediten begegnet wird, um „Zeit zu gewinnen“, bleibt die Frage, wann aus einer solchen Kurzfristlösung ausgestiegen werden soll. Die Schuldenbremse bietet den Rahmen dafür, dass genau diese Frage gar nicht gestellt werden muss, sondern zwingt die Politik nachhaltige Lösungen zu suchen.

Wie steht es nun mit den öffentlichen Investitionen und der Schuldenbremse? Der Sachverständigenrat zur Begutachtung der gesamtwirtschaftlichen Entwicklung hatte vor Einführung der Schuldenbremse angemahnt, dass Nettoinvestitionen kreditfinanziert werden sollten und viele Studien weisen auf teilweise hohe Renditen öffentlicher Investitionen hin. Eine Reform der Schuldenbremse sollte daher nicht ausgeschlossen werden, doch ist dabei zu berücksichtigen, dass in den kommenden Jahren auch viele Investitionen anstehen, deren Renditeaussichten vom historischen Muster, das in den entsprechenden Studien untersucht wurde, abweichen könnten. So dürften Rüstungsinvestitionen aber auch Investitionen in die Dekarbonisierung, so sinnvoll diese auch sein mögen, die Einnahmesituation des Staates in den kommenden Jahren nicht deutlich steigern. Die Vorteile der Dekarbonisierung fallen vordringlich erst in einigen Jahrzehnten und dann weltweit an. Der mittelfristige Ausblick der öffentlichen Finanzen in Deutschland dürfte dadurch nicht gestärkt werden, solange Kapazitäten angespannt sind. Ebenso dürften Rüstungsausgaben einen unklaren Ertrag haben. Sie dürften helfen, einen katastrophalen Ernstfall abzuwenden, doch führen sie abgesehen von einer solchen Situation vermutlich kaum zu einer steigenden Wirtschaftsleistung. Bei der gesonderten Berücksichtigung von Investitionen in der Schuldenbremse müsste daher der Investitionsbegriff mit entsprechender Umsicht definiert werden.

Fazit: Schuldenbremse gerade richtig

Dass der Staat sich verschuldet, ist in vorübergehenden Krisenzeiten sehr richtig. Auch hier kann es ein Zuviel geben, wie die Erfahrungen der USA mit dem Anschwellen der Inflation im Jahr 2021 nach dem extrem umfangreichen Konjunkturprogrammen zeigen, und auch in Deutschland war und ist, im Kontext von Corona und auch der aktuellen Energiekrise, nicht jede Maßnahme ein Volltreffer. Doch dürfte ein Großteil der Kreditaufnahme während der Finanzkrise 2009 oder in der Corona-Krise der Gesamtwirtschaft und ihren Bürgerinnen und Bürgern in Deutschland mittelfristig geholfen haben, ihre wirtschaftlichen Aussichten und ihre Lage zu stabilisieren. Wegen seiner hohen Bonität konnte der Bund in diesen Krisen sehr souverän agieren. Diese Souveränität gilt es zu erhalten und dies auch mit Blick auf Jahre, in denen Zinsen und Inflationsdruck anders liegen als in der bisherigen Historie der Schuldenbremse. Gerade jetzt besteht meines Erachtens die Sorge, dass angesichts neuer gesamtwirtschaftlicher Knappheiten die Staatsverschuldung kurzfristig als einfacher Ausweg genutzt werden soll und dass diese Kurzfristsicht solange weiter beibehalten wird, bis Tragfähigkeitsrisiken immanent werden. Auch wenn langfristig eine Reform der Schuldenbremse durchaus Gutes bewirken kann, dürfte sie in ihrer jetzigen Form zumindest für die kommende Zeit dazu beitragen, die öffentlichen Haushalte auf Kurs zu halten.

Nicht jede Konjunkturmaßnahme ist ein Volltreffer.

Die schlechte Bilanz des Stabilitäts- und Wachstumspakts kann im Wesentlichen auf zwei Gründe zurückgeführt werden. Zum einen hat der Pakt in zahlreichen Mitgliedsstaaten keinen Rückhalt in der Bevölkerung. Zum anderen werden die Regeln des Pakts von der EU-Kommission nicht durchgesetzt.

Der Stabilitäts- und Wachstumspakt: Defizite bei der Bekämpfung der Defizite

Dr. Matthias Kullas

__Matthias Kullas__ ist promovierter Volkswirt. Er studierte und promovierte an der Julius-Maximilians-Universität Würzburg sowie an der Renmin University in Peking. Seit 2010 arbeitet er am Centrum für Europäische Politik. Hier leitet er die Fachbereiche Binnenmarkt und Wettbewerb sowie Wirtschafts- und Fiskalpolitik. Schwerpunkmäßig forscht er zur fiskalischen und wirtschaftspolitischen Koordinierung der EU-Mitgliedstaaten.

Der Stabilitäts- und Wachstumspakt wird seiner Aufgabe, die Schulden der EU-Mitgliedstaaten zu begrenzen, nicht gerecht. Dies kann auf zwei Gründe zurückgeführt werden. Erstens genießt der Pakt in zahlreichen Mitgliedstaaten keinen Rückhalt in der Bevölkerung. Tatsächlich würden einige Staaten in eine massive Rezession geraten, wenn sie die Regeln zum Schuldenabbau einhalten müssten. Zweitens wird der Stabilitäts- und Wachstumspakt von der EU-Kommission nicht durchgesetzt. Die mangelnde Durchsetzung von EU-Recht durch die EU-Kommission ist ein generelles Phänomen. Es ist darauf zurückzuführen, dass die EU-Kommission nicht nur Hüterin der Verträge ist, sondern auch Motor der Integration. Beide Aufgaben stehen in einem Spannungsverhältnis. Zudem läuft der Pakt neuerdings in Leere, da mitgliedstaatliche Schulden auf die EU verlagert werden. Dadurch werden mitgliedstaatliche Schulden auf EU-Ebene vergemeinschaftet. Diese vergemeinschafteten Schulden werden bei der Berechnung der nationalen Schuldenstände nicht berücksichtigt.

1 Zur Notwendigkeit des Pakts

Wie wichtig gesunde öffentliche Haushalte sind, wurde in den vergangenen Jahren insbesondere am Beispiel Griechenlands deutlich. Alles begann damit, dass der neu gewählte griechische Ministerpräsident Giorgos A. Papandreou im Oktober 2009 die Prognose für das öffentliche Defizit von 3,7 % des BIP auf 12,5 % anhob. Die Kapitalgeber zweifelten daraufhin an der Solvenz des Landes und Griechenland stürzte in eine wirtschaftliche und soziale Krise, von der es sich bis heute nicht vollständig erholt hat. Die Wirtschaft des Landes kollabierte, die Arbeitslosenquote schnellte in die Höhe, Löhne im öffentlichen Dienst und Renten wurden stark gekürzt, das Bankensystem brach zusammen und Kapitalverkehrskontrollen wurden eingeführt.

Die Krise in Griechenland zeigt nicht nur, wie wichtig gesunde öffentliche Haushalte sind. Sie zeigt darüber hinaus, dass die fiskalische Krise eines EU-Mitgliedstaates, insbesondere eines Eurostaates, negative Auswirkungen auf die anderen Mitgliedstaaten haben kann. Denn die griechischen Probleme blieben nicht auf Griechenland beschränkt. Vielmehr breiteten sie sich wie ein Flächenbrand über die Eurozone aus. Kapitalmarktakteure zweifelten plötzlich an der Solvenz von immer mehr Eurostaaten, etwa Frankreich, Irland, Italien, Portugal, Spanien und Zypern. Um den Flächenbrand einzudämmen und die betroffenen Eurostaaten zu unterstützten, wurden Brandmauern in Form von Finanzhilfen errichtet, etwa der Europäische Finanzstabilisierungsmechanismus (EFSM) oder der Europäischen Finanzstabilisierungsfazilität (EFSF). Gingen politische Entscheidungsträger anfangs noch davon aus, dass die Finanzhilfen nicht oder nur in wenigen Fällen benötigt würden, zeigte sich schnell, dass dies eine Fehleinschätzung war. Mit Ausnahme von Frankreich und Italien benötigten alle zuvor genannten Mitgliedstaaten Finanzhilfen, weil private Kapitalgeber nicht mehr willens waren, deren Defizite zu finanzieren bzw. auslaufende Schulden abzulösen. Dass Frankreich und Italien letztlich keine Finanzhilfen benötigen, lag in erster Linie an der Europäischen Zentralbank. Denn diese verkündete am Juli 2012 („Whatever it takes“) notfalls in großen Mengen Staatsanleihen einzelner Eurostaaten aufzukaufen, um ein Auseinanderbrechen der Eurozone zu verhindern.

Ursächlich für das Ausbreiten der ursprünglich griechischen Probleme über große Teile der Eurozone waren zum einen die engen finanziellen und wirtschaftlichen Verflechtungen der Eurostaaten. So belasteten die griechischen Probleme insbesondere die Banken in anderen Eurostaaten, da diese Gläubiger des griechischen Staates oder griechischer Banken waren. Zum anderen legte die griechische Krise institutionelle Schwächen der Eurozone offen. So wurde u.a. offensichtlich, dass die europäischen Regeln zur Sicherstellung gesunder öffentlicher Haushalte, der sogenannte Stabilitäts- und Wachstumspakt, nicht funktionierten. Zudem gab es kein Konzept zum Umgang mit kriselnden Eurostaaten.

In den vergangenen Jahren wurden zahlreiche Maßnahmen getroffen, um die Eurozone krisenfester zu machen. So wurde der Europäische Stabilitätsmechanismus (ESM) gegründet, um Eurostaaten Finanzhilfen gewähren zu können. Die Bankenunion wurde geschaffen, um die negativen Auswirkungen von Bankenkrisen auf die Wirtschaft und die Steuerzahler zu verringern. Und nicht zuletzt wurde der Stabilitäts- und Wachstumspakt reformiert, um die Überwachung der mitgliedstaatlichen Haushalte durch die EU zu intensivieren und die Entstehung von Krisen bereits im Vorfeld zu verhindern. Die zentralen Probleme des Pakts wurden dabei jedoch nicht behoben.

2 Zum Ursprung und zur Erfolgsbilanz des Pakts

Die EU-Mitgliedstaaten haben sich bereits 1992 im Vertrag von Maastricht auf eine Überwachung der mitgliedstaatlichen Haushalte verständigt. Damals wurde u.a. festgeschrieben, dass Mitgliedstaaten den Euro nur dann einführen dürfen, wenn das öffentliche Defizit nicht mehr als 3 % des BIP und der öffentliche Schuldenstand nicht mehr als 60 % des BIP beträgt. Fünf Jahre später, 1997, wurden diese Grenzwerte in den Vertrag von Amsterdam aufgenommen und als generelle Grenzwerte festgelegt. Der Stabilitäts- und

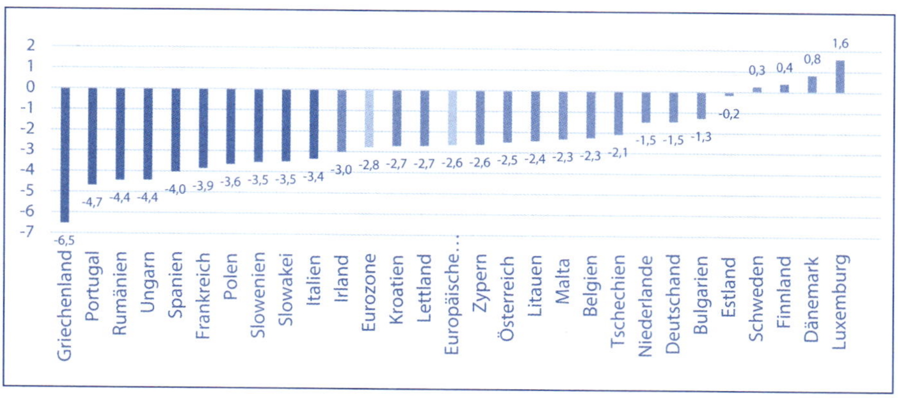

Für die Mitgliedstaaten, die der EU nach 1997 beigetreten sind, ist wurde der Wert seit dem jeweiligen EU-Beitritt berechnet.

Quelle: Eurostat und eigene Berechnungen.

Abb. 1: Durchschnittlicher öffentlicher Finanzierungssaldo 1997 bis 2021 in % des BIP

Wachstumspakt war geboren. Die festgehaltenen Regeln gelten seither für alle EU-Mitgliedstaaten, unabhängig davon, ob sie die Euro bereits eingeführt haben, diesen noch einführen werden oder, wie Dänemark und Schweden, nicht einführen möchten.

Schaut man sich die durchschnittlichen Defizite und Schuldenstände der Mitgliedstaaten seit Einführung des Stabilitäts- und Wachstumspakts an, zeigt sich schnell, dass der Pakt keine Erfolgsgeschichte ist. Zehn Mitgliedstaaten haben seit Einführung des Pakts durchschnittlich ein Defizit von mehr als 3 %. Darunter sind die wirtschaftlichen und politischen Schwergewichte Frankreich und Italien.

Die Probleme des Stabilitäts- und Wachstumspakts werden noch offensichtlicher, wenn man betrachtet, wie oft die einzelnen Mitgliedstaaten die 3 %-Defizitgrenze gerissen haben. Griechenland hat in den vergangenen 25 Jahren in 21 Jahren ein öffentliches Defizit von mehr als 3 % ausgewiesen. Dies entspricht 84 % aller Jahre seit Einführung des Pakts. In Ausnahmefällen, etwa wenn ein Mitgliedstaat von einer schweren wirtschaftlichen Krise getroffen wird, erlaubt der Pakt zwar ein Defizit von mehr als 3 %. Es zeigt sich allerdings, dass in vielen Mitgliedstaaten ein Defizit von mehr als 3 % eher die Regel als die Ausnahme ist. Acht Mitliedstaaten wiesen mindestens in jedem zweiten Jahr ein Defizit von mehr als 3 % auf und acht weitere in mindestens jedem dritten.

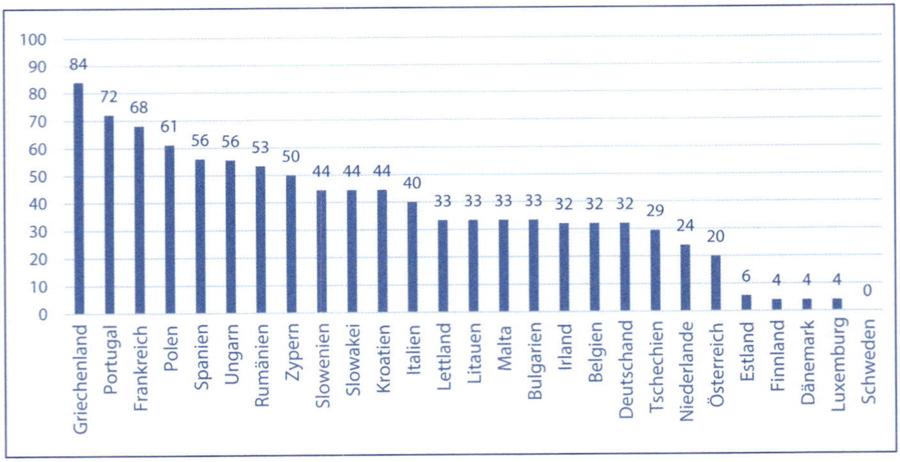

Für die Mitgliedstaaten, die der EU nach 1997 beigetreten sind, ist wurde der Wert seit dem jeweiligen EU-Beitritt berechnet.

Quelle: Eurostat und eigene Berechnungen.

Abb. 2: Anteil der Jahre seit 1997 in denen das öffentliche Defizit 3 % des BIP übersteig

Auch beim zweiten Kriterium, dem Schuldenstand, kann der Stabilitäts- und Wachstumspakt kaum Erfolge vorweisen. Aktuell weisen über die Hälfte der Mitgliedstaaten einen Schuldenstand von über 60 % des BIP auf.

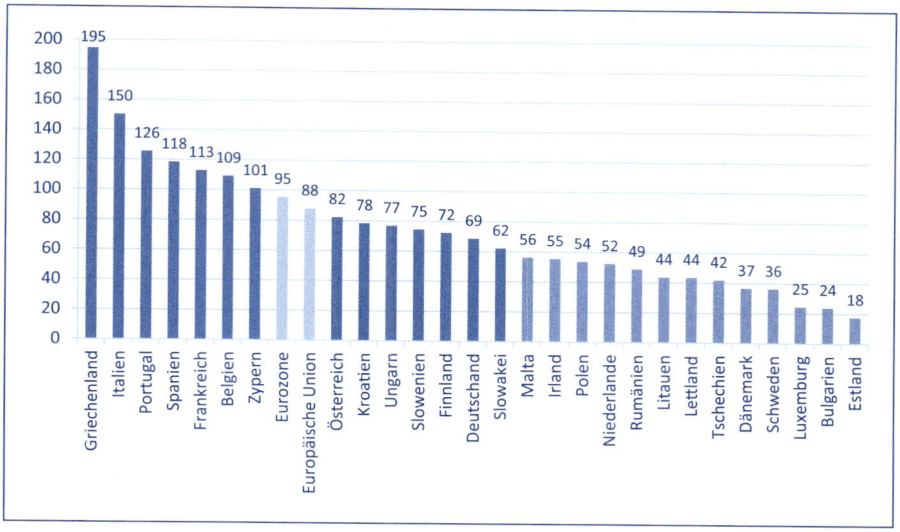

Quelle: Eurostat und eigene Berechnungen.

Abb. 3: Öffentlicher Schuldenstand der Mitgliedstaaten 2021 in % des BIP

Die Probleme bei der Einhaltung der 60-%-Grenze werden noch deutlicher, wenn man die Veränderung der mitgliedstaatlichen Schuldenstände seit Einführung des Pakts betrachtet. In zwölf Mitgliedstaaten, die gegenwärtig einen Schuldenstand von über 60 % des BIP aufweisen, ist der Schuldenstand seit Einführung des Pakts nicht gesunken, sondern angestiegen. Demgegenüber weisen von den 18 Mitgliedstaaten, die seit 1997 in mindestens einem Jahr einen Schuldenstand von über 60 % des BIP aufwiesen, aktuell nur vier einen Schuldenstand von 60 % oder darunter auf. Dies sind Irland, Malta, die Niederlande und Schweden.

Alles in allem zeigt sich, dass der Stabilitäts- und Wachstumspakt erhebliche Defizite aufweist. Seine Funktion, für gesunde öffentliche Haushalte zu sorgen und somit EU-weite Krisen zu verhindern, erfüllt der Pakt bisher nicht. Die Verantwortung für die Einhaltung des Stabilitäts- und Wachstumspakts obliegt in erster Linie den nationalen Parlamenten und Regierungen. Erst wenn sich ein Mitgliedstaat nicht an die vereinbarten Grenzwerte hält, ist es Aufgabe der EU-Kommission – als Hüterin der Verträge – die Einhaltung der Grenzwerte sicherzustellen, etwa indem sie Bußgelder gegen solche Mitgliedstaaten verhängt. Nicht zuletzt ist auch der Ministerrat für die Einhaltung der Grenzwerte verantwortlich, da er Entscheidungen der EU-Kommission blockieren kann.

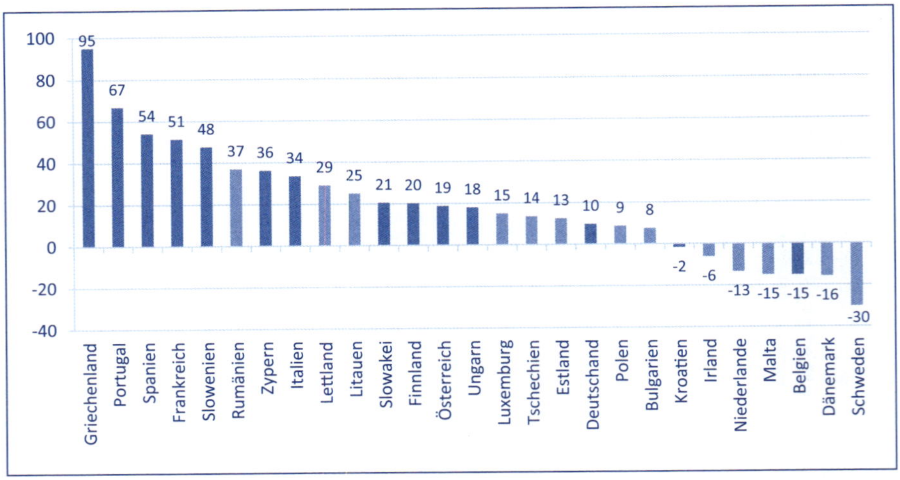

Für die Mitgliedstaaten, die der EU nach 1997 beigetreten sind, ist wurde der Wert seit dem jeweiligen EU-Beitritt berechnet.

Quelle: Eurostat und eigene Berechnungen.

Abb. 4: Veränderung des öffentlichen Schuldenstands der Mitgliedstaaten seit 1997 in Prozentpunkten des BIP

3 Zu den Defiziten des Pakts

Die schlechte Bilanz des Stabilitäts- und Wachstumspakts kann im Wesentlichen auf zwei Gründe zurückgeführt werden. Zum einen hat der Pakt in zahlreichen Mitgliedstaaten keinen Rückhalt in der Bevölkerung. Zum anderen werden die Regeln des Pakts von der EU-Kommission nicht durchgesetzt.

3.1 Zum mangelnden Rückhalt des Pakts

Der Stabilitäts- und Wachstumspakt wird in zahleichen Mitgliedstaaten als beschränkend und ungerecht empfunden. Er wird als Instrument der Austerität gesehen, das die Möglichkeiten der Regierung beschränkt, öffentliche Ausgaben zu erhöhen, um die Wirtschaft zu stimulieren und soziale Programme zu finanzieren. Dies führt dazu, dass Teile der Bevölkerung das Gefühl haben, dass der Pakt ihre Lebensqualität negativ beeinflusst und somit wenig Unterstützung genießt. Diese Einschätzung ist insbesondere für

		Erforderliche jährliche Anpassung des strukturellen Defizits (in % des BIP)	
	Zustand	**Verschuldung ≤ 60 % und niedrig/mittel Nachhaltigkeitsrisiken**	**Verschuldung > 60 % oder hohe Nachhaltigkeitsrisiken**
Außergewöhnlich schlechte Zeiten*	Realwachstum < 0 oder Outputlücke < −4	Keine Anpassung erforderlich	
Sehr schlechte Zeiten*	−4 ≤ Outputlücke < −3	0	0.25
Schlechte Zeiten	−3 ≤ Outputlücke < −1,5	0, wenn das Wachstum unter dem Potenzialwachstum liegt, 0,25 wenn das Wachstum über dem Potenzialwachstum liegt	0,25 bei Wachstum unter dem Potenzialwachstum, 0,5 bei Wachstum über dem Potenzialwachstum
Normale Zeiten	−1,5 ≤ Outputlücke < 1,5	0.5	> 0.5
Gute Zeiten	Outputlücke ≥ 1,5	> 0,5 bei Wachstum unter dem Potenzialwachstum, 0,75 bei Wachstum über dem Potenzialwachstum	≥ 0,75 bei Wachstum unter dem Potenzialwachstum, 1 bei Wachstum über dem Potenzialwachstum

* Die Schwellenwerte für die Outputlücke von −3 % und −4 % des potenziellen BIP werden durch Daten aus der Vergangenheit gestützt: Seit den 1980er Jahren lagen die Outputlücken in den Mitgliedstaaten nur in einem von zwanzig Jahren unter −4 %, während sie in einem von zehn Jahren -3 % erreichten, so dass diese beiden Werte als Zeichen für sehr schlechte und außergewöhnlich schlechte Zeiten gelten.

Quelle: EU-Kommission (2019): Vade Mecum on the Stability & Growth Pact, S. 25. Eigene Übersetzung.

Abb. 5: Die Komplexität des Stabilitäts- und Wachstumspakts am Beispiel des strukturellen Defizits

Einwohner hoch verschuldeter Mitgliedstaaten durchaus berechtigt. Denn der Stabilitäts- und Wachstumspakt verpflichtet Mitgliedstaaten mit einem Schuldenstand von über 60 % dazu, jährlich ein Zwanzigstel der Differenz zwischen ihrer Schuldenstandsquote und der 60-%-Marke abzubauen. Eine Anwendung dieser Regel hätte für Italien und Griechenland dramatische Folgen. Beide Länder müssten ihren Schuldenstand im ersten Jahr um rund 4 % bzw. 6 % des BIP verringern. Das würde Einsparungen im Haushalt der beiden Staaten erfordern, die de facto nicht machbar sind. Zudem würden beide Länder in eine so starke Rezession geraten, dass das BIP stärker schrumpfen würde als die Schulden. Der Schuldenstand gemessen in Prozent des BIP würde daher ansteigen. Hinzu kämen die sozialen Kosten, die mit einer solchen Rezession einhergehen.

Das Gefühl in einigen Mitgliedstaaten, der Pakt sei beschränkend und ungerecht, spiegelt auch die unterschiedlichen wirtschaftspolitischen Kulturen und Traditionen der Mitgliedstaaten wider. Während ein Teil der Mitgliedstaaten eine Verringerung der öffentlichen Ausgaben als richtigen Weg sieht, um Schulden und Defizite zu verringern, argumentieren andere Mitgliedstaaten genau entgegengesetzt. Sie halten es für notwendig, die öffentlichen Ausgaben zu erhöhen, um das Wirtschaftswachstum zu unterstützen und so aus den Schulden herauswachsen.

Schließlich mangelt es dem Stabilitäts- und Wachstumspakt an Rückhalt in der Bevölkerung, da er in der konkreten Anwendung sehr kompliziert ist. So enthält er neben den oben genannten Defizit- und Schuldengrenzen eine Regel zum Wachstum der öffentlichen Ausgaben, wenn Ausgabenerhöhungen nicht durch Einnahmen erhöhende Maßnahmen ausgeglichen werden. Er enthält zahlreiche Ausnahmen, etwa für den Fall, dass Mitgliedsstaaten eine Renten- oder Strukturreform durchführen oder Investitionen tätigen. Schließlich enthält er komplexe Vorgaben zum „strukturellen Defizit", d. h. dem um konjunkturelle, einmalige und befristete Maßnahmen bereinigten Defizit. Die folgende Abbildung zeigt die Vorgaben exemplarisch.

Die Komplexität des Stabilitäts- und Wachstumspakts führt dazu, dass es für Politiker oft schwer vorherzusagen ist, ob der Haushaltsentwurf eines Mitgliedstaates den Vorgaben des Pakts entspricht.

3.2 Zur fehlenden Durchsetzung des Pakts

Der zweite Grund für die schlechte Bilanz des Stabilitäts- und Wachstumspakts ist die fehlende Durchsetzung der Regeln durch die EU-Kommission. Deutschland und Frankreich sind daran nicht schuldlos. Gegen beide Mitgliedstaaten lief im Jahr 2003 ein Verfahren wegen eines übermäßigen

Haushaltsdefizits. Und beiden Mitgliedstaaten drohten Sanktionen, da sie den Empfehlungen des Rates zum Abbau des übermäßigen Defizits nur ungenügend Folge leisteten. Um die drohenden Sanktionen zu vermeiden, überzeugten Deutschland und Frankreich die anderen Mitgliedstaaten, das Verfahren im Ministerrat „außer Vollzug" zu setzen, obwohl dieser Schritt im Stabilitäts- und Wachstumspakt nicht vorgesehen war. Die Kommission verklagte den Ministerrat daraufhin beim Europäischen Gerichtshof. Dieser gab der Kommission zwar Recht, der Stabilitäts- und Wachstumspakt war jedoch irreparabel beschädigt.

Ein weiterer Grund für die fehlende Durchsetzung ist die Art der Sanktionen bei Nichteinhaltung der Regeln. Im Wesentlichen gibt es vier Sanktionsarten, wobei die ersten beiden nur für Eurostaaten möglich sind. Zuerst muss ein Eurostaat eine verzinsliche Einlage in Höhe von 0,2 % des BIP bei der EU-Kommission hinterlegen. Bleibt das übermäßige Defizit bestehen, wird diese im zweiten Schritt in eine unverzinsliche Einlage umgewandelt. Bestehen die Probleme weiterhin kann die EU-Kommission drittens eine Geldbuße in Höhe von max. 0,5 % des BIP verhängen. Zudem können viertens die Zahlungen aus den Struktur- und Investitionsfonds der EU ausgesetzt werden. All diese Sanktionen sind finanzieller Natur. Hier stellt sich die Frage, inwieweit es sinnvoll ist, einen Mitgliedstaat, der ohnehin bereits finanzielle Schwierigkeiten hat, durch Geldbußen zusätzlich zu belasten. Der Abbau des Defizits wird dadurch nicht leichter. Hinzu kommt, dass finanzielle Sanktionen das oben beschriebene Gefühl, der Pakt sei ungerecht, weiter verstärken würde. Dies würde wiederum dazu führen, dass die politischen Ränder gestärkt würden.

Die mangelnde Durchsetzung des Stabilitäts- und Wachstumspakts ist nicht zuletzt darauf zurückzuführen, dass die EU-Kommission in den vergangenen Jahren ihrer Aufgabe als Hüterin der Verträge insgesamt weniger Beachtung geschenkt hat. Während die Anzahl der Vertragsverletzungsverfahren bis zu den frühen 2000er Jahren stetig zunahmen, sind die zwischen 2004 und 2018 von der Kommission eingeleiteten Vertragsverletzungsverfahren um 67 % und die Befassung des Europäischen Gerichtshofs sogar um 87 % zurückgegangen. Ursächlich hierfür ist, dass die EU-Kommission nicht nur Hüterin der Verträge, sondern auch Motor der Integration ist. Letzteres ist sie, da sie die einzige europäische Institution ist, die Richtlinien oder Verordnungen vorschlagen darf. Die beiden Aufgaben machen die EU-Kommission nicht nur zur mächtigsten internationalen Institution der Welt, sie stehen auch in einem Spannungsverhältnis.

Das Spannungsverhältnis zeigte sich Mitte der 2000er Jahre als die Kommission mit dem Problem konfrontiert war, dass die Unterstützung der nationalen Regierungen für die europäische Integration abnahm. Eine energische Durchsetzung der Rechtsvorschriften hätte die ohnehin schwindende Unterstützung der nationalen Regierungen zur weiteren Integration weiter erodieren lassen. Die mangelnde Durchsetzung des Stabilitäts- und Wachstumspakts und anderer EU-Regeln war daher ein Mittel, um weitere Spannungen zwischen der EU-Kommission und den Mitgliedstaaten zu vermeiden. Dies bedeutete, dass die EU-Kommission ihrer Aufgabe als „Motor der Integration" auf Kosten der Aufgabe „Hüterin der Verträge" Vorrang eingeräumt hat. Konkret hatte es sich die Kommission zum Ziel gesetzt, gute Beziehungen zum Europäischen Rat zu pflegen, in dem die nationalen Regierungen Entscheidungen überwiegend im Konsens treffen. Der Rückzug der Kommission aus der Rechtsdurchsetzung erstreckte sich daher auf alle Mitgliedstaaten und Regierungen aller parteipolitischen Ausrichtungen.

4 Zur Zukunft des Pakts

Der Stabilitäts- und Wachstumspakt steht vor drei großen Herausforderungen, wenn er seinen Zweck, für solide öffentliche Haushalte der Mitgliedstaaten zu sorgen, erfüllen soll. Erstens muss der Pakt mehr Rückhalt in der Bevölkerung insbesondere der hoch verschuldeten Mitgliedstaaten haben. Hierzu hat die EU-Kommission bereits erste Ideen veröffentlicht. So möchte sie den hoch verschuldeten Mitgliedstaaten mehr Zeit zum Schuldenabbau geben. Statt festen Regeln zum Schuldenabbau soll der Schuldenabbaupfad zwischen den Mitgliedstaaten und der EU-Kommission individuell ausgehandelt werden. Der erste Vorschlag soll dabei von den Mitgliedstaaten kommen. Auf den ersten Blick scheint dieses Vorgehen durchaus geeignet, den Rückhalt für den Stabilitäts- und Wachstumspakt in der Bevölkerung zu erhöhen. Allerdings ist es fraglich, ob sich die Mitgliedstaaten und die EU-Kommission auf geeignete Maßnahmen zum Schuldenabbau verständigen werden. Denn gerade die hoch verschuldeten Mitgliedstaaten werden Vorschläge präsentieren, die in erster Linie eine Erhöhung öffentlicher Investitionen vorsehen, um aus den Schulden herauszuwachsen. Die Vergangenheit hat jedoch gezeigt, dass dies langfristig nicht funktioniert. Denn in der Regel sind Strukturreformen notwendig, um aus Schulden herauszuwachsen. Hierzu werden die Mitgliedstaaten jedoch nicht bereit sein. Zudem würde eine solches Verhandlungsverfahren die ohnehin hohe Komplexität des Pakts weiter vergrößern. Um den Rückhalt der Bevölkerung für den Pakt zu erhöhen, bedarf es einer umfassenden Kommunikation durch die EU-Kommission, warum der Pakt notwendig und sinnvoll ist.

Zweitens muss die Durchsetzung des Pakts verbessert werden. Auch hierzu hat die EU-Kommission einen Vorschlag unterbreitet. Sie schlägt vor, die Höhe der Sanktionen herabzusetzen. Die negativen Effekte einer Sanktion wären dann geringer. Eine Verhängung von Sanktionen wäre somit wahrscheinlicher. Dieser Vorschlag ändert jedoch nichts an den grundlegenden Problemen finanzieller Sanktionen. Vielmehr sollte die EU-Kommission verstärkt die Zahlungen aus den EU-Fonds zurückhalten, wenn ein Mitgliedstaat gegen die Regeln des Pakts verstößt. Dieses Vorgehen hätte zwei Vorteile. Zum einen würden die Mitgliedstaaten keine Strafe an die EU zahlen müssen, sondern weniger Geld von der EU bekommen. Zum anderen könnten die Gelder freigegeben werden, sobald sich der Mitgliedstaat wieder an die Regeln hält. Die jüngsten Erfahrungen mit Polen und Ungarn haben gezeigt, dass die Zurückhaltung von EU-Geldern eine effektive Möglichkeit ist, Mitgliedstaaten zum Handeln zu bewegen. Schließlich sollte eine Institution mit der Durchsetzung des Pakts beauftragt werden, die nur dieses eine Ziel verfolgt. Ein Kandidat wäre der Europäische Fiskalausschuss. Die Kommission in ihrer Rolle als Hüterin der Verträge und Motor der Integration ist jedenfalls nicht in der Lage, eine effektive Durchsetzung des Pakts sicherzustellen.

Drittens gerät der Pakt unter Druck, da seit dem Ausbruch der Coronakrise die EU Schulden für die Mitgliedstaaten aufnimmt. Konkret geschah dies mit dem EU-Konjunkturpaket „Next Generation EU“. Dieses sieht u. a. vor, dass die Mitgliedstaaten nicht rückzahlbare Zuschüsse in Höhe von 385,8 Mrd. Euro von der EU erhalten. Hierzu emittiert die EU-Kommission Anleihen und reicht dieses Geld an die Mitgliedstaaten weiter. Als Sicherheit für die Kapitalgeber dient der EU-Haushalt samt der Nachschusspflicht der Mitgliedstaaten, falls der EU-Haushalt nicht zur Rückzahlung der Schulden ausreicht. Die kreditfinanzierten Zuschüsse an die Mitgliedstaaten sind eine grundlegende Neuausrichtung der Finanzarchitektur der EU. Denn bisher hat die EU-Kommission am Kapitalmarkt aufgenommenes Geld stets als Kredite an die Mitgliedstaaten weitergereicht. Die EU umgeht damit nicht nur den Stabilitäts- und Wachstumspakt, da Schulden der EU nicht auf das Defizit und den Schuldenstand der Mitgliedstaaten angerechnet werden. Vielmehr werden mitgliedstaatliche Schulden de facto vergemeinschaftet, da über den EU-Haushalt alle Mitgliedstaaten gemeinsam für diese Schulden haften. Die grundlegende Neuausrichtung der EU-Finanzarchitektur zeigt sich auch darin, dass die EU-Kommission seit 2023 nur noch sogenannte EU-Anleihen emittiert, statt Anleihen mit verschiedenen Bezeichnungen für einzelne Programme.

Weiterführende Literatur

EU-Kommission (2022): Communication on orientations for a reform of the EU economic governance framework; EU-Mitteilung COM(2022) 583.

EU-Kommission Pressemitteilung der EU-Kommission vom 19. Dezember 2022, online unter: https://ec.europa.eu/commission/presscorner/detail/de/ip_22_7787.

Gerken, L., Kullas M. & Van Roosebeke B. (2015): Eine Staatsinsolvenzordnung für die Euro-Zone, online unter: https://www.cep.eu/eu-themen/details/cep/eine-staatsinsolvenzordnung-fuer-die-euro-zone.html.

Kelemen R. D. & Pavone T. (2022): Where Have the Guardians Gone? Law Enforcement and the Politics of Supranational Forbearance in the European Union, online unter: https://papers.ssrn.com/sol3/papers.cfm?abstract_id=3994918.

Alles in allem zeigt sich, dass der Stabilitäts- und Wachstumspakt erhebliche Defizite aufweist.

Wenn die geburtenstarken Jahrgänge ab 2040 das entsprechende Pflegealter erreichen, haben zukünftige Beitragszahler keine andere Wahl, als den Generationenvertrag, der nie einer war, aufzukündigen.

Sozialplan 2030+: Eine Agenda für die Restitution der sozialen Marktwirtschaft[1]

Prof. Dr. Bernd Raffelhüschen

__Bernd Raffelhüschen__ ist Professor für Finanzwissenschaft und Direktor des Forschungszentrums Generationenverträge an der Albert-Ludwigs-Universität Freiburg und war Prof. II an der Universität Bergen, Norwegen (1994–2019). Er studierte in Kiel, Berlin und Aarhus (Dänemark) Volkswirtschaftslehre und promovierte bzw. habilitierte sich in diesem Fach an der Universität Kiel. Zahlreiche Auslandsaufenthalte führten ihn u. a. in die USA aber auch immer wieder in die skandinavischen Länder. Neben seiner Mitwirkung an internationalen Forschungsprojekten beteiligt er sich – zum Beispiel als Mitglied der Rürup-Kommission, der Kommission Steuergesetzbuch oder als Vorstand der Stiftung Marktwirtschaft – an Fragen der praktischen Sozialpolitik. Seine Forschungsinteressen liegen in den Bereichen der Sozial- und Steuerpolitik, insbesondere der Alterssicherung, Gesundheitsökonomie und Pflegevorsorge.

Die sozialen Sicherungssysteme sind nicht nachhaltig finanziert. Mit den heutigen Einnahmestrukturen sind die gegenwärtigen Ausgabenstrukturen auf Dauer nicht bezahlbar. Da die geburtenstarken Jahrgänge in den kommenden Jahren in den Ruhestand gehen, verschlechtert sich das Verhältnis von Beitragszahlern und Leistungsempfängern massiv. In diesem Beitrag werden auf Basis des Verursacherprinzips

[1] Dieser Beitrag basiert auf den seit Jahrzehnten von der Stiftung Marktwirtschaft veröffentlichten Studien zur Messung der fiskalischen Nachhaltigkeit, die am Forschungszentrum Generationenverträge der Albert-Ludwigs-Universität Freiburg erstellt wurden. Teile des Beitrags stammen aus einer ausführlicheren Version des Sozialplans 2030+ die sich unter dem Titel „Soziale Marktwirtschaft vs. marktorientierte Sozialwirtschaft: Ein Scheideweg im Schatten der Corona-Pandemie" im Sammelband Tietmeyer/Solaro (2021): Neue Herausforderungen der Sozialen Marktwirtschaft, S. 123–152 findet.

Reformen skizziert, die der Sozialversicherung wieder eine solide Finanzierungsbasis geben und die Akzeptanz zukünftiger Generationen mit dem Generationenvertrag wiederherstellen würden.

Einleitung

Um es kurz zu machen: Auf eine einleitende Problemanalyse der demographischen Entwicklung soll an dieser Stelle verzichtet werden. Fakt ist, dass immer mehr alte, kranke und pflegebedürftige Menschen von immer weniger Beitragszahlern immer länger zu finanzieren sind. Und wer glaubt, dass die demographische Entwicklung über die nächsten zwei Jahrzehnte eine mit erheblichen Unsicherheiten verbundene Prognose ist, der sollte an dieser Stelle auch nicht mehr weiterlesen. Wahrscheinlich glaubt der Nichtleser auch, dass der derzeitige Fachkräftemangel ein medialer Fake ist und die Nachhaltigkeitsprobleme der deutschen Sozialpolitik sowieso nur der Corona-Krise und dem Ukraine-Krieg geschuldet sind. Für jene, die an dieser Stelle nicht aufhören weiterzulesen, noch ein kurzes Eingangsstatement: Die folgenden Ausführungen skizzieren notwendige Korrekturen unseres Sozialstaates und folgen einer klaren normativen Grundlage: dem Verursacherprinzip. Fakt ist, dass die geburtenstarken Jahrgänge nicht aufhören ihre Versorgungsprobleme hinsichtlich Renten-, Kranken- und Pflegeversicherung zu beschwören. Dabei hätten sie schon längst erkennen müssen, dass das Problem für sie ja im Spiegel erkennbar ist. Die geburtenstarken Jahrgänge haben kein Problem – sie sind das Problem. Und dieses Problem, das sie selbst darstellen, haben sie auch selbst verursacht. Denn sie sind es, die damit begonnen haben, im Durchschnitt nur wenige Kinder in die Welt zu setzen. Seit nunmehr einem halben Jahrhundert stagniert die Geburtenrate bei etwa 1,5 Kindern pro Frau, so dass ohne steigende Zuwanderungszahlen die deutsche Bevölkerungszahl längst rückläufig geworden wäre. Alles was im Folgenden an Reformen skizziert wird, basiert auf einem einzigen Werturteil: Der Verursacher ist für das, was er verursacht, verantwortlich. Es sind die „Eltern" der wenigen Kinder dafür verantwortlich, dass diese so wenig sind. Auch jener, der glaubt, dass die Kinder der geburtenstarken Jahre die Tatsache, dass sie so wenige sind zu vertreten haben, kann an dieser Stelle getrost aufhören zu lesen – ihm ist ohnehin nicht mehr zu helfen.

Was aber genau wären die Konsequenzen, wenn die sozialen Sicherungssysteme nach Maßgabe des Verursacherprinzips reformiert werden würden und wann genau ist eine Reform ausreichend? Das Leitbild der folgenden Ausführungen ist die Wiederherstellung der Nachhaltigkeit in der Finanzierung der sozialen Sicherungssysteme. Als Messlatte für die Nachhaltigkeit wird dabei auf die seit Jahrzehnten durch die Stiftung Marktwirtschaft publizierte Generationenbilanz des „ehrbaren Staates" zurückgegriffen. Demnach ist ein Staatshaushalt immer dann langfristig tragfähig, wenn mit den heutigen Einnahmestrukturen die gegenwärtigen Ausgabestrukturen auf Dauer zu finanzieren sind. Beispiel Pflegeversicherung: Wenn der barwertige Anspruch aller lebenden und kommenden Generationen nach Maßgabe des derzeitigen Leistungskatalogs dem Barwert aller zukünftigen Beitragszahlungen entspricht, dann ist das System nachhaltig. Übersteigt die Summe aller zukünftigen Leistungsversprechen die entsprechenden Beitragszahlungen, dann klafft eine Nachhaltigkeitslücke, die den Abstand vom Zustand der Nachhaltigkeit numerisch erfasst. Diese quasi fehlenden Rückstellungen des nicht so ehrbaren Kaufmanns „Pflegeversicherung" sind nichts anderes als eine Hypothek zu Lasten zukünftiger Generationen. Im Folgenden sollen also jene Reformschritte im Sozialstaat skizziert werden, die die Nachhaltigkeitslücken im Bereich der gesetzlichen Rentenversicherung (GRV), der gesetzlichen Krankenversicherung (GKV) und schließlich der sozialen Pflegeversicherung (SPV) schließen würden. Und nochmals – die Ausführungen sind rein normativer Natur und adressieren jenes Akzeptanzproblem, welches die zukünftigen Erwerbspersonen mit dem immer weiter um sich greifenden Sozialleviathan haben. Abschließend werden die entsprechenden Reformelemente im „Sozialplan 2030+" zusammengefügt.

Eine generationengerechte Reform der GRV

Um die Akzeptanz zukünftiger Generationen mit dem Generationenvertrag GRV wiederherzustellen, sind eine Reihe von Maßnahmen zwingend erforderlich. Wichtigstes Element einer nachhaltigen Reform wäre der Übergang zum strikten Beitragsprimat. Nach Maßgabe des Verursacherprinzips sollten die Beiträge zur gesetzlichen Rentenversicherung auf Dauer bei 20 Prozent eingefroren werden. Dieses würde sicherstellen, dass alle Generationen den gleichen Beitragssatz zur GRV zahlen – das System also intergenerativ fair ausgestaltet wäre. Nach Maßgabe des demographischen Wandels müsste dann aber das Leistungsniveau sukzessive auf ein Bruttorentenniveau von 40 Prozent zurückgefahren werden. Dies geschähe nicht durch nominelle Rentenkürzungen, sondern dadurch, dass die Renten zukünftig weniger stark steigen als die Löhne bzw. Beitragszahlungen. Zu diesem Zweck müsste der im Zuge der Agenda 2010 eingeführte und durch Arbeitsminister Hubertus Heil im Jahre 2018 ausgesetzte Nachhaltigkeitsfaktor reaktiviert und modifiziert werden. Tatsächlich gab es nämlich bereits unter der Schröder-Administration das Bekenntnis zum Beitragsprimat – und auch damals schon mit dem Hinweis darauf, dass die abschmelzenden Leistungen die

Verursacher des Problems – die geburtenstarken Jahrgänge – selbst treffen würden. Mit einer ganzen Reihe von rentenpolitischen Wahlgeschenken und systemwidrigen Weichenstellungen, die in der jüngsten Vergangenheit von diversen großen Koalitionen vorgenommen wurden, ist dieser Ansatz völlig ins Gegenteil gekehrt worden. Beispielsweise wurden durch die abschlagsfreie Rente mit 63 oder durch die Einführung einer Grundrente das Lebensleistungsprinzip der Rentenversicherung durch die Arbeitsminister Nahles und Heil fundamental unterhöhlt. Im Kern besteht dieses Prinzip in der Bewahrung der relativen Einkommensposition im Alter. Ein Durchschnittsverdiener, der Durchschnittsbeiträge eingezahlt hat, erhält bei Renteneintritt eine Durchschnittsrente. Wer das doppelte Durchschnittseinkommen verdient hat, hat doppelt so viel bezahlt und bekommt die doppelte Durchschnittsrente. Und wer nur die Hälfte des Durchschnittseinkommens bezog, bezieht im Alter auch nur die Hälfte der Durchschnittsrente. Jeder bekommt also nach Maßgabe der sogenannten Teilhabeäquivalenz in Abhängigkeit von seinen Beiträgen eine die Lebensleistung reflektierende Rente. Dieses Prinzip wird sowohl durch die „abschlagsfreie Rente mit 63“ als auch durch die vollkommen systemwidrige „Grundrente“ gebrochen. Die erheblichen Mehrkosten führen zu einer deutlichen Verschärfung des Nachhaltigkeitsproblems. Nur durch Rückführung fast aller Beschlüsse, die unter den sozialdemokratischen Arbeitsministern Scholz, Nahles und Heil getroffen wurden, ist hier Abhilfe zu schaffen.

Die erweiterte Wiedereinsetzung der Schröder'schen Agenda 2010 ist allein allerdings nicht ausreichend, um eine wirklich tragfähige Finanzierung der GRV zu gewährleisten. Um ein Rentenniveau in der Größenordnung von 40 Prozent bei gedeckeltem Beitragssatz zu erzielen, bedarf es auch der Korrektur von falschen Weichenstellungen, die im Zuge der Rentenreform von 1992 von der damaligen Kohl-Administration beschlossen wurden. Hierzu zählen insbesondere die Einführung eines versicherungsmathematisch fairen Abschlagssatzes von 0,4 Prozent (statt 0,3) pro Monat, der zu zahlen ist, wenn man vor dem jeweils geltenden gesetzlichen Rentenzugangsalter in den Ruhestand tritt, sowie die Begrenzung der versicherungsfremden Leistungen durch strikte Anbindung des Bundeszuschusses an deren Höhe. Als letztes Glied einer generationengerechten Reform der Rentenversicherung bedarf es schließlich der Einführung eines Lebenserwartungsfaktors, der das gesetzliche Renteneintrittsalter an die Entwicklung der Lebenserwartung koppelt. Diese Maßnahme ist zwingend geboten, da die fernere Lebenserwartung der 65-Jährigen kontinuierlich gestiegen ist und sich dieser Trend fortsetzen wird. Damit sinkt auch das durchschnittliche Verhältnis der Beitragszahlphase zur Rentenbezugsphase kontinuierlich, mit dem Effekt, dass die Jahrgänge immer kürzer für ein Rentenjahr Beiträge zahlen müssen. Eine nachhaltige und damit intergenerativ gerechte Finanzierung der GRV setzt ein konstantes Verhältnis aus Beitragsdauer und Rentenbezugszeit voraus. Denn das Gebot der intergenerativen Gerechtigkeit oder Fairness ist in seiner Substanz ein Gebot der Gleichbehandlung der Generationen. Genau dies war die Intention, die hinter der Forderung nach Einführung der „Rente mit 67" bis zum Jahr 2030 durch die damalige Rürup-Kommission stand. Da aber auch in der Zeit nach 2030 die Lebenserwartung weiter steigen wird, wäre eine Verstetigung der bis 2030 diskretionär vorgenommenen Anpassung des Renteneintrittsalters zwingend erforderlich.

Insgesamt würde die Nachhaltigkeitslücke der GRV durch die oben skizzierten Maßnahmen des „Sozialplan 2030+" vollständig abgebaut, wenn am reinen Beitragsprimat festgehalten werden würde. Da zugleich eine Reihe von Anreizen für den vorgezogenen Ruhestand entfallen, dürfte sogar ein Rentenniveau unterhalb der 40-Prozent-Marke zu vermeiden sein. Auch der Generationengerechtigkeit wäre mit den Maßnahmen genüge getan. Zum einen arbeitet jede Generation für ein Jahr Rentenbezugszeit gleich lang und das Verhältnis von Beitragszahlphase zu Rentenbezugszeit wird bei etwa 2:1 eingefroren. Zum anderen führt jede Generation den gleichen Anteil ihres Einkommens durch die Umlage an die Ruhestandsgeneration ab. Das Gebot der intergenerativen Egalität wird allein hinsichtlich des Rentenniveaus durchbrochen, was durch die beschriebenen Maßnahmen sinken würde. Allerdings werden hierdurch auch alle Generationen nach Maßgabe ihrer Durchschnittsfertilität verursachergerecht für die fehlenden Beitragszahler verantwortlich gemacht.

Schließlich bedarf es flankierend zur Sozialreform noch einiger weiterer Maßnahmen, die nur kurz umrissen werden. Erstens muss der individuellen Fertilität und damit der intragenerativen Gleichbehandlung Rechnung getragen werden. Dies kann durch Berücksichtigung von Kindern in der Rentenberechnung oder der Beitragshöhe geschehen. Alternativ hierzu wäre eine stärkere Besteuerung der Kinderlosen oder Ein-Kind-Familien bei gleichzeitiger steuerlicher Entlastung im Zuge des Familienlastenausgleichs anzustreben. Letzteres ist eher systemkonform, da das Lebensleistungsprinzip in der GRV rein monetär definiert ist. Zweitens bedarf es einer Deregulierung der privaten und betrieblichen Altersvorsorge in der zweiten Schicht des Alterseinkünftegesetzes.

Die Freiburger Agenda zur Reform der GKV

Tatsächlich ist auch das umlagefinanzierte Gesundheitssystem aufgrund der altersspezifisch steigenden Krankheitswahrscheinlichkeiten ein „lupenreiner" Generationenvertrag, also ein System, in dem junge Erwerbstätige die alten Nichterwerbstätigen versorgen. Während der Erwerbstätigkeit zahlt der „gesunde" Versicherungspflichtige im Regelfall deutlich mehr in das System ein, als er von ihm erhält – im Alter ist dies aufgrund des gestiegenen Krankheitsrisikos genau umgekehrt. Würde man an den Leistungen der Gegenwart festhalten (Leistungsprimat) und gleichzeitig den medizinisch-technischen Fortschritt bis in alle Zeit allen Versicherten zugestehen, dann müssten zukünftige Erwerbstätige mit Beiträgen von fast 30 Prozent – also mehr als doppelt so viel wie heutzutage – rechnen. Angesichts dieser Dimension ist es mehr als fraglich, ob zukünftige Generationen quasi bedingungslos und ad infinitum bereit sind, das vermeintlich „solidarische" System der GKV unverändert weiterzuführen. Es erscheint eher wahrscheinlich, dass sie auch den Generationenvertrag GKV kündigen, es sei denn, es kommt zu einem Paradigmenwechsel und mit diesem zu einer Wiederbelebung des Generationenvertrags.

In Analogie zur Vorgehensweise bei der Reform der Rentenversicherung zielen die Maßnahmen der sog. Freiburger Agenda für die GKV auf eine Konstanz des Beitragssatzes für zukünftige Beitragszahler bei entsprechender Anpassung des zukünftigen Leistungsniveaus für jene Generationen, die durch ihre niedrige Fertilität und Langlebigkeit die Schräglage der GKV-Finanzierung selbst verursacht haben bzw. verursachen werden. Die drei Komponenten des Vorschlages sind unmittelbare Bestandteile des hier zu formulierenden „Sozialplan 2030+", die letztlich auf eine verstärkte Eigenvorsorge bei Umstellung der Finanzierungsgrundlage zielt. Im Einzelnen sind die Komponenten: (1) Die Einführung einer Gesundheitspauschale mit sozialen Ausgleichskomponenten, (2) die Einführung von Eigenbeteiligungen außerhalb des stationären Bereichs sowie (3) die Stärkung des Wettbewerbs im stationären Bereich durch selektives Kontrahieren von GKV und Krankenhausbetreibern.

Ad 1) Lohnbezogene Beiträge für die Finanzierung von dominant als Sachleistung gewährten Transfers sind versicherungsmathematisch inkorrekt. Zugespitzt formuliert macht eine Lohnerhöhung nicht krank, sondern erhöht nur die Einzahlungsströme für eine gleichbleibende Leistung. Da das Gesundheitsrisiko für alle Menschen unter dem Schleier der Ungewissheit bei Geburt das gleiche ist, muss auch die Prämie für ein ausgereiftes versicherungsmathematisch äquivalentes System für alle gleich sein. Hierin liegt die zwingende Logik, die Finanzierung des Systems auf eine für alle gleiche Gesundheitsprämie umzustellen. Die familienpolitisch korrekte Finanzierung der Pauschale wie auch die Finanzierung der Pauschale für weiterhin bedürftigkeitsgeprüfte Grundsicherungsempfänger erfolgt über das allgemeine Steueraufkommen. Damit finanzieren die „Reichen" durch das progressiv wirkende Steuersystem den Sozialausgleich überproportional.

Ad 2) Die zweite Komponente der Freiburger Agenda sieht die Einführung eines differenzierten jährlichen Selbstbehalts vor, der die Gesundheitskosten transparent und für den Patienten spürbar macht. Unabdingbare Voraussetzung hierfür ist zunächst ein vollständiger Übergang auf das Kostenerstattungsprinzip. Die Ausgestaltung der Selbstbeteiligung unterliegt nur für eine zu determinierende Basisversorgung einer staatlichen Vorgabe. Sie kombiniert einen absoluten Selbstbehalt pro Jahr (z. B. 500 Euro) mit einer relativen Selbstbeteiligung (z. B. 50 Prozent für die darüber hinaus gehenden Leistungen) gedeckelt auf eine maximal zumutbare Obergrenze (z. B. 1000 Euro pro Jahr). Höhere Eigenbeteiligungen sind bei entsprechender versicherungsmathematisch kalkulierter Reduktion der Gesundheitspauschale frei auszuhandeln. An die Stelle einer „Zwei-Klassen-Medizin" tritt die echte Vertragsfreiheit einer kontinuierlichen und effizienten Mehr-Klassen-Medizin, in der gesetzliche und private Versicherungen oder auch Versicherungsvereine auf Gegenseitigkeit etc. diverse Vertragstypen im freien Wettbewerb anbieten können. Für jene Bevölkerungskreise, für die die Selbstbehalte unzumutbar sind, muss eine Unterstützung durch die bedürftigkeitsgeprüfte steuerfinanzierte Sozialhilfe und/oder den Familienlastenausgleich bereitgestellt werden.

Ad 3) Die dritte Komponente der Freiburger Agenda besteht darin, über wettbewerbs- und ordnungspolitische Maßnahmen den Kostendruck im stationären Sektor durch die Einführung eines wirklichen selektiven Kontrahierens zu dämpfen. Konkret geht es dabei um die Vertragsfreiheit für Krankenkassen und Krankenhausträger bezüglich der Entgeltgestaltung im stationären Sektor. Jedem Akteur auf dem Versicherungsmarkt steht es anheim, mit Krankenhäusern ihrer Wahl Einzelverträge auszuhandeln. Diese freie Preissetzung erstattet die heutigen, allgemein gültigen Fallpauschalen und erzwingen eine deutlichere Spezialisierung der Krankenhausträger bzw. führen zu einem Absterben jener Krankenhäuser, die derzeit nur durch staatliche Unterstützungszahlungen überleben können. Voraussetzung, um einen solchen „Wettbewerb als Entdeckungsverfahren" für effiziente Vertragsformen zu nutzen, sind allerdings echte Wahlfreiheit der Versicherten sowie ein reiner Risikostrukturausgleich.

Durch die Einführung der Freiburger Agenda gelänge es, aus der GKV wieder einen nachhaltig finanzierbaren Generationenvertrag zu machen. Zukünftige Generationen werden erheblich entlastet und das sich ansonsten entwickelnde Akzeptanzproblem wird in Zukunft zumindest entschärft. Im Nebeneffekt würde das System der Gesundheitspauschale mit divergierenden Selbstbehalten auch auf die privaten Versicherungsträger im Basistarif übergreifen, die damit auch besser in der Lage wären, ein Monitoring der Versicherten vorzunehmen.

Reform der Pflegeversicherung

Zweifelsohne brachte die Einführung der sozialen Pflegeversicherung im Jahr 1995 zwei fundamentale ordnungspolitische Fehler mit sich: Zum einen wurde sie als Umlageverfahren ausgestaltet, obwohl man zu diesem Zeitpunkt bereits genau wusste, dass die für die Einhaltung des Generationenvertrages notwendigen zukünftigen Beitragszahler seit Jahrzehnten nicht geboren worden waren. Tatsächlich handelte es sich um die Einführung eines neuen Schneeballsystems zu Gunsten jener älteren Jahrgänge, die, ohne dafür eingezahlt zu haben, die Leistungen in Anspruch genommen haben bzw. noch nehmen werden. Gewinner waren allerdings nur jene Personen, deren Pflegekosten vor 1995 nicht als bedürftigkeitsgeprüfte (Sozial-)"Hilfe in besonderen Lebenslagen" durch die Kommunen getragen wurden. Der neu begründete Kettenbrief hat insofern nicht den „Armen" geholfen, sondern war effektiv ein „Erbschaftsbewahrungsprogramm zur Bereicherung der Reichen". Der zweite Konstruktionsfehler lag in der Tatsache, dass man sich hinsichtlich der Finanzierung für lohnbezogene Beiträge entschied, obgleich bekannt war, dass es keine statistische Korrelation zwischen dem Lohneinkommen und der Eintrittswahrscheinlichkeit des individuellen Pflegefalls und mithin keine Äquivalenz (zwischen Arbeitseinkommen und Pflegeleistungen) gibt. Beide Konstruktionsfehler des damaligen Arbeitsministers Blüm sind gravierend und nicht ohne schmerzliche Einschnitte zu korrigieren. Dennoch ist eine umfassende Reform der gesetzlichen Pflegeversicherung zwingend erforderlich, denn nur so gelangt man zu einem Versicherungssystem, welches bei jungen bzw. zukünftigen Generationen auf jenes Mindestmaß an politischer Akzeptanz stößt, die für eine Fortführung des Generationenvertrages SPV unabdingbar ist.

Wenn die geburtenstarken Jahrgänge ab 2040 das entsprechende Pflegealter erreichen, haben zukünftige Beitragszahler keine andere Wahl, als den Generationenvertrag, der nie einer war, aufzukündigen. Und ihr Argument ist – wie im Fall der Renten- und Krankenversicherung – schlagend: Warum sollten sie im Laufe ihres Lebens 5–8 Prozent ihres Lohnes für jene Pflegebedürftigen bereitstellen, wo doch die Nutznießer teils nichts oder nur deutlich geringere Teile ihres Einkommens für die Pflegefälle der Vergangenheit abgetreten haben. Was also getan werden muss, um eine Akzeptanz des Umlageverfahrens zu erreichen, liegt auf der Hand: Die Beiträge müssen mit sofortiger Wirkung eingefroren werden. Dieses Beitragsprimat für die Pflegeversicherung ist jedoch unmittelbar an entsprechende Leistungsanpassungen geknüpft. Zugleich muss zur Wiederherstellung des Äquivalenzprinzips die Lohnabhängigkeit der Beitragszahlung auf eine Finanzierung durch pauschale Pflegeprämien umgestellt werden, deren

Höhe abhängig von der damit verknüpften Eigenbeteiligung ist. Analog zur Gesundheitsprämie im System der GKV ist die entsprechende Pauschale umso geringer, umso höher die Eigenbeteiligung gewählt wird. Auch im Fall der Pflegeprämie werden die Sozialleistungen der bedürftigkeitsgeprüften Fürsorge entsprechend angepasst und im Rahmen des Familienlastenausgleichs müssen die Prämien für abhängige Kinder entsprechend erstattet werden. Die entsprechende Refinanzierung erfolgt systemimmanent aus dem allgemeinen Steueraufkommen.

Ein zielgenaues und in jeder Hinsicht fein abgestimmtes Instrument zur Sicherung des Beitragsprimats ist die Einführung variabler Karenzzeiten. Mittels eines solchen Zeitraums, in dem zu Beginn der Pflegebedürftigkeit kein Leistungsanspruch aus der SPV besteht, könnte sich die SPV auf jene Pflegefälle konzentrieren, die aufgrund einer langen Pflegebedürftigkeit sehr hohe Kosten tragen. Das Risiko einer Pflegebedürftigkeit für kürzere Fristen wäre der Eigenverantwortung zu übertragen, so wie vor Einführung der SPV im Jahr 1995, das Risiko zur Gänze in der Eigenverantwortlichkeit stand. Hiermit ließen sich das Wachstum der Pflegeausgaben und die damit verbundenen Beitragssatzerhöhungen eindämmen. Konkret würden einjährige Karenzzeiten zunächst in der ersten Pflegestufe und dann innerhalb von den folgenden vier Jahren sukzessive auch in den anderen vier Stufen eingeführt. Der Zeitraum könnte auch auf 10, 15 oder 20 Jahre gestreckt werden, um einer finanziellen Überforderung entgegenzuwirken. Zu späteren Zeitpunkten könnte die Jahresfrist der Karenzzeit gegebenenfalls ausgeweitet werden, um so eine wirklich nachhaltige Finanzierung zu gewährleisten. Da die höchsten Mortalitätsraten grundsätzlich in den ersten beiden Jahren nach Eintritt in die Pflege auftreten, dürfte eine auf maximal zwei Jahre ausgedehnte Zeit der Eigenvorsorge in jedem Fall für eine generationengerechte Verteilung der Pflegebelastung sorgen. Für alle Karenzzeiten, ob gesetzlich fixiert oder freiwillig erweitert, muss der Gesetzgeber zur Vermeidung von Trittbrettfahrerverhalten eine „Pflicht zur Sicherung“ des finanziellen Risikos einfordern. Dies kann durch einen Nachweis der entsprechenden Finanzierung oder durch eine Versicherungspflicht erfolgen. Auch polit-ökonomisch liegt dem Vorschlag der partiellen Reprivatisierung ein enormer Vorteil zugrunde: Das Akzeptanzproblem, das zukünftige Beitragszahler mit der SPV haben werden, dürfte deutlich niedriger ausfallen.

Der allein auf den Sozialstaat abzielende Fokus des entwickelten „Sozialplans 2030+“ ist sicherlich zu eng gefasst und soll abschließend kurz um seine arbeitsmarktpolitischen, steuerrechtlichen und sonstigen Elemente erweitert werden. Zwingend geboten ist es, die Grundsicherung für potenziell Erwerbsfähige anreizkompatibel zu gestalten. Hilfe zur Selbsthilfe muss sich lohnen und da jeder Mensch etwas kann, ist das Prinzip des Förderns und Forderns zu stärken. Wer sich bemüht, sich selbst zu helfen, wird belohnt; wer sich verweigert, erhält allein Sachleistungen in Höhe des Existenzminimums. Flankierend muss nach skandinavischem Vorbild den Alleinstehenden mit Kindern der Weg in den Arbeitsmarkt geebnet und auch eingefordert werden. Steuerrechtlich sind alle privaten Anstrengungen, die den Staat und seine sozialversicherungsrechtlichen Institutionen entlasten, grundsätzlich in den Sonderausgabenabzug bei vollständiger nachgelagerter Besteuerung zu überführen.

Hilfe zur Selbsthilfe muss sich lohnen. Und da jeder Mensch etwas kann, ist das Prinzip des Förderns und Forderns zu stärken.

Warum sollte derjenige, der arbeitet, zukünftig bereit sein, diejenigen zu versorgen, die sich für Müßiggang entscheiden?

Das existenzsichernde bedingungslose Grundeinkommen: Zu schön, um wahr zu werden

Prof. Dr. Ronnie Schöb

Ronnie Schöb *ist Inhaber des Lehrstuhls für Internationale Finanzwissenschaft an der Freien Universität Berlin und Mitglied des Wissenschaftlichen Beirats beim Bundesministerium der Finanzen. In seiner Forschung beschäftigt er sich vornehmlich mit Fragen der Arbeitsmarktpolitik, der Grundsicherung und dem Zusammenhang von Arbeitslosigkeit und Lebenszufriedenheit.*

In Deutschland wird über die Einführung eines bedingungslosen Grundeinkommens diskutiert. Befürworter möchten es jedem Bürger ermöglichen, ohne Not und Armut zu leben. Der Einzelne soll vom Zwang zu arbeiten befreit werden und die finanzielle Absicherung soll die individuellen Freiheitsspielräume vergrößern. Doch wenn das bedingungslose Grundeinkommen existenzsichernd sein soll, dann wird es unfinanzierbar. Ein solches Grundeinkommen verstößt zudem gegen tief verwurzelte Gerechtigkeitsvorstellungen. Es schädigt massiv die Anreize zu arbeiten und schüttet gesellschaftlich neue Gräben auf. Letztlich ist es eine Illusion.

1. Grundeinkommen: gerecht – bedingungslos – existenzsichernd?

Am Anfang ging es um Gerechtigkeit. Die Früchte eines wilden Apfelbaumes sollten allen zu gleichen Teilen gehören, keiner sollte sich das Recht anmaßen, sie für sich allein zu beanspruchen. Diese Früchte seien, so Thomas Paine (1737–1809), ein bedeutsamer Vordenker des Grundeinkommens, „das gemeinsame Eigentum des Menschengeschlechtes“, das gerecht auf alle verteilt werden sollte. Das ist die ursprüngliche Idee eines Grundeinkommens. Für Paine war dabei klar: Weitere Begehrlichkeiten sollten nicht befriedigt werden. Wer Apfelbäume pflanzt und sie hegt und pflegt und deren Früchte vor Schädlingen schützt, der sollte die daraus erwachsenen zusätzlichen Erträge allein für sich selbst beanspruchen können.

Die Verteilung des gemeinsamen Eigentums sollte dabei an keinerlei Bedingungen geknüpft sein. Dieses Grundeinkommen stünde, so etwa Thomas Spence (1750–1814), unterschiedslos allen zu, „ganz gleich ob Mann oder Frau, verheiratet oder ledig, ehelich oder außerehelich, vom jüngsten bis zum höchsten Alter.“ Offen bleibt, wie hoch ein solches *bedingungsloses* Grundeinkommen (im Folgenden BGE abgekürzt) ausfällt, wenn nur die Erträge eines „gemeinsamen Eigentums“ verteilt werden. Eine Antwort findet man im nördlichsten US-Bundesstaat. Alaska verteilt einen festen Anteil der Erträge aus dem Verkauf seines Öls gleichmäßig an alle seine Einwohner. 2021 erhielt jeder Bürger Alaskas 1.114 US-Dollar. Ein Jahr später stieg die Ausschüttung auf 2.634 US-Dollar. Der Grund für den Anstieg war der durch den Krieg in der Ukraine gestiegene Ölpreis. Eine Garantie, dass die Ausschüttungen auch in Zukunft so hoch ausfallen werden, gibt es nicht. Fällt der Ölpreis wieder, so wird auch die Ausschüttung wieder zurückgefahren. Trotzdem: Eine schöne Idee, alle Bürger eines Staates an dem gemeinsamen Reichtum zu gleichen Teilen zu beteiligen!

Der Sündenfall beim BGE kam jedoch mit der Frage, wie hoch denn das BGE ausfallen müsse, damit man davon auch leben könne. Damit wurden Begehrlichkeiten geschaffen. Plötzlich blickte man auch auf die Äpfel, die der Nachbar von seinen selbst gepflanzten und gepflegten Apfelbäumen erntete. Anstatt um Gerechtigkeit ging es plötzlich um Ansprüche, die es zu befriedigen gelte: „Die Idee des Grundeinkommens ist, dass alle Menschen eines Landes von Geburt an lebenslang jeden Monat vom Staat so viel Geld erhalten, wie sie zum Leben benötigen. Einfach so, als Grundrecht. Ohne, dass sie dafür etwas tun müssen. Ohne, dass es ihnen gestrichen werden kann.“ So liest man etwa auf der Webseite des Vereins „Mein Grundeinkommen“, ähnliche Statements findet man auch auf den Webseiten anderer deutscher Initiativen, die sich für das BGE einsetzen. Schauen wir uns also dieses

„Grundrecht“ auf ein *existenzsicherndes* bedingungsloses Grundeinkommen, das besonders lautstark in Deutschland eingefordert wird, näher an.

2. Ein existenzsicherndes bedingungsloses Grundeinkommen für Deutschland

Wer in Deutschland für das BGE eintritt, verfolgt keine bescheidenen Ziele. Das BGE soll es jedem Bürger erlauben, ohne Not und ohne Armut zu leben. Der Einzelne soll dadurch vom Zwang zu arbeiten befreit werden. Die finanzielle Absicherung durch das BGE will die individuellen Freiheitsspielräume vergrößern, die Entwicklungschancen jedes Einzelnen verbessern und dadurch die Möglichkeit zur Selbstverwirklichung schaffen. Weiterer Vorteil: Zusätzliche staatliche Hilfen wären damit überflüssig. Es bräuchte kein Bürger- und Wohngeld mehr und die Diskussion um Kinder- und Altersarmut hätte schlagartig ein Ende. Da die Auszahlung an keine Bedingungen gebunden ist, gäbe es keine herabwürdigenden Bedürftigkeitsprüfungen mehr, kein Fordern auf Mitwirkung und keine Sanktionen gegenüber denjenigen, die sich nicht fügen. Anstelle der Mitwirkungspflicht tritt die Freiheit, nein zu sagen. Wer will, kann arbeiten und sich etwas hinzuverdienen. Er muss es aber nicht mehr.

Es wäre spannend zu erfahren, was die frühen Verfechter eines Grundeinkommens, Thomas Paine oder Thomas Spence, zu dieser Idee sagen würden. Anstatt das gemeinschaftliche Eigentum gerecht zu verteilen, geht es jetzt darum, jedem so viele Äpfel zu geben, wie er braucht, um nicht zu hungern – egal woher die zusätzlich benötigten Äpfel kommen. Nicht mehr das verfügbare gemeinsame Eigentum bestimmt die Höhe des BGE, sondern der Bedarf. Das hat weitreichende Folgen, denn das heißt, dass man sich notfalls auch vom Apfelbaum des Nachbarn bedienen sollte. Es darf bezweifelt werden, dass die Vordenker des Grundeinkommens einer solchen Idee so ohne weiteres zustimmen würden.

Auf der Suche nach Befürwortern eines weiter gefassten Grundeinkommens erlebt man die ein oder andere Überraschung. So war z. B. Milton Friedman, Ökonom, Nobelpreisträger und neoliberales Schreckgespenst, durchaus bereit, mehr als das gemeinschaftliche Eigentum zu verteilen. Aber er warnte zugleich davor, das Existenzminimum als Maßstab für die Höhe eines solchen Grundeinkommens anzusetzen. Sein Kompromiss: Wer einen Teil seiner Ernte für das BGE abgeben muss, müsse damit noch einverstanden sein – wer davon profitiere, sollte es sich mit dem BGE nicht in der sozialen Hängematte bequem machen können. Mit diesem pragmatischen Ansatz stellte er sich mit dem Prinzip der Machbarkeit zwischen Gerechtigkeit und Existenzsicherung: Ein Pragmatismus, der sich noch heute in der angelsächsischen Literatur zum BGE wiederfindet und den man sich in der deutschen Diskussion wünschen würde. Doch hier macht man es nicht unter dem Existenzminimum.

Damit stellt sich die Frage nach der Höhe des Existenzminimums und damit zugleich die Frage, wie viel man jedem Bürger monatlich bedingungslos ausbezahlen muss, damit er ein Leben ohne Not und ohne Armut führen kann. Um die Diskussion an dieser Stelle nicht ausufern zu lassen, gehen wir einfach von dem Niveau aus, das der deutsche Sozialstaat heute als menschenwürdiges oder soziokulturelles Existenzminimum ansieht und Hilfebedürftigen als Grundsicherung gewährt. Jeder Hilfebedürftige erhält dabei so viel an staatlicher Unterstützung, wie für seine physische Existenz und ein Mindestmaß an Teilhabe am gesellschaftlichen, kulturellen und politischen Leben unerlässlich ist. Diesen Anspruch sollte auch das existenzsichernde BGE einlösen.

Bislang gibt die Höhe der Grundsicherung Auskunft über das staatlich gewährte Existenzminimum. Der erste Baustein, die Regelsätze im Rahmen des Bürgergeldes, dienen der Absicherung des alltäglichen Bedarfs. Zu Beginn des Jahres 2023 bekommt ein alleinstehender Erwachsener 502 Euro pro Monat und Kinder je nach Alter zwischen 318 Euro und 420 Euro. Dazu kommen als zweiter Baustein noch die Kosten für Unterkunft und Heizung. Der Staat übernimmt hierfür maximal die ortsübliche Miete für „Wohnungen mit bescheidenem Zuschnitt“. Sie darf für einen Alleinstehenden nicht größer als 45 qm bis 50 qm sein; maximal 15qm werden für jede weitere Person bezahlt. Da sich die Mietniveaus regional sehr stark unterscheiden, bedeutet das, dass zur Wahrung des soziokulturellen Existenzminimums in Anklam weniger benötigt wird als in München. Solche Unterschiede werden beim BGE nicht gemacht. Wer keine Bedingungen stellt, fragt nicht nach dem Wohnort. Will das BGE für alle existenzsichernd sein, muss es den Betrag daher so hoch ansetzen, dass es das Existenzminimum des Müncheners in jedem Fall garantiert. Das sind gute Nachrichten für die Bürger Anklams, denn sie bekommen ja genauso viel wie ein Bürger in München – und damit deutlich mehr als für ein menschenwürdiges Existenzminimum in Anklam erforderlich ist.

Wer keine Bedingungen stellt, fragt auch nicht nach der Haushaltsgröße. Das *bedingungslose* Grundeinkommen unterscheidet nicht, ob zwei oder mehr Personen zusammenwohnen oder nicht. Wer sich mit seinem Partner eine Wohnung teilt, spart an der Miete – man braucht keine zweite Küche und kein zweites Bad. Er erhält aber das gleiche BGE wie jemand, der alleine lebt. Damit wird der Alleinstehende in der Stadt mit dem höchsten

Mietniveau zum Maßstab für ein bundeseinheitliches existenzsicherndes Grundeinkommen.

Was kann man also von einem existenzsichernden BGE erwarten? In München erhält ein Alleinstehender im Rahmen der bestehenden Grundsicherung bislang bis zu maximal 811 Euro im Monat für die Warmmiete. Zusammen mit dem Regelsatz in Höhe von 502 Euro kommen wir für einen Alleinstehenden in München auf einen Betrag von monatlich 1.313 Euro. Wenn nirgendwo eine höhere Miete zu zahlen ist, wäre dieser Betrag ausreichend, um allen in Deutschland ein existenzsicherndes Auskommen zu garantieren. Will man Kindern etwas weniger bezahlen, wird die Rechnung ein wenig komplizierter. Die Summe aus dem BGE für Erwachsene und dem BGE für Kinder muss dann mindestens so hoch sein, dass für jede mögliche Haushaltszusammensetzung in jeder deutschen Stadt das Existenzminimum erreicht wird. Heute sieht die Grundsicherung für Kinder maximal einen Betrag von 764 Euro vor.

In der Summe käme eine vierköpfige Familie damit auf 4.154 Euro im Monat. Das ist deutlich mehr als man heute maximal durch die bedarfsorientierte Mindestsicherung erhalten kann. Eine vierköpfige Familie in München liegt damit 1.079 Euro über dem Existenzminimum. Die vierköpfige Familie in Anklam liegt damit um 1.806 Euro über dem dortigen Existenzminimum. Die der Bedingungslosigkeit geschuldete Pauschalisierung sorgt dafür, dass ein für alle existenzsicherndes BGE den allermeisten Deutschen ein Grundeinkommen weit jenseits des Existenzminimums beschert.

Diejenigen, die bislang schon auf staatliche Unterstützung angewiesen waren, bekommen deutlich mehr. Und diejenigen, die bislang keine staatlichen Transfers erhalten haben, haben nun ebenfalls Anspruch auf ein existenzsicherndes BGE. Ein Grund zur Freude – wären da nicht die Kosten, für die ja irgendwer aufkommen muss.

3. Was das kostet

Wenn wir von 83 Millionen Anspruchsberechtigten ausgehen, dann muss der Staat für das existenzsichernde BGE jährlich einen Betrag von 1.220 Mrd. Euro an seine Bürger ausbezahlen, umgerechnet entspricht das 37 Prozent des Bruttoinlandsprodukts. Diesen Betrag muss er erst einmal vereinnahmen. Nicht alle sehen darin jedoch ein großes Problem. Da mit der Einführung des existenzsichernden BGE der gesamte heutige Sozialstaat ersetzt werden könnte, könne man ja das gesamte Sozialbudget, also die

Gesamtheit aller gezahlten Sozialleistungen, in Höhe von 1.161 Mrd. Euro (2021) einsparen. Das BGE sei daher fast problemlos zu finanzieren.

Das ist aber eine Milchmädchenrechnung. Viele Positionen des Sozialbudgets können nicht gegengerechnet werden. Die private Altersvorsorge, die betriebliche Altersvorsorge sowie Entgeltfortzahlungen durch die Arbeitgeber sind zwar Bestandteil des Sozialbudgets, sie werden jedoch nicht über Steuern oder Beiträge finanziert, sondern privat durch Arbeitnehmer und/oder Arbeitgeber und können daher nicht einfach zur Gegenfinanzierung herangezogen werden. Die Kosten der gesetzlichen und privaten Kranken- und Pflegeversicherung sowie der Beihilfe für Beamte fallen weiterhin an. Und bei den Renten- und Pensionszahlungen handelt es sich um Ansprüche mit eigentumsrechtlichem Charakter, die man nicht so einfach einkassieren kann. So stehen zur Gegenfinanzierung nur die Leistungen der gesetzlichen Arbeitslosenversicherung, die Einkommensleistungen der gesetzlichen Unfallversicherung, Kindergeld, Elterngeld, Arbeits- und Ausbildungsförderung, Sozialhilfe und Eingliederungshilfe, Grundsicherung für Arbeitssuchende und Grundsicherung im Alter sowie Wohngeld zur Verfügung. Damit ließen sich zwar rund 282 Mrd. Euro gegenfinanzieren, doch verbliebe weiterhin eine jährliche Finanzierungslücke von 938 Mrd. Euro. Egal wie man diese finanziert, gilt: Will man ein existenzsicherndes BGE, so muss man billigend in Kauf nehmen, dass die Abgabenquote von derzeit 42,2 Prozent auf 71,5 Prozent ansteigt. Und das ist noch vorsichtig gerechnet. Wir werden behinderten Menschen kaum diejenigen zusätzlichen Leistungen versagen, die wir ihnen heute gewähren; es ist kaum denkbar, dass alle Leistungen der Kinder- und Jugendhilfe abgeschafft werden und die öffentliche Finanzierung der Kindertagesstätten eingestellt wird. Denn wäre das der Fall, müssten die Kitagebühren zukünftig aus eigener Tasche bezahlt werden und man müsste das existenzsichernde BGE entsprechend höher ansetzen.

4. Woher nehmen?

Der Wissenschaftliche Beirat beim Finanzministerium hat einmal durchgerechnet, was die Einführung eines existenzsichernden BGE in Deutschland den Steuerzahler kosten würde. Das Ergebnis ist ernüchternd. Im Grunde ist ein existenzsicherndes BGE gar nicht finanzierbar. Das wäre allenfalls mit einer proportionalen Einkommensteuer ab dem ersten verdienten Euro möglich. Allerdings nur, wenn alle so wie bisher weiterarbeiten würden. Wer Vollzeit zum Mindestlohn arbeitet, könnte dann gerade noch 240 Euro im Monat dazuverdienen. Wer bei gleicher Arbeitszeit den durchschnittlich in Deutschland bezahlten Lohn von 4.100 Euro erhält, käme gerade einmal auf knapp 500 Euro zusätzlich zum BGE. Fast 90 Prozent seines Lohnes müsste er an den Staat abgeben. Da werden einige sich die Frage stellen, ob sich Arbeit dann überhaupt noch lohnt. Wenn nur einige wenige diese Frage mit nein beantworten, wäre das existenzsichernde BGE bereits nicht mehr finanzierbar.

Viele Befürworter blenden solche Probleme gerne aus und verweisen darauf, dass niemand ohne guten Grund in der Hängematte liegen will. Das BGE verleite nicht zum Nichtstun, selbst wenn die Steuern hoch seien. Dem einen oder anderen Anhänger des BGE scheinen jedoch leise Zweifel zu kommen. So kursieren immer wieder Vorschläge, sich vom Prinzip der Bedingungslosigkeit zu verabschieden und die vollständige Auszahlung des BGE von ernsthaften Bildungsanstrengungen abhängig zu machen oder auf motivierte und zu begeisternde Menschen zu beschränken. Wenn das schon vor der Einführung eines existenzsichernden BGE diskutiert wird, darf man durchaus davon ausgehen, dass solche Forderungen schnell an Zustimmung gewinnen würden, wenn man nach der Einführung plötzlich ganz real massiven Finanzierungsproblemen gegenüberstünde. Abgesehen davon, dass man damit das Prinzip der Bedingungslosigkeit preisgeben würde – die Folgen wären fatal. Nicht mehr Angebot und Nachfrage, nicht mehr Leistungsbereitschaft und Produktivität, sondern allein das Wohlwollen staatlicher Kommissionen würde dann festlegen, wer wieviel bekommt: schöne neue Welt!

5. Zutiefst ungerecht

Wie wird sich all das auf den gesellschaftlichen Zusammenhalt auswirken? Die Idee, jeden unabhängig von seiner Bereitschaft, für sich selbst zu sorgen, bedingungslos zu unterstützen, verstößt gegen tief verwurzelte Gerechtigkeitsvorstellungen. Das BGE wird neue gesellschaftliche Gräben aufschütten. Warum sollte derjenige, der arbeitet, zukünftig bereit sein, diejenigen zu versorgen, die sich für Müßiggang entscheiden? Proteste derjenigen, die schuften, gegen diejenigen, die von ihren Früchten leben, werden kaum zu vermeiden sein und sie könnten sich zu Aufständen ausweiten, so wie früher, als sich die Bauern gegen den Adel erhoben und die Arbeiter gegen die Industriemagnaten.

Ein weiterer Graben wird sich zwischen Einheimischen und Zuwanderern auftun. EU-Bürger könnten nach geltendem EU-Recht ebenfalls in den vollen Genuss eines existenzsichernden BGE kommen. Dazu bedarf es nur des Arbeitnehmerstatus, den man schon ab einer wöchentlichen Arbeitszeit von 10–12 Stunden erhält. Eine vierköpfige Familie kann sich so mit nur 40 Stunden Arbeit ein Nettoeinkommen von mindestens 4.154 Euro in Deutschland sichern. Das lohnt sich, selbst wenn der Arbeitslohn mit 90 Prozent besteuert wird. Der Standort Deutschland wird dadurch deutlich attraktiver, und das vollkommen unabhängig von der Entlohnung.

Einwanderern aus Nicht-EU-Staaten könnte man den Zugang zum BGE allerdings verwehren. Aber wenn die Einheimischen durch das BGE die Möglichkeiten im großen Ausmaß in Anspruch nehmen, nein zu unangenehmen Arbeiten zu sagen, wird die Versuchung groß, diejenigen aus Nicht-EU Staaten ins Land zu lassen, die auch bei geringsten Löhnen noch bereit wären, die „miesen Jobs" in Deutschland zu machen. Damit würden wir einer über den Zugang zum BGE begründeten Zweiklassengesellschaft Tür und Tor öffnen.

Ein existenzsicherndes BGE wird zum Spaltpilz
gesellschaftlichen Zusammenhalts.

Das Grundübel des BGE ist: Es führt zu einer Entsolidarisierung der Gesellschaft. Es definiert ausschließlich Ansprüche des Einzelnen gegenüber der Gesellschaft. Mit dem Recht, nein zu sagen, wird man von der Last befreit, für sich selber sorgen zu müssen, ebenso wie von der Pflicht, für andere einzustehen. Das BGE leugnet damit kategorisch sowohl jegliche Eigenverantwortlichkeit als auch jegliche Verantwortung anderen gegenüber. Niemand ist der Gesellschaft mehr etwas schuldig. Im Gegenteil: Allein die Gesellschaft schuldet dem Einzelnen bedingungslose Unterstützung. Aber wer ist dann noch diese Gesellschaft, wenn erst einmal ein „mir steht zu!" das Versprechen, „ich helfe Dir, wenn Du mir hilfst!", ersetzt hat. Wenn eine solche Anspruchshaltung erst einmal zur allgemein anerkannten Norm geworden ist, bleibt der Gemeinsinn auf der Strecke. So wird das existenzsichernde BGE zum Spaltpilz gesellschaftlichen Zusammenhalts.

Das existenzsichernde bedingungslose Grundeinkommen ist eine Illusion, eine sozialstaatliche Utopie, die weder finanzierbar ist, noch auf die Unterstützung derjenigen zählen kann, die dafür aufkommen sollen – zu schön um wahr zu werden. Ein funktionsfähiger Sozialstaat wird von den Grundprinzipien Solidarität, Fürsorge und Eigenverantwortung getragen. Will er die Existenz aller sichern, muss er die Eigenverantwortung derer stärken, die für sich selber sorgen können, und sich fürsorglich denen gegenüber zeigen, die das nicht können. Eine in diesem Sinne praktizierte Solidarität setzt bei der Existenzsicherung anstatt auf Bedingungslosigkeit auf die doppelte Verantwortung jedes Einzelnen für sich selbst und für die Bedürftigen in der Gesellschaft. Nach diesem Grundsatz sind unsere bestehenden Sozialversicherungen aufgebaut. Daran sollte sich der Sozialstaat auch in Zukunft orientieren.

Weiterführende Literatur

Kovce, Philip und Birger P. Priddat (Hrsg. 2019): *Bedingungsloses Grundeinkommen. Grundlagentexte*, Suhrkamp: Berlin.

Schöb, Ronnie (2020): *Der starke Sozialstaat. Weniger ist mehr,* Campus: Frankfurt am Main.

Standing, Guy (2017): *Basic Income: And how we can make it happen,* Penguin: London.

Wissenschaftlicher Beirat beim Bundesministerium der Finanzen (2021): *Bedingungsloses Grundeinkommen,* Gutachten 02/2021, Berlin.

Ziel der Klimapolitik muss es sein, die globale Erderwärmung effektiv zu begrenzen und die dabei unvermeidlichen Lasten, Freiheitseinschränkungen und Wohlfahrtsverluste, die Menschen tragen und erleiden müssen, zu minimieren.

Leitlinien einer neuen Klimapolitik

Prof. Dr. Joachim Weimann

__Joachim Weimann__ ist Professor an der Otto-von-Guericke Universität Magdeburg und hat dort den Lehrstuhl für Wirtschaftspolitik inne. Seit mehr als 30 Jahren publiziert er zu umweltökonomischen und insbesondere klimapolitischen Themen. Er ist Leiter des Magdeburger Labors für experimentelle Wirtschaftswissenschaft und hat sich als Verhaltensökonom einen Namen gemacht.

Die Medien berichten vor allem darüber, dass Aktivisten und andere darauf aufmerksam machen, *dass* wir Klimapolitik brauchen. Dabei ist die zentrale Frage schon lange nicht mehr, ob wir Klimapolitik machen sollen, sondern *welche* Klimapolitik. Der Beitrag zeigt, dass eine Diskussion darüber überfällig ist, weil wir schon viel zu lange systematisch eine Politik betreiben, die fundamentale Fehler begeht und so den Klimaschutz eher behindert als befördert. Wir brauchen einen Neustart und auch der wird in dem Beitrag beschreiben.

Ausgangspunkt: Mit dem Mainstream in die falsche Richtung

In Deutschland ist ein klimapolitischer Mainstream entstanden, der – abgesehen von leichten Schattierungen – in allen Parteien gleichermaßen vertreten wird und dadurch den Eindruck erweckt, als gäbe es zu ihm keine Alternative. Dieser Eindruck dominiert die öffentliche Debatte, und das ist fatal, denn es verhindert eine offene und konstruktive Diskussion über die richtige Klimapolitik. Dabei ist der klimapolitische Mainstream weit davon entfernt, eine vernünftige Antwort auf die Herausforderung des Klimawandels zu liefern. Im Gegenteil, der Mainstream erweist sich tatsächlich als ein klimapolitisches Desaster, das zahlreiche Chancen und Möglichkeiten einer erfolgreichen Klimapolitik ungenutzt lässt und uns so eher von dem Ziel, das globale Klima zu stabilisieren, wegführt, statt uns ihm näher zu bringen. Die Eckpfeiler der Mainstream-Klimapolitik sind die folgenden Punkte:

1. Das Primat der nationalen Klimapolitik

Klimapolitik wird in Deutschland als eine nationale Aufgabe verstanden. Ungeachtet der Tatsache, dass es um ein globales Problem geht, wird das primäre Ziel darin gesehen, Deutschland klimaneutral zu machen – je schneller, je besser. Das hat zur Folge, dass alle internationalen Aspekte des Problems weitestgehend ausgeklammert werden. Zwei Punkte seien exemplarisch dafür genannt.

Erstens wird als selbstverständlich angesehen, dass Mittel, die für den Klimaschutz eingesetzt werden, auf deutschem Territorium verwendet werden müssen. Die Möglichkeit, dass ein Einsatz der Mittel an anderer Stelle zu erheblich höheren Einsparungen von CO_2 führen kann, wird nicht erwogen. Dabei ist offensichtlich, dass die Bedingungen für CO_2-Einsparungen zwischen den Ländern erheblich variieren und es eigentlich darauf ankommen müsste, diese Unterschiede klug zu nutzen, anstatt sie zu ignorieren. Beispielsweise hat die Errichtung von Solaranlagen in einem sonnenarmen Land einen viel geringeren Effekt, als die Finanzierung von Solarenergie in südlichen Ländern. Aktuell sind in Deutschland allerdings etwa ein Drittel aller Solaranlagen Europas installiert – bei einem Bevölkerungsanteil von 16 Prozent und nur geringer Sonneneinstrahlung.

Zweitens ignorieren wir beharrlich das Zusammenspiel zwischen unseren nationalen Maßnahmen und den internationalen Instrumenten, in die diese eingebettet sind. So führt das Nebeneinander von EEG und dem Europäischen Emissionshandel (EU ETS) im Grundsatz dazu, dass unsere nationalen Einsparungen durch Wind und Sonnenenergie im europäischen Kontext wirkungslos bleiben, weil die in Deutschland eingesparten Emissionsrechte dann an anderer Stelle in der EU eingelöst werden. Diese Redundanz nationaler Politik wird nicht zum Anlass genommen, über die Sinnhaftigkeit der gewählten klimapolitischen Instrumente nachzudenken. Der Umgang mit dem EU ETS ist vielmehr dadurch geprägt, die nationale Politik auf Biegen und Brechen weiter zu rechtfertigen. Aber alle in diesem Zusammenhang eingeleiteten Maßnahmen ändern nichts daran, dass jedes nationale Klimaziel mit dem EU ETS kosteneffizient, d.h. bestmöglich erreicht werden kann und eine zusätzliche nationale Regulierung deshalb nicht notwendig, sondern kontraproduktiv ist. Beispielsweise ist es keine rationale Strategie, im

Nachgang zu nationalen CO_2-Minderungsmaßnahmen (beispielsweise dem Kohleausstieg) die Anzahl der Emissionsrechte entsprechend zu reduzieren. Ein solches Vorgehen verhindert, dass der Emissionshandel dafür sorgen kann, dass die politisch vorgegebene Vermeidungsleistung zu minimalen Kosten erfolgt. Dazu ist es notwendig, die Vermeidungsleistung politisch vorzugeben, aber die Entscheidung darüber, wie, durch wen und wo die Vermeidung durchgeführt wird, dem Markt zu überlassen. Die nationale Klimapolitik Deutschlands stellt das fundamentale Funktionsprinzip des ETS auf den Kopf, indem sie erst planwirtschaftlich festlegt, wie Vermeidung zu betreiben ist (ohne dabei auf Kosten zu achten), und dann ex post die Höchstmenge anpasst. Vordergründig wird dadurch die Redundanz der deutschen Politik beseitigt, tatsächlich aber wird das beste und erfolgreichste Instrument internationaler Klimapolitik außer Kraft gesetzt.

Getrieben wird die strikte Fokussierung auf nationale Politik durch Vorstellungen, die man an anderer Stelle als hochbedenklich einstufen würde. So zum Beispiel die Idee, dass andere Länder nur dann auf die Idee kommen, Klimapolitik zu betreiben, wenn wir ihnen zeigen, wie es geht und mit „gutem“ Beispiel vorangehen. Wenigstens drei Argumente sprechen dagegen, dass dies tatsächlich der Fall ist. Erstens hat die spieltheoretische Analyse internationaler Umweltverhandlungen sehr deutlich gezeigt, dass Länder, die im Eigeninteresse handeln und sich dabei rational verhalten, auf die Vorreiterrolle eines anderen Landes mit einer *Reduktion* der eigenen Anstrengungen reagieren werden. Zweitens wurden diese Ergebnisse auch experimentell bestätigt und drittens gibt es auch empirisch keinen Nachweis, dass das gute Beispiel Deutschlands eine positive Wirkung hatte. Auch mehr als 20 Jahre nach Einführung des EEG ist Deutschland noch immer das europäische Land mit den meisten Solaranlagen.

Wie wenig erfolgreich die nationale Klimapolitik Deutschlands ist, hat sich auf dem letzten Klimagipfel in Ägypten erneut gezeigt. Den Vorstellungen der Europäer, die darauf gedrängt haben, den Leitlinien Deutschlands zu folgen, wurde eine klare Absage erteilt. Der Rest der Welt hat kein Interesse daran, eine ineffiziente und wenig effektive Klimapolitik zu betreiben.

2. Die Kosten und Lasten, die mit Klimapolitik verbunden sind, spielen keine Rolle.

Nahezu alle Entscheidungen, die Menschen treffen, seien es individuelle oder kollektive Entscheidungen, haben zwei Folgen. Sie verschaffen dem Entscheider Vorteile und sie verursachen Kosten. Rationale Entscheidungen werden so getroffen, dass sie dem ökonomischen Prinzip folgen: Wähle die

Alternative, bei der du dein Ziel mit dem geringstmöglichen Mitteleinsatz erreichst, bzw. setze deine Mittel so ein, dass der Zielerreichungsgrad maximal wird. Um zu einer wenigstens halbwegs rationalen Entscheidung zu kommen, müssen in jedem Fall beide Seiten – die Vorteile und die Kosten – in den Blick genommen werden. Die deutsche Klimapolitik verzichtet darauf vollständig, indem sie die Kosten der CO_2-Vermeidung komplett ausblendet. Im Gegenteil, die Regelungen des EEG sehen vor, dass dort, wo die Kosten der CO_2-Vermeidung besonders hoch sind, besonders stark gefördert wird, damit Vermeidung dort trotz der hohen Kosten stattfindet. Der Begriff „Kosten“ oder gar „Kosteneffizienz“ kommt im Klimaschutzgesetz genau einmal vor – in der Einleitung, danach nie wieder. Das hat zur Folge, dass die Lasten, die den Menschen in Deutschland durch die Klimapolitik auferlegt werden und die damit einhergehenden Freiheitseinschränkungen und Wohlfahrtsverluste viel höher ausfallen, als sie müssten. Noch sind diese Lasten vor allem für die zu spüren, die am Ende der Einkommensskala sind, aber schon bald werden sie breite Bevölkerungskreise erreichen. Klimapolitik mit der Brechstange kostet sehr viel und das werden die Bürger und Bürgerinnen in Deutschland zu spüren bekommen. Einen ersten Vorgeschmack davon hat uns die Energiekrise verschafft, die durch den Krieg Russlands gegen die Ukraine ausgelöst wurde. Der Umbau unseres Energiesystems (Abschalten der AKW und fossiler Grundlastkraftwerke, Ausbau Erneuerbarer) hat dazu geführt, dass Deutschland sehr abhängig von Gas geworden ist. Die Folge war eine Explosion der Energiepreise, die zu einer zweistelligen Inflationsrate beitrug und die uns alle ärmer gemacht hat.

3. Energiewende: Fixierung auf den Ausbau der erneuerbaren Energien

Die Energiewende, die Bundeskanzlerin Merkel ausgerufen hat, kennt nur ein einziges Instrument: Den mit dem EEG finanzierten bedingungslosen Ausbau der erneuerbaren Energien. Bisher sind bereits 220 Mrd. Euro an Zusatzkosten für die Erneuerbaren aufgebracht worden. Weitere 400 Mrd. werden folgen. Die Art und Weise, wie der Anteil von Wind- und Solarenergie an der Stromerzeugung gesteigert wird, ist im Kern planwirtschaftlich. Es gibt weder eine technologieoffene Förderung CO_2-armer Energieerzeugung, noch spielen Kosten eine Rolle, noch kommen marktwirtschaftliche Instrumente zum Einsatz. Vielmehr wird mit dem Primat des nationalen Ausbaus der erneuerbaren Energien die Einschränkung wesentlicher Rechte von Bürgern, Bürgerinnen und Gemeinden begründet. Insbesondere der Ausbau der Onshore Windenergie macht weder vor dem Natur- und Landschafts- noch dem Artenschutz halt. Im Namen des Klimaschutzes wird Natur großflächig zerstört.

4. Planwirtschaftliche Verkehrswende

Eine rationale Politik würde dort CO_2 sparen, wo die Kosten der nächsten eingesparten Tonne am niedrigsten sind, denn nur dann bekommen wir für die Ressourcen, die wir einsetzen, den maximalen Klimaschutz. Die deutsche Klimapolitik geht dagegen von der Überzeugung aus, dass überall CO_2 eingespart werden muss. Also auch im Verkehrssektor. Und da die Bepreisung von CO_2-Emissionen, die es dort schon lange gibt, nicht zu den politisch gewünschten Ergebnissen führt (obwohl die Emissionen trotz massiven Anstiegs des Verkehrsvolumens konstant gehalten werden konnten), greift man zu anderen Mitteln. Das beginnt mit der Vorgabe von Flottenverbräuchen für die Automobilindustrie und endet mit gigantischen Subventionen bei der Förderung von E-Autos. Ein E-Auto der Golf-Klasse kostet die deutsche Steuerzahlerin über 20.000 Euro, wenn es 10 Jahre fährt und dabei 200.000 km zurücklegt. Es wäre sehr einfach, den Verkehrssektor kosteneffizient zu regulieren, indem man ihn in den EU ETS integriert, aber das geschieht nicht, weil es noch einen fünften Punkt gibt, der die deutsche Klimapolitik charakterisiert.

5. Keine Macht den Märkten

Seit 2005 gibt es in Europa den EU ETS. Es liegen damit Erfahrungen aus mehr als 15 Jahren vor, die man mit diesem Instrument gesammelt hat. Um zu beurteilen, wie erfolgreich dieses marktwirtschaftliche Instrument gewesen ist, bieten sich zwei Kennzahlen an: Wieviel CO_2 konnte eingespart werden und zu welchen Kosten? Es ist hier nicht der Platz, um eine ausführliche Analyse anzustellen, aber es sei darauf verwiesen, dass das Ziel 40 Prozent gegenüber den Emissionen von 1990 einzusparen, das bis 2030 erreicht werden sollte, bereits 2020, also 10 Jahre früher als geplant, erreicht worden ist. Die Kosten, die dabei entstanden sind, lagen zwischen 5 Euro und etwa 60 Euro pro Tonne. Zum Vergleich: Im deutschen Verkehrssektor liegen die Grenzvermeidungskosten im vierstelligen Bereich, bei den erneuerbaren sind sie dreistellig. Der europäische Emissionshandel hat sich als das weltweit erfolgreichste Klimaschutzinstrument erwiesen. Das bedeutet aber keineswegs, dass die deutsche Klimapolitik sich diesem Instrument inhaltlich genähert hat. Bis heute hat die Politik nicht verstanden, dass der Preis, der sich im ETS bildet, nicht bestimmt, wie viel CO_2 eingespart wird (das besorgt allein der CAP, also die politisch festgelegte jährliche Emissionshöchstmenge). Einer Integration des Verkehrs- und des Wärmesektors in das EU ETS hat sie eine glatte Absage erteilt; von einem politischen Willen, das europäische System zu erweitern fehlt jede Spur. Stattdessen wird dem einzigen kosteneffizienten Instrument, das in der Klimapolitik eingesetzt wird, vorgehalten, es sei zu teuer. Gleichzeitig fordert die neue Bundesregierung, dass der Preis für ein Emissionsrecht nicht unter 60 Euro fallen darf. Mit anderen Worten: Die Lasten der Klimapolitik dürfen nicht zu klein werden.

Die falsche Richtung, die der Mainstream eingeschlagen hat und konsequent beibehält, hat Folgen: Mit den enormen Mitteln, die wir aufwenden, könnte ein Vielfaches an Einsparung erreicht werden, würden wir eine rationale Politik betreiben. Selbst die nationalen Erfolge sind äußerst bescheiden. Länder wie Frankreich oder England haben nur halb so hohe pro-Kopf-Emissionen wie Deutschland. Dafür maximieren wir die Lasten für die Bevölkerung. Deutschland hatte bereits vor dem Krieg in der Ukraine die höchsten Strompreise weltweit. Amerikaner zahlen nicht einmal die Hälfte für die Kilowattstunde, Chinesen weniger als ein Viertel. Die Konsequenzen für die mittelständische Industrie, die nicht von den Ausnahmeregeln für energieintensive Großunternehmen profitiert, sind absehbar. Alle diese Misserfolge werden davon begleitet, dass der Ausbau der Windenergie, der als „alternativlos" bezeichnet wird, die Lebensräume vieler Menschen nachhaltig zerstört. In einem dicht besiedelten Land wie Deutschland, in den wenigen noch verbliebenen naturnahen Kulturlandschaften industrielle Anlagen von 260 Meter Höhe zu errichten, ist mehr als problematisch. Das damit zu begründen, dass nur so Klimaschutz gelänge, ist schlicht falsch.

Gegen den Strom in die richtige Richtung

Eine gelingende und vermittelbare neue Klimapolitik muss vor allem klarstellen, welcher Maxime, welchem Ziel, welcher Prämisse sie folgt. Das bedeutet, dass die neue Klimapolitik ein neues Leitmotiv besetzen muss. Das *alte* Leitmotiv des Mainstreams lautet:

> *Wie müssen nationale Klimapolitik betreiben und dabei ohne Rücksicht darauf, was es uns kostet überall so viel CO_2 einsparen wie möglich und unsere Energie ausschließlich aus erneuerbaren Quellen beziehen.*

Dieses Credo hat unter anderem dazu geführt, dass der Ausbau der erneuerbaren Energien längst zum Selbstzweck verkommen ist. Das *neue* Leitmotiv könnte wie folgt lauten:

> *Ziel der Klimapolitik muss es sein, die globale Erderwärmung effektiv zu begrenzen und die dabei unvermeidlichen Lasten, Freiheitseinschränkungen und Wohlfahrtsverluste, die Menschen tragen und erleiden müssen, zu minimieren.*

Dieses Leitmotiv nimmt beide Seiten des Klimaschutzes in den Blick: Seinen Nutzen und die damit verbundenen Lasten und schafft damit die Voraussetzung dafür, sich den Instrumenten und Strategien zu öffnen, mit deren Hilfe man erfolgreichen Klimaschutz betreiben kann, ohne die Menschen mit massiven Lasten und Freiheitseinschränkungen zu beschweren. Aber natürlich reicht ein Leitmotiv allein nicht aus. Es gilt überzeugend darzulegen, wie das gerade beschriebene Ziel erreicht werden kann. Das gelingt mit einer neuen, rationalen Klimapolitik, die auf drei Eckpfeilern beruht.

1. Kosteneffizienz

Wie lässt sich eine rationale Klimapolitik näher charakterisieren? Klimaschutzmaßnahmen müssen sich an den folgenden drei empirischen Tatsachen orientieren:

1. Ziel ist es, möglichst viel CO_2 einzusparen.
2. Die Einsparung von CO_2 ist nur möglich, wenn dafür knappe Ressourcen eingesetzt werden.
3. Die Menge der für Klimaschutz zur Verfügung stehenden Ressourcen ist endlich.

Wenn wir diese drei Voraussetzungen akzeptieren und uns die Frage stellen, was daraus für eine rationale Klimapolitik folgt, so ist die Antwort eindeutig: Klimapolitik muss so betrieben werden, dass mit den eingesetzten Ressourcen ein Maximum an CO_2-Einsparung erreicht werden kann. Das wiederum ist nur möglich, wenn die Einsparung so erfolgt, dass die nächste Tonne dort eingespart wird, wo die Vermeidungskosten (also die Grenzkosten der Vermeidung) am geringsten sind. Das aber ist nichts anderes als die Definition von Kosteneffizienz.

Die Forderung nach Kosteneffizienz ist eine zutiefst ökologische Forderung, denn sie besagt, dass der Klimaschutz zu maximieren ist. Gleichgültig, wie viel wir dafür aufwenden, es soll immer die maximal mögliche Klimaschutzwirkung erreicht werden. Zugleich heißt Kosteneffizienz, die Verschwendung von Ressourcen nicht zuzulassen, denn zu dieser kommt es, wenn CO_2 nicht kosteneffizient eingespart wird. Die Verschwendung von Ressourcen kann nicht nachhaltig sein. So gesehen ist Kosteneffizienz gleichbedeutend mit der Forderung eine nachhaltige Klimapolitik zu betreiben. Was nebenbei impliziert, dass der Ausbau der erneuerbaren Energien in Deutschland nicht nachhaltig ist.

2. Das Primat marktwirtschaftlicher Lösungen

Die Forderung nach Kosteneffizienz erzwingt den Einsatz marktwirtschaftlicher Instrumente. Ursächlich dafür ist ein zentrales Problem jeder Umweltpolitik. Wenn man beabsichtigt kosteneffizient Klimaschutz zu betreiben, dann muss die Vermeidung so organisiert werden, dass die nächste vermiedene Tonne CO_2 an der Quelle eingespart wird, an der die niedrigsten Vermeidungskosten entstehen. Um das zu leisten benötigt man Informationen über die Grenzvermeidungskosten der Quellen. Diese Information ist aber im privaten Besitz der Emittenten. Ein Planer könnte nur an sie gelangen, wenn die Emittenten bereit wären, sie wahrheitsgemäß zu offenbaren. Dazu haben Emittenten jedoch aus strategischen Gründen keinen Anlass und deshalb ist die Information, die man braucht um Kosteneffizienz herzustellen, für einen zentralen Planer nicht zu bekommen. Die Situation ändert sich grundlegend, wenn die Emittenten ein eigenes Interesse daran haben, CO_2 zu vermeiden, weil sie für jede nicht vermiedene Tonne einen Preis entrichten müssen. Existiert ein CO_2-Preis, dann werden die Emittenten diesen Preis mit ihren Vermeidungskosten vergleichen und solange vermeiden, wie diese Kosten unter dem CO_2-Preis liegen. Im Gleichgewicht werden alle Quellen die Vermeidung so wählen, dass die Grenzvermeidungskosten etwa dem Preis entsprechen – und das entspricht der Bedingung für Kosteneffizienz. Solange nämlich die Grenzvermeidungskosten nicht bei allen Quellen identisch sind, lassen sich Kosten einsparen, indem Vermeidung von den Quellen mit hohen Kosten zu solchen mit niedrigeren Kosten verlagert wird. Die dezentrale, durch einen Preis gesteuerte Vermeidungsentscheidung führt damit zu einer kosteneffizienten Lösung, weil sie das Informationsproblem löst.

Um einen Preis zu erzeugen, stehen zwei Instrumente zur Verfügung: Eine Besteuerung von CO_2-Emissionen und der Emissionshandel. Bei der Steuer wird der Preis politisch festgelegt und seine Höhe entscheidet, wie stark die Vermeidung der Emittenten ausfällt. Bei einem Emissionshandel legt die Politik die noch zulässige Emissionsmenge auf die Tonne genau fest und vergibt über diese Menge handelbare Emissionsrechte. Der Handel findet statt, um die Vermeidung zu den Quellen zu bringen, bei denen die Vermeidungsgrenzkosten am niedrigsten sind: Quellen mit niedrigen Kosten haben einen Anreiz Vermeidung zu betreiben, um die dann nicht mehr benötigten Rechte an Quellen mit hohen Vermeidungskosten zu verkaufen. Der Preis, der sich auf dem Markt für Emissionsrechte bildet, bestimmt nicht die Vermeidungsmenge (wie bei der Steuer) sondern signalisiert, zu welchen Kosten die politisch vorgegebene Mengenbegrenzung eingehalten werden kann.

3. Internationale Lösungen

Der Ausgleich der Grenzvermeidungskosten, der hinreichend für Kosteneffizienz ist, funktioniert zwischen verschiedenen Emittenten innerhalb eines Landes, und er kann auch zwischen Ländern funktionieren. Eine international einheitliche CO_2-Steuer oder ein internationaler Emissionshandel machen es möglich. Eine global erfolgreiche Klimapolitik ist nur vorstellbar, wenn es tatsächlich dazu kommt, dass die Unterschiede zwischen den Ländern klug genutzt werden. Der Emissionshandel bietet dafür exzellente Voraussetzungen, denn er erlaubt es, die Frage, *wo* Emissionen vermieden werden, von der Frage zu trennen, *wer* die Vermeidungskosten trägt. Mit dem Emissionshandel könnte die Vermeidung dort erfolgen, wo sie zu minimalen Kosten möglich ist (beispielsweise in südlichen Ländern) und sie könnte zugleich von den reichen Ländern des Nordens bezahlt werden. Möglich wäre das, indem die ärmeren Länder mit niedrigen Vermeidungskosten Emissionsrechte kostenlos erhalten und diese dann, nachdem sie ihre günstigen Vermeidungsbedingungen genutzt haben, gewinnbringend an die reichen nördlichen Länder verkaufen. Voraussetzung dafür ist natürlich, dass der EU ETS in mehreren Hinsichten ausgebaut wird. Notwendig ist eine Integration aller Sektoren in den ETS, um den Grenzkostenausgleich auch zwischen den Sektoren zu ermöglichen. Der ETS muss langfristig angelegt sein und Planungssicherheit hinsichtlich der Mengen bieten. Und schließlich müssen mehr Länder dem ETS beitreten. Die EU hat mit ihrem ETS bereits einen herausragenden ersten Schritt geleistet. Mit dem entsprechenden politischen Willen ausgestattet, hätte eine deutsche Bundesregierung durchaus erhebliche Möglichkeiten einen global wirksamen ETS zu schaffen. Deutschland ist das größte und ökonomisch bedeutsamste Land der EU. Es kann seinen Einfluss nutzen, um das ETS zu stärken und zu versuchen, eine strategische Partnerschaft wenigstens mit den USA einzugehen. Der Klimaschutz betrifft alle Länder und eignet sich deshalb, um Brücken zu bauen indem man gemeinsam für alle vorteilhafte, weil kosteneffiziente Wege der Klimapolitik ebnet. Eine solche Allianz könnte schließlich auch China beeindrucken, und damit das Land, das mehr als 30 Prozent der weltweiten Treibhausgasemissionen verantwortet. Auch die Chinesen haben ein vitales Interesse daran, Klimaschutz (um den sie nicht herumkommen werden) kosteneffizient zu betreiben und die Verschwendung von Ressourcen zu vermeiden. Die chinesische Politik ist von Pragmatismus und Zweckmäßigkeit im Hinblick auf die eigenen Interessen gekennzeichnet – eine Konstellation, die es aussichtsreich erscheinen lässt, sie langfristig in ein großes Boot zu holen. Allerdings bedarf es eines sehr ausgeprägten politischen Willens, dieses Projekt voranzubringen. Eine neue Klimapolitik muss diesen Willen aufbringen, denn ohne eine internationale Lösung wird die Erwärmung schwer zu stoppen sein.

Die künftige Energiewende: Sonne und Wind können es nicht allein richten!

Deutschlands Energiewende: Vom Kopf auf die Füße stellen!

Prof. Dr. Manuel Frondel

Manuel Frondel *ist Leiter des Bereichs „Umwelt und Ressourcen" am RWI – Leibniz-Institut für Wirtschaftsforschung und außerplanmäßiger Professor für Energieökonomik und angewandte Ökonometrie an der Ruhr-Universität Bochum. Er war im FAZ-Ökonomenranking mehrfach unter den 20 einflussreichsten Ökonomen Deutschlands.*

Deutschlands Energiewende beschränkt sich vorwiegend auf den Ausbau der erneuerbaren Energien, vor allem der Photovoltaik und Windkraft. Trotz immens hoher Kosten zeigt dies wenig Erfolge: Die lange Zeit hoch subventionierte Photovoltaik brachte es im Jahr 2021 lediglich auf einen Anteil am Primärenergieverbrauch von 1,5 %, die Windkraft hatte einen Anteil von 3,4 %. Es ist offenkundig, dass die für das Jahr 2045 angestrebte Nettotreibhausgasneutralität nicht allein mit Hilfe der Erneuerbaren sowie den dafür unverzichtbaren Speichermedien erreicht werden kann. Dennoch behält Deutschland den eingeschlagenen Weg bei, gemessen an den verschärften Erneuerbaren-Zielen sogar mit massiv forciertem Tempo. Anstatt sich immer ehrgeizigere Ziele für den Erneuerbaren-Ausbau zu setzen, bräuchte Deutschland eine fundamental andere energiepolitische Strategie, die stärker auf neue Technologien setzt, um das Energieangebot zu stärken, und auf Tabus wie das Verbot von Fracking und der CO_2-Speicherung verzichtet. Die Erneuerbaren hingegen sollten bei den aktuell hohen Strompreisen nach Jahrzehnten der Subventionierung nun dem Markt überlassen werden. Mit einem Bruchteil der dadurch eingesparten finanziellen

Mittel sollte die Forschung und Entwicklung sämtlicher Energie- und Speichertechnologien, inklusive Kern- und Wasserstofftechnologien, in nie dagewesenem Maße forciert werden. Die künftige Energiepolitik sollte allen Technologien eine Chance geben, nicht allein jenen, die in den Augen der Bevölkerung ein – nicht immer gerechtfertigtes – hohes Ansehen genießen. Vielmehr sollten künftig auch solche Technologien und Energierohstoffe genutzt werden, gegen die eine verschwindend kleine, aber lautstarke Minderheit aus ideologischen Gründen medial professionell orchestrierten Widerstand entgegensetzt und dabei auch Rechtsbrüche nicht scheut.

Deutschlands Energiewende: Bislang vor allem eine Stromwende

Die Energiewende hat sich bislang vorwiegend auf den Stromerzeugungssektor konzentriert und ist somit weitgehend eine Stromwende. Im Sektor Verkehr hingegen stagnierten die Treibhausgasemissionen über Jahrzehnte hinweg (Frondel, Schubert 2021), die erwünschte Verkehrswende blieb vorerst aus. Erst seit der Corona-Pandemie sind die Verkehrsemissionen deutlich gesunken, um 16 auf 148 Mio. Tonnen Kohlendioxidäquivalente im Jahr 2021 (UBA 2022).

Im Sektor Energiewirtschaft hingegen, zu dem auch die Stromerzeugung zählt, wurden deutliche Emissionsminderungen erzielt: Dessen Treibhausgasemissionen sanken zwischen 1990 und 2021 um rund 40 % (UBA 2022), vor allem aufgrund des durch den europäischen Emissionshandel bedingten Wechsels von älteren zu effizienteren Kohlekraftwerken sowie zu emissionsärmeren Erdgaskraftwerken, teils aber auch aufgrund der vorzeitigen Abschaltung von Kohlekraftwerken infolge des ordnungsrechtlich festgelegten Kohleausstiegs. Zur Senkung der Emissionen haben auch die alternativen Stromerzeugungstechnologien beigetragen. So stieg der Anteil des regenerativ erzeugten Stroms am Bruttostromverbrauch bis zum Jahr 2022 auf knapp 50 %, während er im Jahr 2000, als das Erneuerbaren-Energien-Gesetz (EEG) zur Förderung der grünen Stromerzeugung auf Basis von Erneuerbaren eingeführt wurde, noch deutlich unter 10 % lag.

Deutschlands Stromwende: teuer, aber ineffektiv

Mit diesem beachtlichen Wachstum gingen immense Kosten einher. So belief sich die Summe aller EEG-Vergütungen, mit denen die Einspeisung von grünem Strom ins öffentliche Netz belohnt wird, zwischen 2000 und 2021 auf rund 192 Mrd. Euro (Netzwerktransparenz.de 2022).[1] Nach einer konservativen Schätzung von Andor, Frondel und Vance (2017) dürfte die Förderung grünen Stroms in den kommenden zwanzig Jahren weitere rund 400 Mrd. Euro kosten, da die Einspeisevergütungen in der Regel für 20 Jahre in unveränderter Höhe gewährt werden.

Nicht in diesen Summen enthalten sind weitere Kosten in dreistelliger Milliardenhöhe, allen voran die Kosten für den ohne Erneuerbare-Expansion nicht in diesem starken Maße nötigen Ausbau der Hochspannungsüberlandleitungen sowie der Niederspannungsnetze. Dafür sind bis 2030 Investitionen von bis zu 102 Milliarden Euro nötig (BDEW 2021), 55 Milliarden für das Hochspannungsnetz und 47 Milliarden für die Verteilnetze in den Kommunen. Letztere müssen u. a. ausgebaut und verstärkt werden, um die zunehmenden Mengen an Solarstrom aufnehmen zu können. Insgesamt beziffert die dena-Leitstudie die zusätzlichen Kapitalkosten für eine erfolgreiche Energiewende bis 2050 auf 1,1 bis 1,9 Billionen Euro (dena 2018).

Der Hauptgrund für diese hohen Kosten ist, dass Deutschland vorwiegend auf regenerative Stromerzeugungstechnologien setzt, anstatt auf einen Technologiemix. Dabei wird allerdings missachtet, dass der Erneuerbaren-Ausbau aufgrund der Existenz des Emissionshandels nicht die gewünschten Klimaschutzwirkungen hat: Dadurch werden keine weiteren Einsparungen an Kohlendioxid (CO_2) erzielt, die über jenes Maß hinausgehen, das bereits durch den Emissionshandel erreicht wird (BMWA 2004: 8). Der Grund dafür liegt darin, dass die via EEG geförderte Stromerzeugung für geringere Emissionen im deutschen Stromsektor und damit für eine geringere Nachfrage nach Emissionszertifikaten sorgt. Die freiwerdenden Zertifikate werden von anderen am Emissionshandel beteiligten Unternehmen erworben, etwa den Stromerzeugern anderer Länder. Im Ergebnis ergibt sich lediglich eine Emissionsverlagerung, der durch das EEG bewirkte CO_2-Einspareffekt ist de facto null (BMWA 2004: 8, Morthorst 2003).

Kaum besser fällt die Bilanz aus, wenn man die Anteile der Erneuerbaren am Primärenergieverbrauch betrachtet. Dieser Anteil belief sich im Jahr 2021

---

[1] Allein die Kosten für die zwischen 2000 und 2013 installierten Photovoltaikanlagen – die lange Zeit teuerste regenerative Technologie – summieren sich auf rund 110 Mrd. € (Frondel, Schmidt, Vance 2014:13).

auf 15,9 % (AGEB 2022). Den größten Beitrag hierzu steuerte die Biomasse bei, die einen Anteil am Primärenergieverbrauch von 7,4 % aufwies, mithin knapp die Hälfte des Anteils der Erneuerbaren am Primärenergieverbrauch ausmachte. Die lange Zeit hoch subventionierte Photovoltaik brachte es im Jahr 2021 lediglich auf einen Anteil am Primärenergieverbrauch von 1,5 %, die Windkraft hatte einen Anteil von 3,4 %.

Der Grund für diese geringen Anteile besteht darin, dass die Stromerzeugung lediglich einen Anteil von rund 20 % am Primärenergieverbrauch ausmacht (BMWK 2019: 15), die Sektoren Verkehr und Wärme, die bislang kaum Erneuerbare nutzen, haben deutlich größere Anteile als der Stromsektor. Selbst wenn Strom zu 100 % grün produziert würde, bliebe daher der Erneuerbaren-Anteil am Primärenergieverbrauch überschaubar.

Die künftige Energiewende: Photovoltaik und Windkraft sollen es richten

Vor diesem Hintergrund sollte offenkundig sein, dass die für das Jahr 2045 angestrebte Nettotreibhausgasneutralität nicht allein mit Hilfe der Erneuerbaren sowie den dafür unverzichtbaren Speichermedien, nicht zuletzt Wasserstoff, erreicht werden kann. Schließlich kann der Anteil der Biomasse, die derzeit den größten regenerativen Beitrag zur Deckung des Primärenergieverbrauchs leistet, etwa in Form von Biokraftstoffen, aufgrund von Flächenbeschränkungen und der Konkurrenz zur Nahrungsmittelproduktion kaum mehr weiter ausgebaut werden, ebenso wenig wie die Wasserkraft. Auch die Potentiale der Geothermie sind auf wenige Regionen beschränkt. Damit müsste die Energiewende weiterhin vor allem mit Hilfe von Photovoltaik und Windkraft vorangetrieben werden.

Den hohen Kosten des Erneuerbaren-Ausbaus und dessen Ineffektivität bei der Treibhausgasminderung zum Trotz behält Deutschland dennoch den eingeschlagenen Weg bei, gemessen an den Erneuerbaren-Zielen sogar mit massiv forciertem Tempo. So wurde das ursprüngliche Ziel eines Erneuerbaren-Anteils am Bruttostromverbrauch von 65 % im Jahr 2030 auf einen Anteil von 80 % erhöht (BMWK 2022a). Bereits im Jahr 2035 soll dann die Stromversorgung nahezu vollständig auf erneuerbaren Energien beruhen.

Diese Ziele stellen eine gewaltige Herausforderung dar, da der Stromverbrauch künftig ansteigen dürfte, u. a. durch die zunehmende Elektrifizierung im Wärme- und Verkehrssektor (Sektorenkopplung). Laut BMWK (2022a) impliziert das Ziel für 2030, dass dann rund 600 Mrd. kWh an grünem Strom produziert werden müssen. Das bedeutet mehr als eine Verdopplung gegenüber dem Jahr 2021, als 234 Mrd. kWh grüner Strom erzeugt wurden (AGEB 2022b).

Um das 80-Prozent-Ziel zu erreichen, wurden äußerst ambitionierte Ausbaupläne entwickelt. So soll die Windkraftkapazität auf See von 7,8 Gigawatt (GW) im Jahr 2021 auf mindestens 30 GW im Jahr 2030 ausgebaut werden (BMWK 2022a). Die Windkraft an Land soll bis dahin eine Kapazität von 115 GW aufweisen, indem die Ausbauraten auf 10 GW pro Jahr gesteigert werden. Zum Vergleich: Selbst im Rekordjahr 2017 wurde mit einem Zubau von 4,9 GW nur knapp die Hälfte erreicht. Da 2021 eine Kapazität von etwa 63 GW installiert waren, müsste zur Erreichung des Ziels von 115 GW die Leistung nahezu verdoppelt werden.

Noch weitaus ambitionierter soll der PV-Ausbau erfolgen: Bis 2030 sollen PV-Anlagen im Umfang von 215 GW installiert sein. Dazu sollen jährlich bis zu 22 GW zugebaut werden. Das wäre etwa das Dreifache des bislang höchsten jährlichen Zubaus von knapp 8 GW in den Boomjahren 2010 bis 2012 (Frondel, Schmidt, Vance 2014). Basierend auf der PV-Kapazität von 59,4 GW im Jahr 2021 würde zur Erreichung des Ziels von 215 GW mehr als eine Verdreifachung der Leistung nötig sein.

Sonne und Wind können es nicht allein richten!

Diese Ziele sind nicht allein deswegen in Frage zu stellen, weil sie mehr als ambitioniert sind. Vielmehr gehen damit auch negative externe Effekte einher, etwa die negativen Effekte von Windkraftanlagen auf die Preise angrenzender Immobilien (Frondel et al. 2019). So schätzen Hoffmann und Mier (2022), dass der Windkraftausbau in Deutschland infolge von Lärm, visueller Beeinträchtigung der Landschaft, etc. negative externe Effekte in Milliardenhöhe verursacht, die von den Anwohnern getragen werden müssen. Kein Wunder, dass dagegen massiver Widerstand in Form von Bürgerinitiativen entwickelt wird.

Darüber hinaus kann wegen der Volatilität der Erzeugung grünen Stroms künftig nicht allein auf die Erneuerbaren gesetzt werden. Vielmehr ist wegen fehlender wirtschaftlicher Speichermöglichkeiten der weitgehende Erhalt des heutigen konventionellen Kraftwerksparks zur Überbrückung von windarmen Phasen im Winter (Dunkelflauten) unabdingbar, neben der überaus teuren Vervielfachung der Erneuerbaren-Kapazitäten muss sich Deutschland daher den Luxus leisten, parallel einen umfangreichen konventionellen Kraftwerkspark aufrechtzuerhalten.[2] Dazu müssen abgeschaltete

[2] Eine Stromerzeugung, die ausschließlich auf Windenergie und Photovoltaik beruht, kann aus physikalischen Gründen niemals zu einer sicheren Stromversorgung führen (Schwarz 2022: 22). Deshalb wird immer ein Back-Up benötigt, das in der Nähe der Höchstlast von über 80 GW liegen muss, denn: „Größere stationäre Speicher […] wer-

Kraftwerke durch neue ersetzt werden. Dafür vorgesehen waren im Koalitionsvertrag (2021) der Ampel-Regierung Erdgaskraftwerke als sogenannte Brückentechnologie.

Infolge des Angriffs Russlands auf die Ukraine steht diese Brücke nun auf wackligen Pfeilern. Bereits vor der dadurch ausgelösten Energiekrise waren die Anreize, in neue Erdgaskraftwerke zu investieren, gering, schließlich würden sie spätestens bei Erreichen des 80-Prozent-Ziels weitgehend zur Untätigkeit verdammt sein und daher kaum die Investitionskosten einspielen können. Infolge des Ausfalls kostengünstigen russischen Erdgases und den dadurch stark gestiegenen Gaspreisen sind diese Anreize nun noch weiter gesunken. Schließlich ist zu erwarten, dass die europäischen Gaspreise weiterhin hoch bleiben.

Deutschlands Energiewende: Eine Wende zur Ineffizienz!

Neue Erdgaskraftwerke zur Gewährleistung der Stromversorgungssicherheit dürften vor diesem Hintergrund wohl kaum von privaten Investoren gebaut werden (Berger et al. 2022), es sei denn die Politik wechselt das Marktdesign vom heutigen Energy-Only- zu einem Kapazitätsmarkt. Anstatt die Stromversorgung jedoch durch Kapazitätsmärkte und einen forcierten Ausbau der Erneuerbaren weiter zu verteuern, sollte die Politik zur Entlastung der aktuell stark belasteten Verbraucher künftig auf mehr Kosteneffizienz, mehr Technologieoffenheit sowie auf eine starke Ausweitung des heimischen Energieangebots setzen, zumindest aber das Angebot nicht noch weiter verringern.

So sollte nach dem bevorstehenden Kernenergieausstieg nicht auch noch der Kohleausstieg per Ordnungsrecht forciert und, wie im Koalitionsvertrag (2021) angedacht, auf das Jahr 2030 vorgezogen werden. Vielmehr sollten Kohlekraftwerke zur Sicherung der Stromversorgung in Reserve gehalten werden, anstatt vorschnell große Kapazitäten an neuen Gaskraftwerken aufzubauen, die hohe Investitionen erfordern. Die geringen Mengen an Treibhausgasemissionen, die durch den sporadischen Einsatz dieser Reservekraftwerke zur Sicherung der Stromversorgung entstehen, werden durch den EU-Emissionshandel andernorts ausgeglichen, sodass es EU-weit betrachtet nicht zu höheren Emissionen kommt. Darüber hinaus müssen die sehr ambitionierten Erneuerbaren-Ziele und die Fixierung auf Windkraft

---

den nicht ausreichen, uns sicher durch eine kalte Dunkel-Flaute zu bringen“ (Schwarz 2022: 22). In Ermangelung von Wasserstoff müssen deshalb konventionelle Kraftwerke auf Basis fossiler Brennstoffe weiterbetrieben werden (Schwarz 2022: 23).

und Photovoltaik aus vielerlei Gründen dringend hinterfragt werden, nicht allein wegen des Fehlens kostengünstiger Speicher für grünen Strom und der geringer werdenden Diversifizierung des Energieangebots.

So sind die Erneuerbaren auch wegen der geringen Energiedichte des Windes und der Sonneneinstrahlung zu hinterfragen. Daher muss beim Bau von Erneuerbaren-Anlagen viel hochwertiges Material – bei Windenergieanlagen vor allem Stahl und Kupfer – sowie viel Energie eingesetzt werden, um eine verhältnismäßig geringe Energiemenge zu „ernten". Während der Energieerntefaktor für eine 1,5-Megawatt-Windkraftanlage bei 16 liegt und für eine in Süddeutschland installierte Photovoltaik-Dachanlage bei 4, beträgt der Erntefaktor von Braunkohle-Kraftwerken 31, von Kernkraftwerken 107 (Weißbach et al. 2013).[3]

Vor diesem Hintergrund stellt die Energiewende eine völlige Kehrtwende in der langen Geschichte der Nutzung von Energie dar, in der weniger energiedichte Energiequellen regelmäßig von solchen mit höherer Energiedichte und größerer Benutzungspraktikabilität abgelöst wurden. Diese Historie begann mit Holz, wurde nach der industriellen Revolution mit Kohle fortgeführt, bevor die extensive Nutzung der beiden fossilen Brennstoffe mit der höchsten Energiedichte, Erdöl und Erdgas, begann. So hat Erdgas mit 55 MegaJoule (MJ)/kg die höchste Energiedichte aller fossilen Brennstoffe, vor Benzin mit einer Energiedichte von 46 MJ/kg (UCalgary 2022). Zum Vergleich: Holz hat eine Energiedichte von 16 MJ/kg, Lithium-Ionen-Batterien, eine der effektivsten Möglichkeiten grünen Strom zu speichern, haben lediglich eine Energiedichte von 0,5 MJ/kg. Die Energiedichte von Benzin liegt somit etwa um den Faktor 100 höher als die der Batterien von Elektro-Autos.

Energiepolitischer Strategiewechsel: Erhöhung statt Verringerung des heimischen Energieangebots

Zur Verbesserung der durch die Energiekrise gefährdeten Sicherheit der Energieversorgung sollte die Politik den Mix an Energierohstoffen und -technologien erweitern, anstatt diesen immer weiter zu verringern. Hilfreich wäre zudem eine unvoreingenommene Neubewertung der heimischen Gewinnung von Energierohstoffen, vor allem von Erdgas, da der jüngst

[3] Mit dem Begriff des Energieerntefaktors bilanziert man die in Bau, Betrieb und Rückbau sowie die in die Beschaffung des Brennstoffs investierte Energiemenge E_{in} einerseits und die in Form von Strom zur Verfügung gestellte Energiemenge E_r andererseits. Die entsprechende Formel lautet: Erntefaktor = E_r/E_{in} (IFK 2022).

vereinbarte Import aus autokratisch geführten Staaten wie Katar das Risiko birgt, die ehemalige Abhängigkeit von Russland durch eine andere problematische Abhängigkeit zu ersetzen.

Eine mögliche Alternative wäre die Förderung von aus Schiefergestein gewinnbarem Erdgas durch den Einsatz hydraulischer Verfahren (Fracking). Nach einer Studie der Bundesanstalt Geowissenschaften und Rohstoffe stellen die in Deutschland vorhandenen Ressourcen an Schiefergas etwa das Zehnfache des jährlichen Verbrauchs an Erdgas dar (BGR 2016: 13). Demnach lägen hier erhebliche Potenziale zur Verminderung der Importabhängigkeit. Dies würde jedoch die Aufhebung des bestehenden Fracking-Verbots erfordern.

Anstatt große Mengen per Fracking gewonnenes verflüssigtes Erdgas (liquefied natural gas, LNG) unter hohem Energieaufwand für die Verflüssigung und den Transport per Tanker aus den USA zu importieren, sollte geprüft werden, ob sich nicht eine zugleich kostengünstige, weniger energieaufwendige und umweltverträglichere Möglichkeit eröffnen könnte, indem wieder mehr Erdgas in Deutschland gewonnen wird. Dadurch könnte man zur heimischen Wertschöpfung und Versorgungssicherheit gleichermaßen beitragen und zugleich die Umweltauswirkungen, insbesondere die Treibhausgasemissionen, die mit der Versorgung mit teurem LNG aus den USA verbunden sind, verringern. Eine Studie für das Umweltbundesamt zeigt, dass mit der Stromerzeugung auf Basis von LNG aus den USA ein ähnlich hoher Treibhausgasausstoß einhergeht wie mit der auf Basis von Steinkohle (UBA 2019: 24).

Die Expertenkommission Fracking (2021: 24) hat das Risiko, ein Erdbeben mit mehr als geringfügig schädigender Auswirkung durch Fracking auszulösen, als äußerst gering eingeschätzt und auch die Gefahr für das Grundwasser als gering (Expertenkommission Fracking 2021: 22). Bei Einhaltung heutiger Standards würde den Experten zufolge mit Fracking ein vertretbares Risiko einhergehen. Die Förderung von Schiefergas sowie die Erhöhung der Produktion von konventionellem Erdgas, etwa vor der Nordseeinsel Borkum, wo die Niederlande bereits mit der Förderung begonnen haben, würde Deutschlands Abhängigkeit von Importen reduzieren und dämpfend auf das Preisniveau wirken.

Neue energiepolitische Strategie: Technologieoffenheit statt Ressourcenverschwendung!

Die aktuelle Sorge um die Versorgungssicherheit mit Energie zeigt, dass keines der drei Ziele des energiepolitischen Zieldreiecks – Wirtschaftlichkeit, Versorgungssicherheit und Umweltverträglichkeit – vernachlässigt werden darf. Daher wäre es wünschenswert, wenn dem Thema Versorgungssicherheit nicht nur vorübergehend eine hohe politische Relevanz beigemessen wird, weil auch in den kommenden Wintern mit Versorgungsengpässen bei Erdgas gerechnet werden muss. Vielmehr besteht die große Herausforderung, langfristig nicht nur Alternativen zur Kohle zu finden, sondern auch einen nachhaltigen Ersatz für Erdgas und Rohöl. Es wäre ratsam, dieser Herausforderung mit höchster Technologie- und Innovationsoffenheit zu begegnen, um die Klimaziele zu erreichen.

Deutschland sollte sich insbesondere offen gegenüber neuen Kernenergietechnologien zeigen. Dazu zählt nicht allein die Kernfusion, mit der zwar keine radioaktiven Abfallstoffe verbunden wären, aber deren erfolgreicher Durchbruch nach jahrzehntelanger Forschung mit vergleichsweise geringen Mitteln noch immer in den Sternen steht. Vielmehr zählen hierzu auch die sogenannten Kernreaktoren der vierten Generation, die aufgrund ihrer Konzeption inhärent sicher sind und die auch das weitgehend ungelöste Problem der Beseitigung des in den vergangenen Jahrzehnten angehäuften Atommülls etwas lindern könnten (Schulenberg et al. 2004).

Selbst wenn Deutschland auch künftig vom Bau neuer Reaktoren absieht, wäre deren Export womöglich ein relevanter Wirtschaftsfaktor, da derartige Technologien nach einer Studie der Internationalen Energieagentur (IEA 2022) zur Erreichung der globalen Treibhausgasneutralität unverzichtbar sind, denn Erneuerbare sind zweifellos ein wichtiger Baustein für unsere zukünftige Energieversorgung, aber wegen ihrer geringen Energiedichte allein nicht ausreichend. Importe von grünem und konventionell produziertem Strom, Wasserstoff, Ammoniak, etc. werden daher für Deutschland in Zukunft unverzichtbar werden.

Deutschlands Energiewende: Vom Kopf auf die Füße stellen!

Anstatt sich immer ehrgeizigere Ziele für den Erneuerbaren-Ausbau zu setzen und dabei unter Ignorierung der hohen Kosten künftigen Generationen immer höhere finanzielle Lasten aufzubürden, braucht Deutschland eine fundamental andere energiepolitische Strategie, die mit neuen Technologien und durch den Verzicht auf Tabus wie das Verbot von Fracking und der CO_2-Speicherung das Energieangebot stärkt.

Darüber hinaus sollte das EEG abgeschafft und der Ausbau der Erneuerbaren dem Markt überlassen werden. Mit einem Bruchteil der dadurch eingesparten finanziellen Mittel sollte die Forschung und Entwicklung sämtlicher Energie- und Speichertechnologien, inklusive Kern- und Wasserstofftechnologien, in nie dagewesenem Maße forciert werden, statt in verschwenderischer Weise die flächendeckende Verbreitung ineffizienter und bei der lokalen Bevölkerung auf wenig Gegenliebe stoßende Technologien wie Windkraft an Land zu subventionieren.

Die Energiepolitik sollte allen Technologien eine Chance geben, nicht allein jenen, die in der Mehrheit der Bevölkerung ein nicht immer gerechtfertigtes Ansehen genießen. Vielmehr sollten künftig auch solche Technologien und Energierohstoffe genutzt werden, die von einer verschwindend kleinen Minderheit mit oftmals illegalen Mitteln in medial höchst beachteter Weise blockiert werden. Technologieoffenheit wäre insbesondere im Sektor Verkehr angebracht, in dem in den vergangenen Jahren mit Subventionen von rund 20.000 Euro pro Elektroauto (Weimann 2021) der Elektromobilität zum Durchbrauch verholfen werden sollte, damit im Jahr 2035 das geplante Neuzulassungsverbot für Verbrennerautos in der Europäischen Union eingehalten werden kann. Statt hoher Subventionen für die flächendeckende Verbreitung teurer Autos von Wohlhabenden, sollte die Forschung und Entwicklung aller Antriebs- und Batterietechnologien forciert werden, inklusive der Herstellung synthetischer Kraftstoffe.

Quellen:

AGEB (2022a) Auswertungstabellen zur Energiebilanz Deutschland. Daten für die Jahre von 1990 bis 2021. Arbeitsgemeinschaft Energiebilanzen. https://ag-energiebilanzen.de/wp-content/uploads/2021/09/awt_2021_d.pdf

AGEB (2022b) Energieverbrauch in Deutschland im Jahr 2021. Arbeitsgemeinschaft Energiebilanzen. https://ag-energiebilanzen.de/wp-content/uploads/2022/03/AGEB_Jahresbericht2020_20220325_dt.pdf

Andor, M., Frondel, M., Vance C. (2017) Germany's Energiewende: A tale of increasing costs and decreasing willingness-to-pay. Energy Journal 38, Special Issue #1 – Renewables and Diversification in Heavily Energy-Subsidized Economics: 211–228.

BDEW (2021) Zahl der Woche / Netzausbau: Mehr als 100 Milliarden Euro … Presseinformation des Bundesverbands der Energie- und Wasserwirtschaft e. V., 29.07.2021. https://www.bdew.de/presse/presseinformationen/zahl-der-woche-netzausbau-mehr-als-100-milliarden-euro/

Berger, R., Fuest, C., Sinn, H.-W., Theis, C., Wacker, P.-A. (2022) Wohlstand in Gefahr: Für eine neue Strategie in der Energiepolitik. Ifo Schnelldienst 12/2022, 75, 3–7.

BGR (2016) Schieferöl und Schiefergas in Deutschland. Potenziale und Umweltaspekte. Bundesanstalt für Geowissenschaften und Rohstoffe, Hannover.

BMWA (2004) Zur Förderung erneuerbarer Energien, Gutachten des Wissenschaftlichen Beirats beim Bundesministerium für Wirtschaft und Arbeit, Berlin. Dokumentation Nr. 534.

BMWK (2022a) Überblickspapier Osterpaket. Bundesministerium für Wirtschaft und Klimaschutz, 6.4.2022. https://www.bmwk.de/Redaktion/DE/Downloads/Energie/0406_ueberblickspapier_osterpaket.pdf?__blob=publicationFile&v=12

BMWK (2022b) Energiedaten: Gesamtausgabe. Bundesministerium für Wirtschaft und Klimaschutz. https://www.bmwk.de/Redaktion/DE/Artikel/Energie/energiedaten-gesamtausgabe.html

BMWK (2019) Energiedaten: Gesamtausgabe, Graphiken. Stand Oktober 2019. Bundesministerium für Wirtschaft und Klimaschutz. https://www.bmwk.de/Redaktion/DE/Downloads/Energiedaten/energiedaten-gesamt-pdf-grafiken.pdf?__blob=publicationFile&v=30

dena (2012) dena-Leitstudie Integrierte Energiewende. Deutsche Energie-Agentur, Berlin. https://www.dena.de/fileadmin/dena/Dokumente/Pdf/9261_dena-Leitstudie_Integrierte_Energiewende_lang.pdf

Expertenkommission Fracking (2021) Bericht der Expertenkommission Fracking. https://www.expkom-fracking-whg.de/

Frondel, M., Schmidt, C. M., Vance, C. (2014) Revisiting Germany's Solar Cell Promotion: An Unfolding Disaster. Economic Analysis and Policy 44 (1), 3–13.

Frondel, M., Kussel, G., Sommer, S., Vance, C. (2019) Local Costs for Global Benefits: The Case of Wind Turbines. Ruhr Economic Papers No. 791. https://www.rwi-essen.de/publikationen/wissenschaftlich/ruhr-economic-papers/detail/local-cost-for-global-benefit-the-case-13

Frondel, M., S. Schubert (2021) Carbon Pricing in Germany's Road Transport and Housing Sector: Options for Reimbursing Carbon Revenues. Energy Policy 157: 112471.

Hoffmann, P., Mier, M. (2022) Wind Turbine Placement and Externalities. ifo Working Paper No. 369.

Icha, P., Lauf, T. (2022) Entwicklungen der spezifischen Treibhausgas-Emissionen des deutschen Strommix in den Jahren 1990–2021. Umweltbundesamt (Herausgeber). S. 10 ff. www.umweltbundesamt.de/publikationen/entwicklung-der-spezifischen-kohlendioxid-8.

IEA (2022) Nuclear Power and Secure Energy Transitions: From today's challenges to tomorrow's clean energy systems. International Energy Agency, Paris, https://www.iea.org/reports/nuclear-power-and-secure-energy-transitions (abgerufen am 10.12.2022).

IFK (2022) Der Energieerntefaktor. Institut für Festkörperphysik. https://festkoerper-kernphysik.de/erntefaktor

Morthorst, P. (2003) National environmental targets and international emission reduction instruments. Energy Policy 31 (1), 73–83.

Koalitionsvertrag (2021) Mehr Fortschritt wagen, Koalitionsvertrag 2021–2025 zwischen der Sozialdemokratischen Partei Deutschlands (SPD), Bündnis 90/Die Grünen und den Freien Demokraten (FDP), Berlin.

UBA (2019: 24). Wie klimafreundlich ist LNG? Kurzstudie zur Bewertung der Vorkettenemissionen bei Nutzung von verflüssigtem Erdgas (LNG). Studie Im Auftrag des Umweltbundesamtes. https://www.umweltbundesamt.de/sites/default/files/medien/1410/publikationen/2019-05-15_cc_21-2019_roadmap-gas_lng.pdf

UCalgary (2022) Energy density. Energy Education, University of Calgary. https://energyeducation.ca/encyclopedia/Energy_density

Netzwerktransparenz.de (2022). EEG-Jahresabrechnungen. Internetplattform der Übertragungsnetzbetreiber. www.netztransparenz.de/EEG/Jahresabrechnungen.

Schulenberg, T.; Behnke, L.; Hofmeister, J.; Löwenberg, M. (2004) Was ist Generation IV? Forschungsbericht des Instituts für Kern- und Energietechnik (IKET). KIT, Karlsruhe. https://publikationen.bibliothek.kit.edu/27005719.

Schwarz, H. (2022) Green-Washing hilft dem Klima nicht. Trend – Magazin für Soziale Marktwirtschaft 44 (4), 20–23.

UBA (2022) Daten zu den Treibhausgasemissionen als Excel-Tabelle. Umweltbundesamt. www.umweltbundesamt.de/sites/default/files/medien/361/dokumente/2022_03_15_trendtabellen_thg_nach_sektoren_v1.0.xlsx.

Weimann, J. (2021) CO2-Preise und Kosten der CO2-Vermeidung bei Anwendung ordnungsrechtlicher Maßnahmen im Vergleich zur Erweiterung des EU-ETS. Kurzgutachten im Auftrag der Freien Demokratischen Partei. August 2021. https://www.fdp.de/sites/default/files/2021-09/Kurzgutachten_CO2_Weimann.pdf

Weißbach, D., Ruprecht, G., Huke, A., Czerski, K., Gottlieb, S., Hussein, A. (2013) Energy intensities, EROIs (energy returned on invested), and energy payback times of electricity generating power plants. Energy 52, 210–221.

Die Energiepolitik sollte allen Technologien eine Chance geben, nicht allein jenen, die in der Mehrheit der Bevölkerung ein nicht immer gerechtfertigtes Ansehen genießen.

Die größte Bedrohung für die Globalisierung geht derzeit von der Geopolitik aus, die sich mehr und mehr von regelorientierter Ordnungspolitik zu reiner Machtpolitik wandelt.

Die Welt im Umbruch – Steht die Globalisierung vor dem Aus?

Prof. Dr. Henning Klodt

***Henning Klodt**, geboren 1952, war bis 2017 Leiter des Zentrums Wirtschaftspolitik am Institut für Weltwirtschaft in Kiel. Forschungsschwerpunkte: Ursachen und Auswirkungen der Globalisierung, Europäische Integration, Strukturwandel zur Wissensgesellschaft, Industrie- und Wettbewerbspolitik.*

Der Prozess der Globalisierung ist ins Stocken geraten. Anders als in den vorangegangenen Jahrzehnten wächst der Welthandel langsamer als die Weltproduktion und die internationalen Investitionsströme stagnieren. Stellen diese Veränderungen lediglich eine vorübergehende Delle dar oder einen dauerhaften Einbruch? Die endgültige Antwort auf diese Frage lässt der Beitrag offen. Er zeigt aber auf, welche Triebkräfte die Globalisierung bislang vorangetrieben haben und welche Perspektiven sich bei ihnen für die Zukunft ergeben.

Noch vor wenigen Jahren schien es sonnenklar, dass die weltwirtschaftliche Entwicklung nur eine Richtung kennt: den weiteren Fortgang der Globalisierung. Doch der Wind hat sich gedreht. Schon im Januar 2019 brachte die Zeitschrift *The Economist* auf ihrer Titelseite das Bild einer Schnecke, die gemächlich vorankriecht und dabei unsere Weltkugel als Schneckenhaus auf dem Rücken trägt. Darüber prangte das Schlagwort *Slowbalisation*.

Seit dem Ausbruch von Covid-19 im Winter 2019/20 und dem russischen Überfall auf die Ukraine im Februar 2022 stehen nur noch die Rückschläge und nicht mehr die Fortschritte bei der internationalen wirtschaftlichen Zusammenarbeit im Fokus. Selbst das World Economic Forum in Davos, auf dem sich alljährlich die Eliten der Welt treffen, zeichnet ein düsteres Bild. In seinem Bericht über globale Risiken aus dem Jahr 2023 wird ein „unsicheres und turbulentes Jahrzehnt" vorausgesagt: Nach langen Jahren des Wachstums und Fortschritts folgten nun De-Globalisierung und Rückschritt, so die Ergebnisse einer Umfrage unter rund 1200 Führungspersönlichkeiten aus Wirtschaft und Politik.

In diesem Beitrag soll ausgeleuchtet werden, wie fundiert all diese Prognosen sind – ob wir mit einer vorübergehenden Delle oder mit einem dauerhaften Einbruch konfrontiert sind und wie es in den kommenden Jahren und Jahrzehnten weitergehen könnte. Dafür sollen zunächst einmal einige konzeptionelle Fragen erörtert und die zentralen statistischen Fakten zur Globalisierung skizziert werden.

Potentiale der Globalisierung

Aus ökonomischer Perspektive stellt eine *perfekt globalisierte Welt* eine Welt dar, in der räumliche Distanzen keinerlei Rolle mehr spielen. Es gibt keine künstlichen und auch keine natürlichen Grenzbarrieren, und die erzeugten Waren als auch die zu ihrer Herstellung nötigen Arbeitskräfte, Kapitalgüter, Rohstoffe und Technologien wären international vollkommen mobil. Kulturelle Unterschiede, Nationalstaaten und räumliche Distanzen spielten aus wirtschaftlicher Sicht keine Rolle mehr.

Eine solche Welt ist natürlich nur als utopisches Gedankenkonstrukt vorstellbar. Aber dieses Konstrukt kann helfen, den Prozess der Globalisierung besser zu verstehen. Erläutert werden soll dies mit Hilfe einer einfachen Dreisatz-Rechnung für das Beispiel Deutschlands:

Deutschland hat einen Anteil an der Weltproduktion von 4,7 Prozent. Damit beträgt auch sein Anteil an der weltweiten Kaufkraft 4,7 Prozent. Wenn es für den Absatz deutscher Produkte völlig unerheblich wäre, ob die Kunden im Inland oder im Ausland angesiedelt sind, dann wäre im statistischen Mittel zu erwarten, dass diese Produkte zu 4,7 Prozent im Inland und zu 95,3 Prozent im Ausland abgesetzt würden. Mit anderen Worten: Die deutsche Exportquote läge bei 95,3 Prozent. Tatsächlich liegt die deutsche Exportquote (bezogen auf die gesamtwirtschaftliche Produktion, nicht auf das Bruttoinlandsprodukt) aber nur bei 24,3 Prozent. Methodisch ist dabei zu beachten, dass die Exporte eine Bruttogröße darstellen, in der neben der Wertschöpfung auch die zu ihrer Produktion nötigen Vorleistungen enthalten sind. Deshalb muss die Exportquote für unsere Berechnung nicht auf das Bruttoinlandsprodukt (definiert als Summe aller Wertschöpfungen), sondern den Bruttoproduktionswert bezogen werden, da dieser ebenfalls die Vorleistungen enthält. Die Division der tatsächlichen durch die hypothetische Exportquote (24,3 / 95,3) zeigt an, dass selbst in einem international offenen Land wie Deutschland die theoretisch möglichen Potentiale der Globalisierung bislang nur zu wenig mehr als einem Viertel genutzt sind.

Indikatoren zur Globalisierung

Wer den Prozess der Globalisierung statistisch nachzeichnen will, benötigt Daten zum internationalen Handel, zu den internationalen Investitionsströmen, zu den internationalen Arbeitskräftewanderungen und möglichst auch zur Verbreitung technischen Wissens über nationale Grenzen hinweg.

Die Entwicklungen in den ersten drei Kategorien sind statistisch gut dokumentiert, während wir insbesondere zur internationalen Mobilität von technischem Wissen weitgehend auf anekdotische Evidenz angewiesen sind. Es erscheint plausibel, dass jene Form von technischem Wissen, das sich digitalisieren lässt, mit der weltumspannenden Präsenz des Internet praktisch weltweit transferiert werden kann – und zwar erheblich friktionsloser und kostengünstiger als alle anderen Produktionsfaktoren. Das Internet und die darauf aufbauenden Informations- und Kommunikationstechnologien können ohne Zweifel als starke Triebkräfte der Globalisierung angesehen werden.

Doch nicht jede Art von technischem Wissen lässt sich in Form von Bits und Bytes erfassen. Ein beträchtlicher Teil des technischen Wissens ist untrennbar mit Personen als Träger dieses Wissens verknüpft. In der Innovationsforschung wurde dafür der Begriff des gebundenen technischen Wissens geprägt, das im Gegensatz zu ungebundenem Wissen untrennbar verbunden ist mit den Personen, die über dieses Wissen verfügen.

Ein plastisches Beispiel bietet das Erfahrungswissen von Ingenieuren oder Facharbeitern, das letztlich nur von einem Land ins andere gelangen kann, wenn die betreffenden Personen die Grenze überqueren. Der internationale Transfer von gebundenem Wissen ist also eng verknüpft mit der Mobilität von qualifizierten Arbeitskräften.

Wie ist es um diese Mobilität bestellt? In Deutschland hat der Anteil *ausländischer Arbeitskräfte* (Personen ohne deutsche Staatsangehörigkeit, die in Deutschland erwerbstätig sind) an der gesamtwirtschaftlichen Beschäftigung in den vergangenen Jahren und Jahrzehnten stetig zugenommen und liegt im Jahr 2021 bei 13,4 Prozent. Dazu haben nicht nur die globalen Fluchtbewegungen, sondern auch die Freizügigkeit innerhalb der Europäischen Union maßgeblich beigetragen.

Im globalen Maßstab dagegen spielen ausländische Arbeitskräfte eine vergleichsweise geringe Rolle. Nach Schätzungen der Internationalen Arbeitsagentur (ILO) gibt es derzeit weltweit 164 Millionen Arbeitsmigranten, fast die Hälfte davon Frauen. Sie machen 4,7 Prozent der globalen Erwerbsbevölkerung aus. Bei qualifizierten Arbeitskräften, die als Träger gebundenen technischen Wissens fungieren können, dürften die Anteile von Arbeitsmigranten noch weitaus geringer sein. All dies lässt den Schluss zu, dass die Globalisierung zwar bei ungebundenem Wissen weit vorangeschritten, bei gebundenem Wissen aber nach wie vor sehr unvollkommen ist.

Wie erwähnt, sind der internationale Handel und die internationalen Investitionsströme als Kernindikatoren der Globalisierung weitaus besser dokumentiert. Seit Jahrzehnten konnte beobachtet werden, dass der weltweite Handel rascher wuchs als die weltweite Produktion. Daran ließ sich ablesen, dass die globale Arbeitsteilung stetig zunahm. Seit den 1980er Jahren war darüber hinaus ein rasches Wachstum der weltweiten Direktinvestitionen zu verzeichnen, wobei das Wachstum des Welthandels sogar noch übertroffen wurde. Für die 1990er Jahre lässt sich dieses Grundmuster gut nachvollziehen anhand von Statistiken der UNCTAD.

Tabelle –Indikatoren zur Globalisierung (jährliche Wachstumsraten in Prozent)

	1990–1999	**2000–2009**	**2010–2021**
Internationale Direktinvestitionen	15,3	8,0	0,8
Welthandel	6,2	9,0	2,7
Welt-Sozialprodukt	3,8	7,0	3,1

Quelle: UNCTAD (2022), World Investment Report 2022: International tax reforms and sustainable investment. United Nations, New York und Genf.

Nach der Jahrtausendwende hatten sich die Unterschiede in den Wachstumsraten dieser drei Kategorien dagegen weitgehend nivelliert. Und im 2010er Jahrzehnt wachsen vor allem die internationalen Direktinvestitionen spürbar langsamer als die Weltproduktion. Aber auch das Wachstum des Welthandels bleibt mittlerweile hinter dem der Weltproduktion zurück (Tabelle).

Im weltweiten Maßstab wurde der Höhepunkt der internationalen Investitionsströme bereits im Jahr 2007 erreicht, und zwar mit 1,9 Milliarden US-Dollar. Im Jahr 2021 waren es nur noch 1,6 Milliarden US-Dollar, und die UNCTAD schätzt auch die Entwicklung für 2022 und die kommenden Jahre als eher verhalten ein. Genau diese Entwicklungen sind es, von denen die Redakteure des *Economist* aufgeschreckt wurden und die viele Weltwirtschaftsanalysten zu einer Debatte darüber anregen, ob sich das Zeitalter der Globalisierung dem Ende zuneigt.

Vorübergehende Delle oder dauerhafter Einbruch?

Die aktuelle Wahrnehmung sowohl in der Öffentlichkeit als auch in der wirtschaftswissenschaftlichen Forschung steht stark unter dem Eindruck von zwei tiefgreifenden Krisen, von denen die Weltwirtschaft gegenwärtig erschüttert wird.

- Die erste dieser Krisen ging in den Jahren 2020 und 2021 von Covid-19 und den politischen Reaktionen darauf aus. In Europa wurde von der Gesundheitspolitik mit weitreichenden Beschränkungen reagiert – bis hin zum Lockdown, der die wirtschaftlichen Aktivitäten insbesondere in den konsumnahen Branchen weitgehend lahmlegte. Verschärft wurden die ökonomischen Auswirkungen der Pandemie durch die Null-Covid-Strategie Chinas, die zu massiven Störungen in den weltweiten Lieferketten führte. Mittlerweile ist Covid-19 in China allerdings (allen Schutzmaßnahmen zum Trotz) so sehr aus dem Ruder gelaufen, dass die chinesische Regierung jetzt ein Ende der Null-Covid- Strategie verkündet hat (vermutlich vor allem deshalb, um den Eindruck zu erwecken, man sei nach wie vor Herr der Lage). In Nordamerika und Europa kann man davon ausgehen, dass Covid-19 mittlerweile dank einer weitgehenden Immunität der Bevölkerung im Wesentlichen ausgestanden ist. Die Bremswirkungen der Pandemie auf die Globalisierung dürften also hinter uns liegen.
- Die zweite Krise brach am 24. Februar 2022 aus. Dieses Datum ist von Bundeskanzler Olaf Scholz mit allem Recht als Beginn einer „Zeitenwende“ tituliert worden. Der Überfall Russlands auf die Ukraine stellt geopolitisch und insbesondere sicherheitspolitisch einen tiefen und irreversiblen Einschnitt dar. Auch ökonomisch sind die Folgen gravierend, insbesondere für die Energieversorgung der privaten Haushalte und der Industrie in West- und Mitteleuropa. Gleichwohl haben sich die Befürchtungen, es drohe wegen der Energieengpässe auch und gerade in Deutschland eine tiefe Rezession, nicht bewahrheitet. Nach ersten Schätzungen des Statistischen Bundesamts ist das Sozialprodukt in Deutschland im Jahr 2022 inflationsbereinigt um 1,9 Prozent gegenüber dem Vorjahr gewachsen. Ohne Energieverteuerung wäre das Wachstum wohl höher ausgefallen. Aber von einer Rezession, die viele befürchtet hatten, sind wir weit entfernt. Wie lange der Krieg zwischen Russland und der Ukraine noch anhalten wird, ist schwer zu beurteilen. Ein Ende der Globalisierung dürfte er aber so oder so nicht bewirken.

Um über den Tellerrand der aktuellen Ereignisse hinaus beurteilen zu können, ob der lange Prozess der Globalisierung in eine *Slowbalisierung* umschlagen könnte, lohnt ein Blick auf die wesentlichen Kräfte, die den Prozess der Globalisierung in der Vergangenheit vorangetrieben haben. Dabei ist zwischen politischen und technologischen Triebkräften zu unterscheiden.

- Die *erste* und vielleicht wichtigste politische Triebkraft der Globalisierung war die Überwindung des *Protektionismus* in vielen Regionen der Welt: Seit Ende des Zweiten Weltkriegs wurden die Handelsschranken zwischen Ländern schrittweise abgebaut – zumindest unter Industrieländern. Das gilt zwar nicht für alle Produktgruppen, aber durchaus für den Güterhandel insgesamt. Promotor der internationalen Marktöffnung waren insbesondere die Vereinigten Staaten, die sich als Lehre aus den protektionistischen Wettläufen der 1920er Jahre, die maßgeblich zur Großen Depression und dem nachfolgenden Aufstieg des Faschismus beigetragen hatten, eine umfassende Handelsliberalisierung auf die Fahnen geschrieben hatten. Schon während der Präsidentschaft von Franklin D. Roosevelt, der kurz vor Ende des Kriegs verstarb, strebten die Vereinigten Staaten die Gründung einer umfassenden Welthandelsorganisation (WTO) an. Doch vielen Ländern gingen diese Bestrebungen damals zu weit. Der internationale Konsens reichte nur zum Abschluss des weniger ambitionierten Allgemeinen Zoll- und Handelsabkommen (GATT), das schließlich im Jahr 1948 in Kraft trat. Doch auch dahinter stand nichts weniger als das Konzept einer weltumspannenden, multilateralen Welthandelsordnung, die einen Rückfall in protektionistische Zeiten wie in der Zwischenkriegszeit verhindern sollte.
- Die zweite politische Triebkraft war der Fall des Eisernen Vorhangs, der für ganz Osteuropa und auch für China das Tor zur Integration in die Weltwirtschaft weit öffnete und der im Jahr 1990 die deutsche Wiedervereinigung ermöglichte.
- Unter den technologischen Triebkräften ist zunächst einmal der heute oft unterschätzte drastische Rückgang der Transportkosten zu nennen. Nicht zuletzt die Verbreitung des Containers im internationalen Schiffsverkehr führte zu derart stark sinkenden Frachtraten, dass der Transport einer Kiste Wein per Schiff von Südafrika nach Hamburg heute billiger ist als der Weitertransport auf dem Landweg von Hamburg ins nahegelegene Kiel. Und der größte deutsche Seefischhafen ist, gemessen an Wert und Menge der angelandeten Fische, schon lange nicht mehr der Seehafen Bremerhaven, sondern der Flughafen Frankfurt.
- Die zweite technologische Triebkraft war die Revolution in den Informations- und Kommunikationstechnologien. Das Internet hat es möglich gemacht, vernetzte Produktionsabläufe international zu organisieren und

auf diese Weise die Kostenunterschiede zwischen verschiedenen Standorten der Welt gewinnbringend zu nutzen.

Das sind also die wesentlichen vier Triebkräfte, die die Globalisierung in der Vergangenheit vorangetrieben haben. Doch wie geht es weiter?

Einerseits sind die Potentiale der Technologien, von welchen die Globalisierung maßgeblich vorangetrieben wurde, bei weitem noch nicht ausgeschöpft. An erster Stelle stehen dabei die *Informations- und Kommunikationstechnologien.* Sie werden auch in Zukunft immer weitreichendere und kostengünstigere Möglichkeiten eröffnen, komplexe Produktionsprozesse weltweit zu organisieren und die Effizienzvorteile der internationalen Arbeitsteilung noch umfassender zu nutzen. Wenn diese Kräfte wieder die Oberhand gewinnen sollten, könnte es sich erweisen, dass die Globalisierung nur eine Pause einlegt und künftig wieder spürbar an Fahrt aufnimmt.

Außerdem gibt es nach wie vor eine Vielzahl von Ländern, die quasi in den Startlöchern stehen, um sich nach dem Vorbild Chinas und Südostasiens in die Globalisierung einzuklinken. Diese Vorbilder haben demonstriert, wie es gelingen kann, durch eine mutige Integration in die Weltwirtschaft kräftige Wohlstandsgewinne einzufahren. Diese Erfolge senden starke Signale an ärmere Länder, ebenfalls diesen Weg zu gehen. Indien hat sich bereits auf den Weg gemacht, und Lateinamerika könnte die nächste Region sein, die auf dem Weg in die Globalisierung folgt. Zu hoffen bleibt, dass irgendwann auch Schwarzafrika seine internen Probleme aus Korruption und schwachen Institutionen überwindet und sich auf den Weg machen wird, sich besser in die internationale Arbeitsteilung zu integrieren.

Andrerseits stehen die Signale im geopolitischen Bereich eher auf Gelb bis Rot. So ist die WTO heute nur noch ein Schatten ihrer selbst. Für den Niedergang des Multilateralismus die Politik eines Donald Trump verantwortlich zu machen, wie es mancherorts en vogue ist, erscheint eher als Wunschdenken (mit dem Wunsch, unter Joe Biden würde alles wieder gut werden). Denn die Politik des *America first* begann spätestens schon in der Amtszeit von Barack Obama und scheint sich unter Biden nahtlos fortzusetzen. Markantes Beispiel dafür ist der in seiner Amtszeit verabschiedete *Inflation reduction act* aus dem Jahr 2022, der nicht etwa (wie der Name suggeriert) auf eine Inflationsbekämpfung abzielt, sondern auf eine Subventionierung der US-Industrie zulasten der Konkurrenz aus Europa und China.

Die historische Erfahrung zeigt, dass die Bereitstellung weltumspannender Ordnungssysteme (wie dem der WTO) eine Hegemonialmacht erfordert. So war es bei der *pax romana*, die mit dem Römischen Reich unterging, oder der *pax britannica*, die seit dem Niedergang des Commonwealth der

Geschichte angehört. Als die Vereinigten Staaten noch die führende und unangefochtene Wirtschaftsmacht der Welt waren, waren sie gewillt und in der Lage, als Garant einer *pax americana* aufzutreten. Doch die ehemalige Dominanz ist mittlerweile verblichen, da die amerikanische Wirtschaftsmacht zunehmend ihre weltweite Führungsposition an China verliert. So werden auch die Zeiten der pax americana nicht wiederkehren, auch wenn manche Beobachter glauben, mit Joe Biden werde der Geist des Multilateralismus in alter Frische wieder auferstehen.

Auch die *Technologie* könnte künftig eher der Slowbalization in die Hände spielen. Die Entwicklung neuer Technologien im Umfeld von Digitalisierung und künstlicher Intelligenz könnten es möglich machen, viele der Waren, die heute aus Fernost importiert werden, quasi im 3-D-Druck oder mit Industrierobotern direkt vor Ort in den Absatzländern herzustellen. Der Lohnkostenvorteil Chinas und anderer Schwellenländer wäre damit hinfällig, und die Intensität der Handelsbeziehungen mit Fernost, die einen wesentlichen Treiber der Globalisierung ausgemacht hat, könnte zurückgehen.

Schließlich stehen viele Unternehmen heute offenbar unter dem Eindruck, es mit der Kostenoptimierung in globalen Netzwerken zu weit getrieben zu haben. Sie streben heute eher danach, sich weniger abhängig zu machen von weltweit verflochtenen filigranen Lieferketten. Erste Anzeichen deuten darauf hin, dass viele von ihnen über eine Erhöhung der Resilienz ihrer Lieferketten nachdenken. So hat der VW-Konzern, dessen Automobilproduktion unter Corona-bedingten Lieferengpässen bei Mikrochips leidet, angekündigt, seine eigene Chip-Produktion ausbauen zu wollen. Ob das eine langfristig tragfähige Strategie darstellt, sei dahingestellt – jedenfalls würde ihre Realisierung das Rad der Globalisierung eher zurückdrehen.

Auch die internationale Mobilität von Arbeitskräften könnte zunehmend substituiert werden durch verstärkte *Tele-Migration*. Qualifizierte Arbeitskräfte, denen der Weg zu den Produktionsstandorten, an denen sie nachgefragt sind, durch Grenzbarrieren verwehrt ist, können ihre Arbeitsleistungen immer besser und leichter mithilfe der Telekommunikation erbringen. Immer wieder zitiert wird das Beispiel des indischen Radiologen, der als hochspezialisierte Fachkraft die in den USA erstellten Röntgenbilder in seinem Heimatland analysiert und auswertet – und zwar zu einem Bruchteil der Kosten, die bei einer Auswertung in den USA anfallen würden. Grenzüberschreitende Telearbeit setzt sich immer weiter durch; und sie hat im Gefolge von Covid-19 kräftigen Zusatzschub erhalten. Die üblichen Indikatoren zur Messung der Globalisierung würden derartige Vorgänge nicht oder nur sehr unvollständig abbilden, aber die ökonomischen Wirkungen wären mit denen der herkömmlichen Globalisierung vergleichbar.

Die größte Bedrohung für die Globalisierung geht derzeit aber wohl von der Geopolitik aus, die sich mehr und mehr von regelorientierter Ordnungspolitik zu reiner Machtpolitik wandelt. Ganz oben steht dabei die zunehmende Rivalität zwischen China und den Vereinigten Staaten. China scheint entschlossen zu sein, die Weltwirtschaft nach seinen eigenen autokratischen Regeln neu zu ordnen, wobei die sogenannte Neue Seidenstraße nur eine unter mehreren Strategien darstellt. Und der ehemalige Hegemon aus Nordamerika scheint nicht gewillt, seine alte Führungsrolle kampflos aufzugeben.

Dramatisch verschärft wurde die Dominanz der Machtpolitik durch den Krieg Russlands gegen die Ukraine, der den von manchen schon überwunden geglaubten Ost-West-Konflikt zurück nach Europa gebracht hat. Das zwingt jetzt auch die Europäische Union, die es sich bisher eher auf der Zuschauerbank bequem gemacht hatte, geopolitisch Stellung zu beziehen und aktiv in internationale Konflikte einzugreifen. Das zeigt sich nicht nur an den mehrfach verschärften Sanktionen gegen Russland und den gemeinschaftlich koordinierten Waffenlieferungen an die Ukraine. Es zeigt sich auch und gerade daran, dass über mögliche Erweiterungen der EU nicht mehr vorrangig unter wirtschaftlichen und gesellschaftlichen Aspekten, sondern vorrangig unter geo- und sicherheitspolitischen Aspekten diskutiert wird.

Die Sorge scheint berechtigt, dass die internationale Handelspolitik zunehmend unter die Räder globaler Machtpolitik geraten könnte. Wenn in Deutschland das Primat einer werteorientierten Außenpolitik diskutiert wird, ist der Weg zu einer werteorientierten Handelspolitik möglicherweise nicht mehr weit.

Man braucht heute sicherlich eine gehörige Portion Optimismus, um darauf zu hoffen, dass die internationale wirtschaftliche Kooperation, die vielen daran beteiligten Ländern so viel Wohlstand gebracht hat, all diese Konflikte weitgehend schadlos überstehen wird. Immerhin hat sich immer wieder gezeigt, dass geschichtliche Entwicklung selten bis nie linear verläuft, sondern immer wieder die erstaunlichsten Volten schlägt. Weil die wirtschaftlichen Vorteile der Globalisierung so immens groß sind, kann zumindest auf längere Sicht darauf vertraut werden, dass die Menschen diese Vorteile auch für sich persönlich nutzen wollen und nach offenen Märkten streben werden.

Weiterführende Literatur

Paul Krugman, Maurice Obstfeld, Marc Melitz: Internationale Wirtschaft. Theorie und Politik der Außenwirtschaft. Pearson. 11., aktualisierte Auflage. 2019.

Friedrich A. von Hayek hat bereits in den 1940er Jahren darauf hingewiesen, dass der übergroße Teil des für ökonomische Entscheidungen relevanten Wissens nicht zentralisierbar ist, sondern nur dezentral vorliegt.

Markt vs. Staat – Leitplanken für die Wirtschaftspolitik

Prof. Dr. Stefan Kooths

Stefan Kooths *leitet das Forschungszentrum Konjunktur und Wachstum im Kiel Institut für Weltwirtschaft (IfW Kiel) und lehrt Volkswirtschaftslehre an der BSP Business and Law School in Berlin/Hamburg. Er ist Vorsitzender der Friedrich A. von Hayek-Gesellschaft, gehört dem Präsidium des Internationalen Wirtschaftssenats an und sitzt im Akademischen Beirat des Liberalen Instituts (Zürich).*

Die Ordnungsökonomik hat im Verbund mit der Marktversagenslehre und der Ökonomischen Theorie der Politik wichtige Leitplanken für wirtschaftspolitische Entscheidungen entwickelt, um sinnvolle von schädlichen staatlichen Eingriffen zu unterscheiden. Im Zuge des technischen und organisatorischen Fortschritts können sich ökonomische Gütereigenschaften ändern, weshalb die Grenzlinie zwischen Markt und Staat im konkreten Fall immer wieder neu gezogen werden muss. Beständiger sind demgegenüber die ordnungspolitischen Prinzipien, die am Beispiel wichtiger Zweige der Allokationspolitik illustriert werden. Der Beitrag verweist zudem auf die Bedeutung des Standortwettbewerbs als erkenntnisleitenden und korrigierenden Prozess für die nationale Wirtschaftspolitik.

Die Kontroverse um „Markt vs. Staat" ist ein wirtschaftspolitischer Dauerbrenner. Kein Wunder, denn so etwas wie eine optimale Staatsquote lässt sich nicht einfach ausrechnen. Schon deshalb nicht, weil ein erheblicher Teil des regulatorischen Einflusses des Staates auf den Wirtschaftsprozess gar nicht in den Einnahmen und Ausgaben der öffentlichen Kassen aufscheint. Hinzu kommt, dass sich die konkreten Sachverhalte im Zeitablauf ändern, so dass allein aufgrund des technischen und organisatorischen Fortschritts die Grenze zwischen Markt und Staat immer wieder neu auszuloten ist, was die Debatte unsterblich macht. Schließlich spielen politökonomische Aspekte eine wichtige Rolle, die kurzfristig eine Ausdehnung der Staatstätigkeit opportun erscheinen lassen, deren negative Folgen sich erst später zeigen. Kurzfristige (dauerhaft aber nicht finanzierbare) Wohltaten vs. langfristige (kurzfristig aber mit Verzicht verbundene) Erfolge – dieses politische Rennen geht selten für die lange Frist aus. Damit stauen sich immer wieder aufs Neue Deregulierungserfordernisse auf, die – wenn der Problemdruck groß genug wird – ein grundlegendes Durchforsten der staatlichen Aktivität erforderlich machen. Im Ergebnis schwingt das Pendel zwischen Ausdehnung und Eindämmung staatlicher Eingriffe über die Jahrzehnte permanent hin- und her, was der Kontroverse etwas Wellenförmiges verleiht.

So vielschichtig die Materie auch ist, Ökonomen stehen nicht ratlos vor der Frage, wie sich die Rolle des Staates im Wirtschaftsgefüge bestimmen lässt. Sie müssen hierzu das Rad auch nicht laufend neu erfinden. Denn sie können auf wichtige Kernprinzipien für die Ausgestaltung der Wirtschaftsordnung zurückgreifen, die die Konstanten in der „Markt vs. Staat"-Debatte darstellen. Diese Prinzipien sind abstrakt genug formuliert, um die verschiedenen politischen und technischen Wechsellagen zu überdauern. Sie stellen Leitplanken für die Wirtschaftspolitik dar, die abwegigen staatlichen Eingriffe entgegenwirken und übergriffige Debatten im Zaum halten. Im wirtschaftspolitischen Tagesgeschäft geht es dann „nur" noch darum, diese Prinzipien auf die jeweiligen Sachverhalte anzuwenden. Das setzt allerdings voraus, dass die Prinzipien – wie auch ihre jeweilige Begründung – einer breiteren Öffentlichkeit bekannt sind, andernfalls können sie politisch kaum Wirkung entfalten. Auch deshalb sind Bücher wie das, in dem Sie gerade lesen, so wichtig.

Fundamentale ordnungspolitische Einsichten

Das überwölbende Prinzip lässt sich auf die Maxime „So viel Markt wie möglich, so viel Staat wie nötig" verdichten. Was auf den ersten Blick wie eine liberale Floskel erscheint, ist weit mehr als das. Denn dieses Grundprinzip trägt zwei fundamentalen Einsichten mit Blick auf die Komplexität des Wirtschaftssystems Rechnung. Hierzu muss man sich klar machen, dass es in der „Markt vs. Staat"-Debatte darum geht, wie sich die individuellen Akteure in einer hochspezialisierten und daher auch sehr unübersichtlichen Welt so koordinieren können, dass sie aus ihren Möglichkeiten das Beste machen können. „Markt" steht hierbei für freiwillige Tauschbeziehungen, während „Staat" den Einsatz von Zwangsmitteln meint.

Das führt unmittelbar zur ersten fundamentalen Einsicht: Wann immer sich zwei Tauschpartner finden und miteinander Geschäfte machen, stellen sich beide besser. Denn Tausch ist eine freiwillige Interaktion, bei dem jeder Beteiligte ein Veto-Recht hat. Der Handshake mit gegenseitigem Dank nach jedem Geschäftsabschluss ist Ausdruck der gegenseitigen Vorteilhaftigkeit. Genau das ist beim Einsatz von Zwangsmitteln augenscheinlich anders. Diese simple aber zugleich durchschlagende Logik begründet die grundsätzliche Vorfahrt von Marktprozessen (Freiwilligkeit) gegenüber staatlichen Eingriffen (Zwang).

Hinzu kommt eine zweite fundamentale Einsicht, die auf den effizienten Umgang mit dem in einer Gesellschaft vorhanden Wissen und damit auf den Gegensatz von Dezentralität (Markt) und Zentralität (Staat) abstellt. Der Nobelpreisträger Friedrich A. von Hayek hat bereits in den 1940er Jahren darauf hingewiesen, dass der übergroße Teil des für ökonomische Entscheidungen relevanten Wissens nicht zentralisierbar ist, sondern nur dezentral vorliegt. Dieses Wissen ist typischerweise personell gebunden, fragmentiert und jeweils lokal wie situativ einschlägig. Das marktwirtschaftliche Preissystem ist bislang das beste (und zugleich weltumspannende) Kommunikations- und Koordinationssystem, das diesen Wissensschatz sozial fruchtbar macht. Hierzu werden die relevanten Informationen über Preissignale maximal verdichtet, ohne dass die Beteiligten sich hierzu bilateral austauschen müssen. Entdeckt etwa jemand am anderen Ende der Welt eine lukrative neue Einsatzart für Kupfer, so wird dies den Kupferpreis steigen lassen. Hierdurch erhalten global alle übrigen Akteure die Botschaft, mit Kupfer sparsamer umzugehen und/oder nach neuen Vorkommen zu suchen, ohne dass es hierzu eines zentralen Kommandos bedürfte. Sie tun es aus individuellem Antrieb, weil es ihrer Gewinnerzielungsabsicht dient. Demgegenüber sind alle bislang unternommenen Versuche einer zentralen Planung auf der Ebene von Wirtschaftsräumen am Wissensproblem gescheitert.

Zentralität (und damit Gleichförmigkeit) von Entscheidungen ist ein wichtiger Grund dafür, dass Industriepolitik innerhalb einer marktwirtschaftlichen Ordnung hochproblematisch ist. Im unternehmerischen Wettbewerb soll sich ja erst herausstellen, welche Produkte und Produktionsweisen marktfähig und damit sozial erwünscht sind. Dabei werden auf individueller Ebene immer auch Fehlentscheidungen getroffen, was zu unternehmerischem Scheitern führt. Weil aber nicht alle dasselbe tun, bleibt das Gesamtsystem robust und wird nicht systematisch verzerrt. Anders bei staatlichen Vorgaben: Diese verstärken Gleichförmigkeit und bergen das Risiko, dass sich die gesamte Wirtschaftsstruktur deformiert. Denn dafür, dass staatliche Stellen ein überlegenes Wissen mit Blick auf die Erfolgsaussichten von Innovationen hätten, gibt es weder theoretische noch empirische Belege.

Kurzum: Die Performanz eines Wirtschaftssystems beruht in erster Linie darauf, ob es das verteilte Wissen in ökonomische Entscheidungen einzubinden vermag. Dieser Aspekt ist neben der „Markt vs. Staat"-Frage auch für den Staatsaufbau selbst in Form des Subsidiaritätsprinzips fruchtbar, wonach staatliches Handeln möglichst auf den unteren Ebenen angesiedelt sein sollte. Dort ist man näher dran am Wissen um lokale Besonderheiten und zugleich führt die größere Übereinstimmung zwischen Entscheidungsberechtigten und Entscheidungsunterworfenen zu verantwortungsvolleren Lösungen.

Wirtschaftsordnung als Staatsaufgabe

„So viel Markt wie möglich, so viel Staat wie nötig" ist also alles andere als eine plumpe Parole, kann sich diese Maxime doch auf ein solides ökonomisches Fundament stützen. Aus ihr folgt, dass staatliche Eingriffe begründungspflichtig sind, nicht das freie Spiel der Marktkräfte (denn diese können die beiden fundamentalen Einsichten als Generalklausel für sich in Anspruch nehmen). Das spricht nicht pauschal gegen staatliche Eingriffe; die Beweislast ist damit aber klar zugewiesen, und die Messlatte liegt hoch. Zugleich weist diese Maxime darauf hin, dass staatliche Eingriffe möglichst marktkonform gestaltet sein sollen. Damit ist gemeint, die Funktionsfähigkeit von Marktmechanismen durch geeignete Rahmenbedingungen zu stärken, anstatt sie durch zentrale Planung zu ersetzen – also möglichst mit den Marktkräften zu spielen, nicht gegen sie.

Interessanterweise leitet sich auf einer den marktwirtschaftlichen Tauschprozessen vorgelagerten Ebene gerade aus deren sozialer Vorteilhaftigkeit ein staatlicher Handlungsauftrag ab. Dieser besteht darin, Eigentumsrechte (genauer: Verfügungsrechte) zu definieren und durchzusetzen. Denn man kann nur tauschen, was einem auch gehört. Für den Schutz des Eigentums ist der Einsatz bzw. die Androhung von Gewalt erforderlich. Zwar ließe sich dies ebenfalls über private Akteure gewährleisten – die libertäre Sozialphilosophie plädiert dafür –, jedoch würde dadurch der Aufwand für alle Beteiligten erheblich zunehmen. Denn das Gewaltmonopol des Staates ermöglicht zugleich die Abrüstung der privaten Akteure im Inneren, was erhebliche Ressourcen freisetzt – zu diesem Schluss kommt die klassischliberale Sozialphilosophie. Wie bei jedem Monopol birgt allerdings auch dieses die Gefahr, dass es missbraucht wird. Das permanente Hinterfragen der Rechtmäßigkeit staatlicher Eingriffe hat daher nichts mit Delegitimierung des Staates zu tun, im Gegenteil. Es dient seiner Legitimierung. Denn nur so lange, wie der Einsatz von Zwangsmitteln einwandfrei begründet werden kann (und ein möglicher Missbrauch sofort sanktioniert wird), ist darin eine legitime Beschränkung individueller Freiheitsräume zu sehen.

Erst wenn das Handeln öffentlicher Stellen nicht mehr hinterfragt würde, erodierte die Legitimation des Staates.

Ausgehend von der Gewährleistung einer Ordnung zum Schutz von Eigentumsrechten lassen sich – aufbauend auf den zwei fundamentalen Einsichten – drei wirtschaftspolitische Großbereiche identifizieren, die Ökonomen als Allokations-, Distributions- und Stabilisierungspolitik bezeichnen. Weil sich die Debatte um „Markt vs. Staat" vor allem an tatsächlichem und vermeintlichem Marktversagen festmacht, geht es hier vor allem um die Allokationspolitik (wobei die besprochenen Prinzipien auch für die anderen Politikbereiche bedeutsam sind). Diese weist dem Staat überall dort eine spezielle Regulierungsaufgabe zu, wo sich durch privatrechtliche Verträge – dem Arbeitspferd marktwirtschaftlicher Interaktion – nicht alle Spezialisierungs- und Tauschvorteile heben lassen. „Technologische externe Effekte"[1] und „natürliche Monopole" sind dafür die Hauptursachen. Das in der Marktversagenstheorie ebenfalls behandelte Problem der „asymmetrischen Information" bleibt hier aus Platzgründen außen vor. In diesem Theoriezweig geht es vor allem darum, wie die Marktteilnehmer dieses Problem selbst lösen können. In der „Markt vs. Staat"-Debatte spielt es vor allem für einige Sparten der Sozialversicherung eine Rolle, allerdings überlappen sich hierbei allokative Fragen mit verteilungspolitischen Motiven. Hier sei nur kurz angemerkt, dass ein Versicherungs- und Kontrahierungszwang eine marktkonforme Alternative zur staatlichen Zwangsversicherung darstellt.

Externe Effekte

Bei externen Effekten beeinflusst die über Tauschprozesse abgewickelte ökonomische Aktivität nicht nur das Wohlergehen der Tauschpartner selbst (diese stellen sich, wie gesehen, notwendigerweise besser), sondern es sind auch unbeteiligte Dritte positiv oder negativ betroffen. Das ist aus Sicht der marktwirtschaftlichen Ordnung ein Problem, weil in diesem Fall die soziale Koordinationsleistung, die über Preissignale erreicht wird, hinter dem zurückbleibt, was erstrebenswert ist. Der Grund liegt darin, dass die Preissignale unvollständig bleiben, wenn sie nicht alle relevanten Kosten- bzw. Nutzenaspekte abbilden, die mit der Güterbereitstellung verbunden sind.

---

[1] „Technologisch" betont den Gegensatz zu „pekuniären" externen Effekten, die das Lebenselixier von Wettbewerbsprozessen sind. Unterbietet ein Anbieter A einen anderen Anbieter B, so wieder dieser dadurch zwar in seinem Einkommen negativ beeinflusst, dieser pekuniäre externe Effekt ist aber ausdrücklich gewünscht, damit die jeweils günstigsten Anbieter am Markt zum Zuge kommen und somit die knappen Ressourcen in die jeweils beste Verwendung gelenkt werden. Im Folgenden wird nur von „externen Effekten" gesprochen, gemeint sind dabei aber stets „technologische externe Effekte".

Bei negativen externen Effekten beinhalten bilateral vorteilhafte Geschäfte einen Vertrag zu Lasten Dritter, so dass aus der Besserstellung der Geschäftspartner nicht – wie sonst – auch auf soziale Vorteilhaftigkeit geschlossen werden kann. Denn der Vorteil der Beteiligten könnte durch den Nachteil der Unbeteiligten überkompensiert werden. So kann durch eine Chemiefabrik, die Abwässer in einen Fluss leitet, der Ertrag eines flussabwärts tätigen Fischers beeinträchtigt sein. Während man sich von den Zulieferern über die Eigentümer und Beschäftigten bis hin zu den Kunden der Chemiefabrik allseits über vorteilhafte Geschäfte freut, bleibt der Flussfischer außen vor. Dessen Einbußen scheinen in den für die Chemieproduktion relevanten Preissignalen nicht auf. Im Ergebnis würden in einer solchen Ökonomie zu viele chemische Erzeugnisse und zu wenig Fischereiprodukte hergestellt – verglichen mit der Situation, bei der allen Produktionszweigen auch alle durch sie bedingten Ressourcenverbräuche angelastet würden. Es ist also gerade die lückenhafte Definition von Eigentumsrechten (hier mit Blick auf die Gewässernutzung), die ursächlich für die verzerrten Preissignale ist. Dieses Manko zu adressieren, ist kein staatlicher Eingriff gegen den Markt, sondern ein staatlicher Eingriff für den Markt. Entscheidend ist, dass der Staat die Voraussetzungen schafft, damit sämtliche Verbräuche knapper Ressourcen in die private Kalkulation der individuellen Akteure eingehen. Hierfür stehen verschiedene marktkonforme Instrumente bereit (z. B. Nutzungszertifikate). Pauschale Produktionsverbote oder eine Verstaatlichung der Chemiefabrik gehören nicht dazu. So könnte es sein, dass das Interesse der Käufer an chemischen Erzeugnissen (z. B. Medikamenten) so groß ist, dass sie mit ihrer Zahlungsbereitschaft die Beeinträchtigung des Flussfischers zu kompensieren bereit sind (sofern dessen Ertragseinbuße der einzige externe Effekt ist) oder alternativ auch die Kosten für Filteranlagen durch höhere Preise für Chemieprodukte tragen würden. Um dies herauszufinden, braucht es wiederum Preissignale, die sich automatisch bilden, sobald die Verfügungsrechte über die relevanten Ressourcen geregelt sind.

Bei positiven externen Effekten verhindern Trittbrettfahrerprobleme eine ausreichende Versorgung über den Markt. Dies tritt immer dann auf, wenn Interessenten an einem Gut – unabhängig davon, ob sie den geforderten Preis zahlen oder nicht – mit privatrechtlichen Mitteln nicht vom Konsum des Gutes ausgeschlossen werden können. Ökonomen sprechen dann von mangelnder Exkludierbarkeit oder von öffentlichen Gütern. Nutzer und Zahler sind in diesem Fall nicht mehr deckungsgleich, so dass in dem betreffenden Markt Umsätze fehlen. Marktproduzenten reagieren jedoch immer nur auf die Zahlungsbereitschaft ihrer Kunden, wodurch zugleich ausreichende Einnahmen erzielt werden, um so die für die Produktion notwendigen Mittel einkaufen zu können. Gehen die Kunden jedoch davon aus, dass das jeweilige Gut auch bereitgestellt wird, wenn sie sich um ihren Finanzierungsbeitrag herumdrücken (weil der Produzent die Nutzer nicht gezielt zur Kasse bitten kann), bleibt die produzierte Menge hinter dem Niveau zurück, für das es zwar eine Nachfrage gäbe, die sich aber nicht in offenbarte Zahlungsbereitschaft übersetzt und daher die Anbieter nicht erreicht. So schützt ein Deich alle Anrainer, unabhängig davon, ob sie sich finanziell am Unterhalt des Deichs beteiligen. Mit rein privatrechtlichen Mitteln ließe sich ein solches Bauwerk nur in dem speziellen Fall bereitstellen, dass alle geschützten Grundstücke demselben Eigentümer gehören. Andernfalls droht das Projekt am Trittbrettfahrertum zu scheitern. Erst hoheitliche Eingriffe (etwa eine Zwangsgenossenschaft) können hier Abhilfe schaffen. Das friesische Deichrecht hat hierzu einst die gleichermaßen einprägsame wie robuste Formel „Wer nicht will deichen, muss weichen" hervorgebracht.

Externe Effekte begründen in einer Marktwirtschaft eine besondere staatliche Regulierung über den allgemeinen Schutz des Privateigentums hinaus. Sie werden jedoch allzu leicht zu einem Einfallstor für unbegründete bzw. überzogene Eingriffe, wenn sie nur oberflächlich als formaler Vorwand für staatliches Handeln und nicht tiefschürfend mit Blick auf das zugrundeliegende Allokationsproblem betrachtet werden. Denn im menschlichen Zusammenleben wimmelt es nur so von externen Effekten – die allermeisten sind jedoch allokativ harmlos. Wer seinen Vorgarten in Schuss hält und damit zugleich gratis die Nachbarn erfreut, verursacht einen positiven externen Effekt. Reicht indes der Nutzen, den der Hauseigentümer selbst aus dem Anblick seines gepflegten Vorgartens zieht, bereits aus, um ihn zu dieser Aktivität zu motivieren, liegt nicht die geringste Korrekturbedürftigkeit, sondern ein sogenannter inframarginaler externer Effekt vor. Im Gegensatz zur marginalen Variante externer Effekte wird dadurch der Ressourceneinsatz in keiner Weise verzerrt. Der Staat kann in diesen Fällen dem munteren Treiben der privaten Akteure also getrost weiterhin freien Lauf lassen. Nicht selten lässt er sich aber mit dem Argument externer Effekte für von Partikularinteressen getriebene Umverteilungsmaßnahmen einspannen. So machen Akademiker immer wieder geltend, dass ein höheres Bildungsniveau auch der Gesellschaft insgesamt über ein höheres Produktivitätsniveau als externer Effekt zugutekäme. Es sei daher nur „gerecht", wenn sich der Staat an den Kosten ihrer Ausbildung beteiligt und die Hochschulen über Steuern finanziert. Abgesehen davon, dass Facharbeiter denselben Anspruch geltend machen könnten, wird hier die Unterscheidung zwischen inframarginalen und marginalen externen Effekten bewusst unter den Teppich gekehrt. Denn es kommt nicht darauf an, dass Akademiker den gesamten Produktivitätszuwachs, der ihrer Ausbildung zuzurechnen ist, auch am Markt vereinnahmen können, sondern nur darauf, dass die Einkommensanreize groß genug sind, um eine solche Ausbildung auf sich zu nehmen (von den Konsumbestandteilen im Studium und angenehmen Arbeitsbedingungen ganz abgesehen). Der bloße Verweis auf externe Effekte ist daher nur eine wissenschaftliche Nebelkerze, um unter dem Beifall der Öffentlichkeit in die Staatskasse zu greifen und einen Teil ihrer Ausbildungskosten auf Nichtakademiker abzuwälzen (wobei sich auch Akademiker damit selbst keinen Gefallen tun, weil sie während des Studiums Bittsteller sind und später als Steuerzahler für etwas aufkommen sollen, wovon sie dann nichts mehr haben).

Öffentliche Güter

Auch um den Begriff der öffentlichen Güter ranken sich gravierende Missverständnisse. Ein Gut wird nicht dadurch zu einem öffentlichen Gut, dass es durch den Staat bereitgestellt wird. Sondern dadurch, dass sich Nutzer und Zahler mit privatrechtlichen Mitteln nicht zur Deckung bringen lassen. Staatliche Schulen produzieren kein öffentliches Gut. Nichts ist einfacher, als einen nicht zahlenden Schüler den Unterricht zu verweigern. Dass an der allgemeinen Schulausbildung ein öffentliches Interesse besteht, steht auf einem ganz anderen Blatt. Dieses kann über Privatschulen in gleicher Weise produziert werden. Die staatliche Aufgabe liegt somit nur darin, jedem Schüler (unabhängig von der wirtschaftlichen Leistungsfähigkeit der Eltern) eine Schulausbildung zu ermöglichen. Allzu schnell wird daher von einer Bereitstellungsaufgabe (hier: Sicherstellung der Finanzierung) auf die Verstaatlichung der Produktion geschlossen. Das eine begründet aber nicht das andere.

Öffentliche Güter sind zudem nicht identisch mit Kollektivgütern, sondern nur eine Teilmenge davon. Kollektivgüter zeichnen sich dadurch aus, dass keine Rivalität unter den Nutzern besteht. So ist es den Zuschauern eines Videos gleichgültig, ob auch Millionen anderer denselben Film abrufen. Gleichwohl kann mit einer Bezahlschranke sichergestellt werden, dass nur Berechtigte die Inhalte zu sehen bekommen. Solche Kollektivgüter werden als Club-Güter bezeichnet und können typischerweise problemlos über Märkte bereitgestellt werden. Nicht die Rivalität innerhalb der Nutzer entscheidet daher über die marktwirtschaftliche Bereitstellung, sondern die Exkludierbarkeit über private Verträge.

Aus der Bereitstellung öffentlicher Güter ergibt sich eine weitere, oftmals übersehene Leitplanke für staatliches Handeln. Der Staat soll in diesem Fall mögliche Trittbrettfahrer an Bord holen (sie also zur Finanzierung heranziehen), aber eben auch nur sie. Wer in den Bergen lebt und daher von keinem Damm geschützt werden muss, sollte nicht in die Deichgenossenschaft gezwungen werden. Ganz generell ergibt sich daraus ein Vorrang für die Gebühren- bzw. Beitragsfinanzierung gegenüber der Steuerfinanzierung, um so die Verbindung zwischen eigenen Entscheidungen (z. B. der Standortwahl) und dem dadurch verursachten Ressourceneinsatz aufrecht zu erhalten. Steuerfinanzierung kommt daher nur für die Umverteilung und die Bereitstellung allgemeiner öffentlicher Güter (wie der äußeren und inneren Sicherheit) in Frage. Wo immer möglich, sollte daher der Staat die Finanzierung an die Nutzung koppeln, etwa in der Infrastruktur (Mautsysteme weisen hier in die richtige Richtung). Gebühren und Beiträge sind nicht nur marktnäher (sie übernehmen für die jeweiligen Güter die Rolle von Preisen), sie erfordern vor allem keine Querfinanzierung über Drittmärkte. Denn jede Steuer treibt dort, wo sie erhoben wird, einen Keil zwischen die Preissignale für Nachfrager (die den Bruttopreis zahlen müssen) und Anbieter (die nur den Nettopreis erhalten), wodurch das Preissystem insgesamt unschärfer wird.

Natürliche Monopole

Bei natürlichen Monopolen kann ein Anbieter von der Kostenseite her günstiger arbeiten als zwei oder mehrere Produzenten. In diesem Fall kollidiert das Streben nach Effizienz mit dem für Marktprozesse wichtigen Wettbewerbsprinzip, was typischerweise bei Netzwerk- bzw. Infrastrukturgütern auftritt (z. B. dem Abwassernetz in einer Kommune). Hierdurch begründet sich eine spezielle Regulierung, die die Effizienzvorteile des Monopols wahrt und zugleich dessen Möglichkeit zum Marktmachtmissbrauch einhegt. Grundsätzlich sollte eine solche Regulierung so marktkonform wie möglich ausgerichtet sein, etwa dadurch, dass ein nicht sinnvoller Wettbewerb im Markt durch einen Wettbewerb um den Markt ersetzt wird, indem das Recht zur Bewirtschaftung einer Infrastruktur für einen bestimmten Zeitraum an denjenigen versteigert wird, der diese zu den geringsten Preisen anbietet. Reflexhaft von natürlichen Monopolen auf Verstaatlichung zu schließen, greift daher zu kurz.

Generell hängen allokativ begründete Staatseingriffe stets von den ökonomischen Gütereigenschaften ab. Diese wiederum können sich im Zuge des technischen Fortschritts ändern. War etwa die Telekommunikation lange Zeit ein natürliches Monopol, ist seit dem Aufkommen des Mobilfunks Platz für mehrere Anbieter im Markt. Ebenso können sich die Möglichkeiten ändern, um Nutzer zu identifizieren bzw. Trittbrettfahrer auszuschließen. So macht die Verschlüsselung von Rundfunksendern aus einem öffentlichen Gut ein Club-Gut. Zudem ist die Übertragungskapazität mit Blick auf Programmkanäle im Zuge der Digitalisierung kein Engpass mehr, so dass ein zwangsfinanziertes öffentliches Rundfunksystem ihre ökonomische Begründung verloren hat. Allein der technische Fortschritt legt daher nahe, staatliche Regulierungen regelmäßig auf ihre Existenzberechtigung zu überprüfen. Grundsätzlich sollten staatliche Eingriffe daher mit einem Verfallsdatum zur Wiedervorlage versehen werden (Sunset Legislation). Dies wirkt dem Wuchern eines obsoleten Regelgeflechts entgegen.

Marktversagen versus Staatsversagen

Bei jedem staatlichen Eingriff gilt es zudem, relevante Alternativen miteinander zu vergleichen. Märkte müssen in ihrer Funktionsfähigkeit nicht „vollkommen" sein, um als vorzugswürdiges Koordinationssystem zu gelten (das gleichnamige theoretische Konzept hat leider diesem Missverständnis Vorschub geleistet). Entscheidend ist, dass sie besser funktionieren als ein über die öffentliche Verwaltung administriertes Instrument. Ebenso wenig wie Märkte friktionslos ablaufen, funktionieren auch staatliche Eingriffe nicht idealtypisch. Vor allem über drei Kanäle kommt Sand ins Getriebe des zentralen Planers aus den Lehrbuch-Modellen.

Erstens liegen oftmals die relevanten Informationen, die für die Dosierung eines Eingriffs Instrumente nötig sind, gar nicht vor oder erfordern einen erheblichen bürokratischen Aufwand. Werden Marktpreise außer Kraft setzt, müssen Produktions- und Verteilungsentscheidungen nach anderen Kriterien getroffen werden. Meistens ist das dann eine Mischung aus Zwang, Zufall und Privilegien – eine Erkenntnis, um die sich die Kritiker der Marktlösung gern herumdrücken.

Zweitens geht bei isolierter Betrachtung von Einzelmaßnahmen unter, dass insbesondere bei Steuerfinanzierung die Koordinationsleistung in der übrigen Wirtschaft geschwächt wird (Excess Burden). Das mag aus Sicht eines einzelnen Eingriffs unbedeutend erscheinen, mit jedem weiteren Eingriff nimmt das Problem aber kumulativ zu. Hierzu ein Gedankenbeispiel: Ein Vorschlag sieht vor, ein öffentliches Gut bereitzustellen, für das 2 Prozent der Wirtschaftsleistung via Besteuerung der Privatwirtschaft aufgewendet werden müssen. 50 solcher Vorschläge und von einer Marktwirtschaft ist auch theoretisch nichts mehr übrig.

Drittens sind staatliche Planer nicht nur wohlwollende Akteure im Dienste des Gemeinwohls. Auch in den staatlichen Bürokratien arbeiten Menschen mit individuellen Zielen – etwa höherer Einkommen durch Mehrung der Zuständigkeiten. Zudem wird ein Staat für Lobbyisten umso interessanter, je interventionistischer er sich in der Wirtschaftspolitik aufstellt. Im Ergebnis beeinflussen dann nicht nur staatliche Stellen das Wirtschaftsgefüge, sondern die Betroffenen drehen den Spieß um und beeinflussen ihrerseits staatliche Eingriffe. So gelangen staatliche Zwangsinstrumente in Reichweite privater Akteure, wodurch die Grundlagen der Marktwirtschaft – der Leistungswettbewerb – ausgeschaltet wird. Zudem nimmt der demokratische Prozess empfindlichen Schaden. Insgesamt ist daher vor jedem staatlichen Eingriff sorgfältig zu prüfen, ob ein Marktversagen nicht durch ein weitaus größeres Staatsversagen aufgewogen wird. Wann immer dies droht, sollte man um staatliche Eingriffe einen großen Bogen machen.

Die Ordnungsökonomik hat im Verbund mit der Marktversagenslehre und der Ökonomischen Theorie der Politik wichtige Leitplanken für wirtschaftspolitische Entscheidungen entwickelt. Werden sie beachtet, kann die Wirtschaftspolitik maßgeblich zum Gemeinwohl beitragen – im Zweifel auch dadurch, dass sie nicht aktiv wird. Anders als Naturwissenschaftler haben Ökonomen nur sehr begrenzte Möglichkeiten zu Laborexperimenten. Schon gar nicht sollten staatliche Eingriffe bar jeder Ordnungsprüfung aufs Geratewohl in realen Ökonomien ausprobiert werden. Dafür steht zu viel auf dem Spiel (im Falle der sozialistischen Systemexperimente waren es zig Millionen Menschenleben). Lehrreich ist allemal der Blick über die Landesgrenzen. In den verschiedenen Teilen der Weltwirtschaft gelten jeweils eigene Regulierungsregime. Die Frage „Markt vs. Staat" wird überall etwas anders beantwortet und laufend kommen irgendwo neue institutionelle Arrangements hinzu. Positiv- wie Negativbeispiele aus anderen Ländern können Einsichten befördern, auf die man selbst – und sei es aus Betriebsblindheit – nicht kommt (etwa die, dass es in Betrieben auch ohne Arbeitsstättenbeleuchtungsverordnung nicht plötzlich dunkel würde). Zugleich bietet die Integration in die Weltwirtschaft einen Dauerprüfstand für politisch beeinflussbare Standortbedingungen. Erfolgreiche Standorte machen mehr aus ihren Möglichkeiten und ziehen produktive Ressourcen an, die von weniger erfolgreichen Standorten abwandern. Im Ergebnis wirkt so der weltweite Standortwettbewerb im Zeitablauf als Entdeckungsverfahren für gute wirtschaftspolitische Entscheidungen. Je offener sich ein Wirtschaftsraum aufstellt, desto früher werden falsche Weichenstellungen sichtbar und können korrigiert werden, bevor noch größere Schäden auftreten. Ordnungsökonomische Prinzipien gepaart mit ökonomischer und intellektueller Weltoffenheit sind daher der beste Garant für eine erfolgreiche Wirtschaftspolitik.

Der Aufstieg der Staatsgläubigkeit hat in den westlichen Demokratien den bürokratischen Staat gestärkt. Besonders ausgeprägt ist diese Entwicklung in der EU, wo das Misstrauen gegenüber dem Kapitalismus am intensivsten ist.

Sozialismus und Systemwechsel: Die neue Sehnsucht nach falschen Konzepten

Prof. Dr. Thomas Mayer

Thomas Mayer *ist Gründungsdirektor und Leiter des Flossbach von Storch Research Institute. Zuvor war er Chefvolkswirt der Deutsche Bank Gruppe und Leiter von Deutsche Bank Research. Weitere Stationen bei Goldman Sachs, Salomon Brothers, Internationaler Währungsfonds und Institut für Weltwirtschaft in Kiel. Seit 2003 CFA-Charterholder, seit 2015 Honorarprofessor der Universität Witten-Herdecke.*

Staatlicher Interventionismus greift um sich. Nach der globalen Finanzkrise haben die Corona-Pandemie und der Russland-Ukraine-Krieg für eine drastisch gestiegene Staatstätigkeit gesorgt. Die staatlichen Interventionen beschränken sich allerdings längst nicht nur auf konjunkturpolitische Maßnahmen, um akute Krisenschocks abzufedern. Eine allgemeine Staatsgläubigkeit greift um sich, die das ganze Wirtschafts- und Gesellschaftssystem erfasst – weg vom freiheitlich-marktwirtschaftlichen System hin zum Kollektivismus. Kollektivistische Ideen haben eine lange Tradition. Sie wurden oft von gut situierten Meinungsführern angeschoben, mit vermeintlich guten Absichten. Allerdings sind kollektivistische Systeme wirtschaftlich wenig effizient. Deshalb trüben sich die Aussichten insbesondere für Europa ein.

Anfang 2022 widmete das britische Magazin *The Economist* Titelblatt und Leitartikel der Klage über die neue Ära des staatlichen Interventionismus.[1] Das ist insofern bemerkenswert, als der *Economist* kein Anwalt des *laisser-faire* ist. Schon sein legendärer Herausgeber Walter Bagehot sah die Notwendigkeit der Zentralbank als Kreditgeber der letzten Instanz für Banken, und seine Nachfahren von heute haben nie die konstruktivistische moderne Geldpolitik und staatlich organisierte grüne Transformationspolitik grundsätzlich in Frage gestellt. Nun sieht das Magazin aber den Beginn einer neuen Phase des staatlichen Interventionismus aufgrund des lautstarken Rufs der Bürger nach dem Staat zur Lösung ihrer Probleme.

Tatsächlich hat die Finanzkrise von 2007/08 einen Wandel der die Allgemeinheit leitenden „Grundidee" angestoßen, der in der Pandemie von 2020/21 überwältigend wurde. Die gesellschaftlichen Übel werden der kapitalistischen Wirtschaftsordnung angelastet, der Staat soll sie daher lenken und seine Bürger vor allen Risiken beschützen. Dabei ist der Aufstieg der Staatsgläubigkeit in Europa stärker als in Amerika und Asien. Angesichts der mit der Staatstätigkeit verbundenen geringeren wirtschaftlichen Effizienz – und der dysfunktionalen politischen Struktur der Europäischen Union – spricht das für den weiteren Abstieg Europas als wirtschaftliche und politische Macht in der Welt.[2]

Der Urknall

Die Interpretation der Geschichte ist die Domäne der Historiker. Daher birgt es Risiken für den Ökonomen, sich ebenfalls daran zu versuchen. Andererseits wird die Ökonomie zu einer weltfremden und blutleeren Wissenschaft, wenn sie die Geschichte ignoriert. Daher bitte ich die Historiker um Nachsicht, wenn nun der Amateur die Geschichte zur Erlangung ökonomischer Einsichten betrachtet.

So gesehen scheint mir die am Ende der Epoche der Aufklärung stehende Französische Revolution als der Urknall für die Entwicklung zum politischen Konstruktivismus in Europa. Sie begann als Aufstand des bürgerlichen Standes gegen den Adel und endete in der gewalttätigen Herrschaft des Pöbels, die das Land für die Diktatur unter Napoleon Bonaparte reif machte. Aus der Diktatur entwickelte sich unter vielen Geburtsschmerzen

---

1 „Beware the bossy state – Government, business and the new era of intervention", The Economist vom 15–21. Januar 2022.

2 Und wieder zeigt der Economist mit seinem Titelbild eines mit dickem Eis überzogenen Europas in der Ausgabe vom 24. November 2022 wohin die Reise geht.

gegen Ende des neunzehnten und im Verlauf des zwanzigsten Jahrhunderts der demokratische französische Rechtsstaat, der im Verlauf des 20. Jahrhundert ein zunehmend größeres Gewicht auf staatliche Planung und Lenkung legte. In der Eurokrise und Pandemie wurde der französische Dirigismus „europäisiert", indem das „nordische" auf das „lateineuropäische" Modell für die Währungsunion umgebaut wurde.

Die Französische Revolution gab den Anstoß für zwei Geisteshaltungen, die zur Entfaltung des politischen Konstruktivismus in ganz Europa beitrugen. Zum einen setzte sie ein Fanal für den Umsturz organisch gewachsener Gesellschaftsstrukturen. Zum anderen bestärkte sie die Konstruktivisten bei der Schaffung von mehr sozialer Gleichheit.

Im Schlachtruf der Revolution wurde die *Liberté* schnell von den im sozialen Sinne verstandenen *Égalité* und *Fraternité* in den Schatten gestellt. Folglich wurde dem Staat die Aufgabe der Umverteilung von am Markt erzielten Einkommen zugewiesen. Je stärker das Verlangen nach *Fraternité* wurde, desto mehr wurde die Bedeutung der *Égalité* von der Gleichheit vor dem Gesetz zur sozialen Gleichheit umgemünzt. Da Menschen grundsätzlich verschieden sind, erfordert die Herstellung sozialer Gleichheit jedoch Ungleichheit vor dem Gesetz, so dass am Ende die Freiheit des Einzelnen auf der Streck bleibt.

Die Geschehnisse in Großbritannien und den USA wurden lange Zeit von anderen Kräften bestimmt.[3] Dort schuf die Auseinandersetzung mit der Calvinistischen Prädestinationslehre in der Zeit des „Whig-Liberalismus" Raum für die Entwicklung der Marktwirtschaft und der kapitalistischen Wirtschaftsordnung. Die durch Krieg und Depression in der ersten Hälfte des zwanzigsten Jahrhunderts bedingte Hinwendung zum Staatsinterventionismus wurde durch Ronald Reagan und Margret Thatcher Anfang der 1980er Jahre wieder korrigiert. In der Finanzkrise und Pandemie erlebte der Interventionismus auch dort ein Comeback, aber die kapitalistische Wirtschaftsordnung wurde weit weniger in Frage gestellt als auf dem europäischen Kontinent. Neu-linke Politik durchdrang stärker den Bereich der Kultur als den der Wirtschaft.

Die Rolle der Intellektuellen

Für die Entwicklung des politischen Konstruktivismus spielten die Intellektuellen eine entscheidende Rolle. Friedrich von Hayek vergleicht den Intellektuellen mit einem Gebrauchtwarenhändler für Ideen, die von „Ex-

[3] Friedman, Benjamin (2021). Religion and the Rise of Capitalism. Knopf (New York).

perten" oder „Philosophen" produziert werden.[4] Der Intellektuelle braucht für seine Rolle als Mittler von Ideen weder besondere Kenntnisse noch höhere Intelligenz. Was ihn für seine Tätigkeit qualifiziert, ist die Fähigkeit, neue Ideen aufzuspüren und über eine breite Palette von Themen schreiben und reden zu können.

Der Intellektuelle kommt meist aus wohlhabenden bürgerlichen Verhältnissen, muss sich oft wenig um die praktischen Dinge des Lebens kümmern und hat daher für diese wenig Verständnis. Stattdessen versucht er, die Welt mit einer abstrakten und allumfassenden Theorie zu erklären. Das gelingt umso besser, je vager diese Theorie ist. Nach ihr möchte er am grünen Tisch die Welt konstruieren. Er unterschätzt die Komplexität einer über die Zeit gewachsenen Gesellschaftsordnung und hält seine Theorie für überlegen.

Die Gegnerschaft zur gewachsenen kapitalistischen Ordnung der Wirtschaft und die Konstruktion materieller Gleichheit in der Gesellschaft war immer ein besonderes Anliegen der Intellektuellen, so Hayek. Und er vermutet, dass dies daran liegen könnte, dass der Intellektuelle seine Leistungen weit höher einschätzt als den Verdienst, den er damit am Markt erzielen kann. Der Hang zur Konstruktion politischer Utopien und die Verachtung „spontan" entstandener Ordnungen qualifiziert den Intellektuellen für die Rolle des Revolutionärs – oder dessen Kleinformat des widerrechtlich handelnden Demonstranten unserer Tage.

Rainer Zitelmann sieht in der Klasse der Intellektuellen eine sich gegenüber der Wirtschaftselite benachteiligt fühlende Gegenelite.[5] Das daraus entstehende Ressentiment, gepaart mit der Neigung zu abstrakten Theorien über die Welt, motiviert sie zu „Antikapitalismus" und „Sozialismus". Peter Turchin vertritt die These, dass frustrierte Eliteaspiranten Gegeneliten bilden und versuchen, die Masse der Bevölkerung gegen die herrschenden Eliten zu mobilisieren.[6] Das Ergebnis ist soziopolitische Instabilität bis hin zu Revolution und Bürgerkrieg.

Ein Blick auf den Werdegang einiger berühmter Intellektueller der Geschichte stützt diese Einschätzungen. Maurice de Robespierre, der wohl bekannteste Protagonist der französischen Revolution, war der Sohn eines angesehenen Advokaten. Seinem Vater folgend studierte er Rechtswissenschaft und wurde Anwalt. Nebenbei war er ein großer Verehrer des Philosophen

---

[4] F.A. Hayek (1949). The Intellectuals and Socialism. The University of Chicago Law Review (Spring).

[5] Rainer Zitelmann (2020). Der verpönte Kapitalismus – und warum Intellektuelle ihn nicht mögen. Austrian Institute (6. Juli).

[6] Peter Turchin (2016). The Age of Discord. Beresta Book (Chaplin, Connecticut).

Jean-Jacques Rousseau, dessen Lehre vom Gemeinwillen, der *volonté générale*, er in der Revolution mit Terror durchsetzen wollte. Als terroristischer Revolutionär aus der Klasse der Intellektuellen fand er in den folgenden Jahrhunderten viele Nachahmer.

Wie Robespierre war auch Karl Marx, der „Philosophenprinz unter den Intellektuellen" (Hayek), Sohn eines angesehenen Anwalts. Bei Schul- und Hochschulbildung wurde er von der Familie, bei der Entwicklung seiner Philosophie von seinem Freund und Gönner, dem wohlhabenden Fabrikanten Friedrich Engels, unterstützt. Marx hegte ein tiefes Ressentiment gegen die preußische Obrigkeit und konstruierte aus Versatzstücken der Philosophie von Friedrich Wilhelm Hegel und der Ökonomie von Adam Smith und David Ricardo eine Theorie der Geschichte, die der bestehenden Wirtschafts- und Gesellschaftsordnung den unweigerlichen Kollaps prophezeite.

Wladimir Uljanow, der später *Lenin* genannt wurde, war der Sohn eines Lehrers, der wegen seiner Verdienste vom Zaren in den Adelsstand erhoben wurde. Lenin konnte Rechtswissenschaften an der Universität Kasan studieren, da er vom Vermögen seiner Familie lebte. Nach Studien in Sankt Petersburg, Frankreich, der Schweiz und Deutschland kehrte er Ende des 19. Jahrhunderts nach Russland zurück, betätigte sich als Agitator und begann seine Karriere als marxistischer Revolutionär. Mit der Oktoberrevolution von 1917 organisierte er für den Marxismus einen Praxistest, in dem dieser nach mehr als 70 Jahren Probezeit krachend scheiterte.

Mao Zedongs Vater war ein wohlhabender Großhändler. Weil er aus seinem Sohn einen Gelehrten machen wollte, gab er ihm den Namen *Zedong*, „Wohltäter des Ostens", und schickte ihn auf verschiedene Schulen. Während der Ausbildung zum Lehrer entdeckte Mao schließlich seine politische Berufung und gründete eine Vereinigung mit keinem geringeren Ziel, als China und die ganze Welt zu erneuern. Das gelang ihm. Allerdings wurde dabei aus dem vom Vater gewünschten „Wohltäter" einer der größten Massenmörder der Geschichte.

Saloth Sar stammte aus einer wohlhabenden, mit dem kambodschanischen Königshaus verbundenen Familie. Während eines Auslandsstudiums in Paris Anfang der 1950er Jahre lernte er die kommunistischen Traumvorstellungen kennen, die unter Pariser Intellektuellen damals schick waren. Zurück in der Heimat, trat er der konspirativ agierenden Kommunistischen Partei Indochinas bei und arbeitete als Lehrer. Unter dem Namen Pol Pot stieg er zum kambodschanischen Staatschef und Diktator auf. Als „Bruder Nr. 1" organsierte er Mitte der 1970er Jahre die „Killing Fields", auf denen im Namen der sozialen Gleichheit und des Kommunismus ein großer Teil der Elite des Landes umgebracht wurde.

Bis auf Marx, den „Philosophenprinzen" unter den angeführten Beispielen, waren diese Intellektuelle mörderische Gewalttäter, davon beseelt, ohne Rücksicht auf Verluste eine „bessere" Welt zu konstruieren. Außer Robespierre, der Marx vorausging, beriefen sie sich bei ihren Mordtaten auf dessen Theorie. Das von ihnen geschaffene Modell des marxistischen mörderischen Intellektuellen fand später viele Nachahmer. Im Namen des Sozialismus und Antikapitalismus handelten aber auch nationalistische Intellektuelle, meist nicht weniger abscheulich.

Wie Gustav Le Bon in seinem hundert Jahre nach Robespierres Tod erschienenen Klassiker zur Massenpsychologie am Beispiel der Französischen Revolution herausarbeitete, handelt der intellektuelle Revolutionär nicht allein, sondern bringt die Masse dazu, mit ihm zu handeln.[7] Robespierre stachelte den Pöbel zu Gewalttaten an, zu denen der Einzelne kaum fähig gewesen wäre. Aber der Pöbel war launisch und wandte sich schließlich gegen ihn. Die Revolutionäre nach ihm umgaben sich daher zur Absicherung mit „Prätorianergarden" („Rote Garden" bei Lenin und Mao), die sie für die Ausübung von Terror ideologisch motivierten.[8] Die Terrorherrschaft wurde „nachhaltiger". Wo dies nicht gelang, blieben die Terroristen Einzeltäter ohne die von ihnen gewünschte politische Wirkung.[9]

Heute dominiert die mildere Variante des revolutionären Intellektuellen, die statt mit Massenmord und Terror durch ideologische Beeinflussung der Menschen die Gesellschaft in ihrem Sinne ändern will. Das Rezept für die Mutation lieferte der italienische Marxist (und Intellektuelle) Antonio Gramsci. Der Theoretiker moderner politischer Herrschaft befand, dass sich diese nicht allein auf Gewalt und Terror bauen lässt. Sie braucht Gefolgschaft. Denn im Gegensatz zum Russland vor der Oktoberrevolution des Jahres 1917 wird der moderne westliche Staat von der bürgerlichen Kultur seiner Gesellschaft untermauert. Will man ihn stürzen, reicht ein Staatsstreich nicht aus.

Gramsci meinte, dass in diesem Kulturkreis „jeder Revolution eine intensive kritische und kulturelle Arbeit vorausging, dass zunächst widerspenstige Menschen kulturell und ideologisch durchdrungen wurden".[10] Die Revolu-

---

[7] Gustave Le Bon (1895). Psychologie des foules. Paris.

[8] Hermann Lübbe beschreibt, wie der SS-Führer Heinrich Himmler seine Truppe für den Massenmord ideologisch stählte (Politischer Moralismus, LIT-Verlag (Berlin) 2019).

[9] Ein Beispiel in der jüngeren deutschen Geschichte ist die sogenannte „Rote-Armee-Fraktion" oder „Baader-Meinhof-Bande". Statt die Gesellschaft in ihrem (marxistischen) Sinn zu beeinflussen, mobilisierte sie die Gesellschaft gegen sich selbst.

[10] Zitiert nach Claus Leggewie (1987). Kulturelle Hegemonie – Gramsci und die Folgen. Leviathan Vol. 15, Nr. 2, S. 285–304.

tionäre sollten daher als „kollektive Intellektuelle“ die Weltbilder der „subalternen Klassen“ in ihrem Sinne vereinheitlichen. Dazu müssten sie die „kulturelle Hegemonie“ über die Gesellschaft erobern. Indem der „kulturelle Hegemon“ seine Interessen als die der anderen definiert, schafft er sich ohne Gewalt und Terror eine willige Gefolgschaft.

Nach dem zweiten Weltkrieg entdeckten zunächst die Neue Linke außerhalb des Sowjetimperiums (wo Gefolgschaft noch mit Gewalt erzwungen wurde) und später dann die Neue Rechte Gramscis Rezept für sich. Beide einte der Kampf gegen den Kapitalismus. Doch während der Neuen Rechten ein Außenseiterdasein beschieden war, gelang es der Neuen Linken, die kulturelle Hegemonie zu erobern. Nach „einem Marsch durch die Institutionen“ zog sie vor allem in staatliche Universitäten und Rundfunkanstalten ein und bestimmte von dort aus weitgehend den gesellschaftlichen Diskurs.

Wie Roger Scruton in seinem Portrait der Intellektuellen der Neuen Linken beschreibt, ist die Konstante in ihren Gesellschaftstheorien die Feindschaft gegen den Kapitalismus.[11] Darüber hinaus verbreiten die neulinken Intellektuellen reichlich nebulöse Utopien, deren Inhaltslosigkeit sie sprachlich kaschieren. Dabei scheinen die neuen Linken in Frankreich die zu beherrschenden „subalternen Klassen“ vorzugsweise mit unverständlichen Sprachblasen einschüchtern zu wollen. Kostprobe aus dem Werk des in der Studentenrevolte der späten 1960er-Jahres gefeierten Psychiaters Jaques Lacan: „Nichts existiert, außer insofern als dass es nicht existiert“.[12]

Dagegen scheint die Neue Linke in Deutschland ihre „subalternen Klassen“ mit schier endlosen Tiraden in Bürokratensprache in die Unterwerfung texten zu wollen. Kostprobe aus einem monotonen achthundert Seiten Werk des gefeierten Philosophenprinzen Jürgen Habermaas: „Die der kommunikativen Alltagspraxis eigene Rationalität verweist auf die Praxis der Argumentation als Appellationsinstanz, die es ermöglicht, kommunikatives Handeln mit anderen Mitteln fortzusetzen, wenn Absprachen nicht mehr mit Alltagsroutinen eingelöst werden können und dennoch nicht durch direkte oder strategische Gewaltanwendung erledigt werden sollen.“[13] Kaum einer der nachgelagerten Propagandisten des Antikapitalismus dürfte dieses und die vielen anderen voluminösen Werke des hochgeschätzten Autors gelesen, geschweige denn verstanden haben.

---

[11] Roger Scruton (2019). Fools, Frauds and Firebrands. Bloomsbury Continuum (London).

[12] Zitiert nach Scruton (2019), S. 246.

[13] Zitiert nach Scruton (2019), S. 151.

Möglicherweise ist die Verbrämung des Antikapitalismus durch Sprachblasen und Textwüsten ans Ende ihrer Wirkungskraft gekommen. Eine neue linke Intellektuellenklasse scheint im Aufwind, die Antikapitalismus und Staatsgläubigkeit in verständlicher Sprache vorträgt. Weltfremder Konstruktivismus und Staatsgläubigkeit wird mit hohem Selbstvertrauen hinter munteren Gesichtern versteckt. Zu dieser Klassen gehören zum Beispiel die Ökonominnen Minouche Shafik und Marina Mazzucato.[14]

Die Kritik verfängt nicht

Nur zwei Jahre nach Veröffentlichung des dritten Bands von „Das Kapital“ kritisierte der österreichische Ökonom und Finanzminister Eugen von Böhm-Bawerk im Jahr 1896 die von Marx entwickelte ökonomische Theorie als inkonsistent und empirisch falsch. Im Verlauf der 1920er Jahre veröffentlichte Ludwig von Mises mehrere Beiträge, in denen er nachwies, dass im zentralgeplanten sozialistischen Wirtschaftssystem eine sinnvolle Wirtschaftsrechnung unmöglich und dieses System daher logischerweise ökonomisch funktionsunfähig war. Friedrich von Hayek zeigte in seinem 1944 erschienenen Buch *The Road to Serfdom*, wie die Zentralplanung im Sozialismus unweigerlich in den Totalitarismus führt. Und im Jahr 1945 legte Karl Popper in seinem Werk *The Open Society and its Enemies* eine Fundmentalkritik von Marx‘ deterministischer Geschichtstheorie und der daraus folgenden „geschlossenen Gesellschaft“ vor.

In seinem 1957 erschienen Buch *Theory and History* bringt Ludwig von Mises den Zirkelschluss der von Marx vertretenen Geschichtstheorie des „dialektischen Materialismus“ auf den Punkt: „Der Sozialismus wird zwangsläufig als die nächste Stufe der historischen Entwicklung kommen. Da er eine spätere Stufe in der Geschichte ist als der Kapitalismus, ist er notwendigerweise höherwertig und besser als der Kapitalismus. Warum muss er kommen? Weil die Werktätigen, die im Kapitalismus zur fortschreitenden Verarmung verdammt sind, aufbegehren und den Sozialismus errichten werden.“ Warum aber den Sozialismus und keine andere Gesellschaftsform? Weil Marx sagt, „dass der Sozialismus unvermeidlich ist. Der Kreis ist geschlossen.“

[14] Siehe „Noch mehr Staat wagen?“ (16.4.21, https://www.flossbachvonstorch-researchinstitute.com/de/kommentare/noch-mehr-staat-wagen/) und „Sicherheit für Alle?“ (9.11.21, https://www.flossbachvonstorch-researchinstitute.com/de/kommentare/sicherheit-fuer-alle-minouche-shafiks-what-we-owe-each-other/).

Man sollte meinen, dass die logisch stringente Kritik der Marxschen Theorie von Wirtschaft und Geschichte sowie die durch einen sieben Jahrzehnte dauernden Großversuch erbrachte empirische Widerlegung den Marxismus und aus ihm folgenden Antikapitalismus zum Einsturz gebracht haben sollte. Dem ist aber nicht so. Dafür gibt es vor allem zwei Gründe: Erstens ist der Wunsch der Menschen nach sozialer Gleichheit in ihren Gefühlen angelegt, auch wenn dazu in letzter Konsequenz der Mensch als Individuum vernichtet werden muss. Wie Igor Schafarewitsch in seiner Studie zu den Erscheinungsformen des Sozialismus zeigt, haben Utopien, die diesem Wunsch entsprechen, eine lange Geschichte.[15] Zweitens ist es Marx und seinen Nachfolgern gelungen, ihre angeblich wissenschaftliche Theorie gegen rationale Kritik zu immunisieren.

Die Immunisierung erfolgt zum einen dadurch, dass die Kritik als vom Interesse des Kritikers geleitet disqualifiziert wird. Wer den Marxismus (und seine Spielarten) kritisiert, verteidigt den Kapitalismus, weil dieser ihm nützt. Zum anderen wird die Theorie auf Leerformeln gebaut, die aufgrund ihrer Vagheit keine Angriffspunkte bieten. Um die nicht zu widerlegende Kritik an dem viel zu konkreten ursprünglichen Gedankengebäude von Marx abzuwehren, schufen die Philosophenprinzen der Neuen Linken unverständliche Sprachblasen, die ihr Intellektuellengefolge den „subalternen Klassen" als geniale Einsichten verkaufte, deren Verständnis ihre geistigen Fähigkeiten überforderte. Und wenn der Sowjetsozialismus krachend gescheitert ist, dann nicht, weil er nicht funktionieren konnte, sondern weil die an sich richtige Theorie unzulänglich umgesetzt wurde.

Am Ziel der kulturellen Hegemonie

Nach dem Untergang des Sowjetimperiums befand sich die Neue Linke vorrübergehend in der Defensive. Doch die Finanzkrise von 2007/08 gab ihr die Gelegenheit, ihre antikapitalistische Erzählung wiederzubeleben. Die Beschwörung eines Klimanotstands seit Beginn des letzten und die Coronapandemie zu Beginn des gegenwärtigen Jahrzehnts führten zum Ruf nach dem planenden und beschützenden Staat. Ungeachtet des offensichtlichen Staatsversagens in der Bewältigung des Klimawandels und den Folgen der Pandemie haben diese Entwicklungen sowohl die antikapitalistische Erzählung als auch die Staatsgläubigkeit zur vollen Blüte gebracht.

---

[15] Igor R. Schafarewitsch (1975, 2016). Der Todestrieb in der Geschichte. Lichtschlag (Grevenbroich).

In einem neuen Buch hat Rainer Zitelmann umfangreiche Umfragen in vierzehn Ländern zur Einstellung der Menschen zum Kapitalismus vorgelegt.[16] Zu den Ländern, in denen eine positive Einstellung überwiegt, gehören Polen, die USA, Südkorea und Japan. Neutral stehen dem Kapitalismus die Bevölkerungen in Schweden und Brasilien gegenüber. Und eine überwiegend antikapitalistische Einstellung haben (in zunehmender Reihenfolge) die Menschen in der Schweiz, Chile, Italien, Großbritannien, Deutschland, Österreich, Spanien und Frankreich. Die Meinungen, dass im Kapitalismus die Reichen die Politik bestimmen, Egoismus und Profitgier gefördert werden und die Ungleichheit steigt, sind weit verbreitet. Dass der Kapitalismus die wirtschaftliche Freiheit stärkt, die Menschen zu Bestleistungen anspornt und der Verbraucher statt des Staats das Güterangebot bestimmt, glauben nur wenige.

Der Aufstieg der Staatsgläubigkeit hat in den westlichen Demokratien den bürokratischen Staat gestärkt. Besonders ausgeprägt ist diese Entwicklung in der Europäischen Union, wo das Misstrauen gegenüber dem Kapitalismus am intensivsten ist. Beispiele für den Siegeszug der Bürokratie auf EU-Ebene sind die lange Repression des Zinses durch die Europäische Zentralbank, die von der EU-Kommission planwirtschaftlich verfolgte „Grüne Transformation“, der mit viel Geld ausgestattete EU-Wiederaufbaufonds sowie die Lenkung der Finanzindustrie durch eine „grüne“ und bald auch „soziale“ Taxonomie, die den gesellschaftlichen Nutzen von Unternehmen klassifizieren soll.

Das Pendant der „starken Bürokratie“ in den demokratischen Staaten ist der „starke Mann“ in den autokratischen oder totalitären Staaten. Zu diesen Nutznießern der Staatsgläubigkeit gehören „starke Männer“ wie Xi Jinping, Wladimir Putin, Recep Tayyip Erdogan, oder Victor Orban.

Was nun?

Als Bürger Deutschlands kann man immerhin darauf vertrauen, dass man kaum in einem totalitären oder autokratischen Staat wie dem „Dritten Reich“ oder der früheren „DDR“ aufwachen wird. Zur Abschaffung des Rechtsstaats und der Demokratie wird die kulturelle Hegemonie der Linksintellektuellen nicht reichen.[17] Doch man muss sich darauf einstellen, dass

---

16 Rainer Zitelmann (2022). Die 10 Irrtümer der Anti-Kapitalisten. Finanzbuchverlag (München).

17 Eine kulturelle Hegemonie der Rechtsintellektuellen ist in Deutschland so gut wie ausgeschlossen, weshalb der vielbeschworene „Kampf gegen Rechts“ – im Gegensatz zur Verfolgung von rechtsextremem Terrorismus – nur eine Phrase ist

mit dem Aufstieg der Staatsgläubigkeit die Wucherungen der Bürokratie der Wirtschaft schwer zu schaffen machen werden. Dies triff vor allem die Staaten der Eurozone, wo die europäische und nationalstaatliche Bürokratie die Wirtschaft mit vereinten Kräften lähmen.

Doch es gibt auch Momente, an denen die kulturelle Hegemonie der Linksintellektuellen blitzartig durchbrochen wird. So ein Moment war der 27. Februar 2022, an dem der deutsche Bundeskanzler die Jahrzehnte alte Politik eines hohlen Pazifismus und Appeasements Russlands in einer dreißig Minuten dauernden Rede auf den Müllhaufen der Geschichte warf. Viele Kommentatoren sprachen vom Moment der Rückkehr aus einer Traumwelt. Es ist höchste Zeit, dass wir auch aus der Traumwelt der Antikapitalisten und Staatsgläubigen in die Realität zurückkehren.

Die Marktwirtschaft basiert auf wechselseitiger Besserstellung und ist deshalb vermeintlich uneigennützigen Wirtschaftsformen überlegen.

Ethik der Marktwirtschaft: „The road to hell is paved with good intentions"

Prof. Dr. Ingo Pies

__Ingo Pies__, Jahrgang 1964, ist seit 2002 Inhaber des Lehrstuhls für Wirtschaftsethik an der Martin-Luther-Universität Halle-Wittenberg. Er arbeitet dort am Forschungsprogramm der „Ordonomik". Dieses Kunstwort soll zum Ausdruck bringen, dass eine systematische Zusammenführung ordnungsethischer und ordnungsökonomischer Einsichten angestrebt wird. Auf dieser Basis wird erforscht, wie Unternehmen moralische Bindungen als Produktionsfaktor einsetzen und wie Marktwirtschaften immer besser lernen, Konkurrenz als Instrument zur Förderung gesellschaftlicher Kooperation in Dienst zu nehmen.

Die Marktwirtschaft wird zuweilen als moralisch zweitklassig dargestellt, weil ihre Akteure als eigennützig gelten. Eigennütziges Handeln bedeutet aber nicht, dass die daraus resultierenden Ergebnisse automatisch schlecht sind, denn Eigeninteresse und Fremdinteresse müssen nicht im Widerspruch zueinanderstehen. Und der Verzicht auf Eigeninteresse muss keinesfalls automatisch zu guten Ergebnissen führen. Für das Verständnis marktwirtschaftlicher Prozesse und deren moralische Bewertung sind diese Erkenntnisse wichtig. Die Marktwirtschaft basiert auf wechselseitiger Besserstellung und ist vermeintlich uneigennützigen Wirtschaftsformen überlegen.

Wenn Erkenntnisse sprichwörtlich werden, erlangen sie zumeist den Status von Volkswahrheiten. Das setzt allerdings voraus, dass die Botschaft leicht verständlich ist. Die im Titel angesprochene Erkenntnis, dass der Weg in die Hölle (oder in den Abgrund) mit guten Vorsätzen gepflastert ist, ist jedoch alles andere als *un*missverständlich. Dies sieht man schon daran, dass die bloße

Umkehrung mit Sicherheit falsch ist. Niemand wird ernsthaft behaupten wollen, dass böse Absichten generell in den Himmel (oder ans Ziel) führen. Worin genau also besteht die Erkenntnis, die sich hier sprichwörtlich verdichtet hat? Und wo genau liegen die Missverständnisse und Irrtümer, die bislang verhindert haben, dass diese Erkenntnis zur Volkswahrheit avancieren konnte?

Um der Sache auf den Grund zu gehen, muss geklärt werden, was es mit guten oder schlechten bzw. mit guten oder bösen Vorsätzen, Absichten, Motiven, Intentionen auf sich hat. Hier sind also Probleme *moralischer Praxis* angesprochen. Deren Auflösung erfordert *Ethik*, d.h. Theorie der Moral. Ethik kann die moralische Praxis beobachten, analysieren und konstruktiv kritisieren – und dies auf eine extrem informative und damit potentiell folgenreiche Art und Weise. Im weiteren Verlauf soll gezeigt werden, wie eine *Ethik der Marktwirtschaft* dazu beitragen kann, die Funktionsweise und damit auch die Legitimationsgrundlage des auf Wettbewerb beruhenden Wirtschaftssystems besser verstehen und kompetenter beurteilen zu können.

(1) Am Anfang steht die *Beobachtung*, dass die deutsche Sprache nur die einfache Entgegensetzung von *eigen*nützig und *un*eigennützig kennt. Damit wird das Denken kategorial vorprogrammiert auf eine Tradeoff-Vorstellung, die das Eigeninteresse einer Person als im Konflikt mit den Fremdinteressen anderer Personen wahrnimmt. Man kann das leicht graphisch veranschaulichen (Abb. 1).

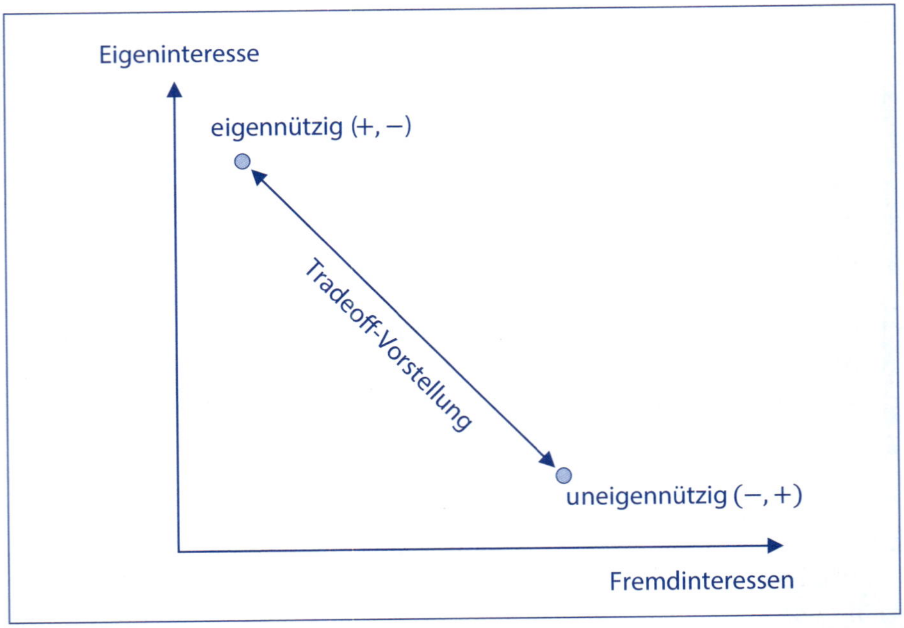

Abb. 1: Eigennützigkeit als Tradeoff-Vorstellung – eigene Darstellung

Danach handelt *eigen*nützig, wer sich selbst auf Kosten anderer besserstellt (+, –). Stellt man hingegen andere auf eigene Kosten besser (–, +), so handelt man *un*eigennützig. Zugrunde liegt die Vorstellung eines Nullsummenspiels, in dem die eine Person gewinnt, was die andere verliert, so dass man sich nur *eigen*nützig für Win-Lose oder *un*eigennützig für Lose-Win entscheiden kann. Am Beispiel: Bei der Aufteilung eines Kuchens hat man zwei Optionen. Wenn man sich selbst ein großes Stück zuweist, wird der verbleibende Rest für die anderen kleiner. Das ist die *eigen*nützige Option. Graphisch übersetzt bewegt man sich so entlang der Tradeoff-Geraden nach links oben. Freilich kann man sich umgekehrt auch für die *un*eigennützige Option entscheiden. Dann macht man das eigene Kuchenstück kleiner, damit die anderen mehr haben. Graphisch übersetzt bewegt man sich so entlang der Tradeoff-Geraden nach rechts unten. Folglich hat man es hier mit einem dualistischen Interessengegensatz zu tun: Die eigenen Vorteile führen zu Nachteilen für andere – und umgekehrt führen Vorteile für andere zu Nachteilen für einen selbst.

(2) Unterzieht man diese sprachliche Vorprogrammierung unseres Denkens nun in einem zweiten Schritt einer näheren *Analyse*, so erkennt man, dass die eindimensionale Verkürzung des Denkhorizonts auf eine Tradeoff-Vorstellung die Wahrnehmungsperspektive auf einen reinen Interessen*konflikt* fokussiert. Die Möglichkeit einer Interessen*harmonie* wird mit der sprachlichen Entgegensetzung von *eigen*nützig und *un*eigennützig kategorial ausgeblendet. In dieser Vorstellungswelt gibt es nur ein Entweder-oder, aber kein Sowohl-

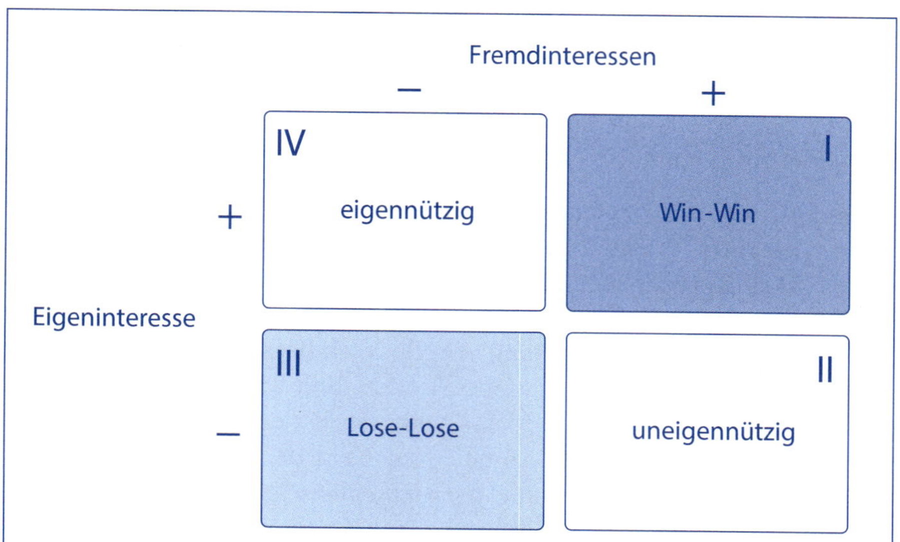

Abb. 2: Der Eigennützigkeits-Dualismus blendet zwei Konstellationen aus – eigene Darstellung

als-auch. Man hat es hier also gewissermaßen mit einem blinden Fleck zu tun: mit dem Phänomen, dass man aus dem sprachlich vorprogrammierten Blickwinkel nicht sehen kann, dass das Verhältnis von Eigeninteresse und Fremdinteressen komplexer ist, als die schroff dualistische Entgegensetzung suggeriert. Abb. 2 hilft, sich diesen blinden Fleck näher vor Augen zu führen.

Die dualistische Gegenüberstellung von *eigen*nützig und *un*eigennützig lenkt die Aufmerksamkeit selektiv auf die Quadranten IV und II – und rückt gerade damit die Quadranten I und III in den Hintergrund. Dadurch wird ausgeblendet, dass es neben der als *Eigen*nützigkeit thematisierten Interessenkonstellation Win-Lose (+, –; Quadrant IV) und der als *Un*eigennützigkeit thematisierten Interessenkonstellation Lose-Win (–, +; Quadrant II) noch zwei weitere Interessenkonstellationen gibt, nämlich Win-Win (+, +; Quadrant I) und Lose-Lose (–, –; Quadrant III): Interessen müssen nicht notwendig konfligieren, sie können auch harmonieren.

Das im Titel angeführte Sprichwort lenkt die Aufmerksamkeit auf Quadrant III. Es weist darauf hin, dass der Verzicht auf Eigeninteresse – die gute Absicht – keinesfalls automatisch zu guten Ergebnissen führen muss. Damit wird die Erkenntnis formuliert, dass es möglich ist, sich selbst und zugleich auch anderen zu schaden, obwohl dies durchaus nicht beabsichtigt war. Am Beispiel: Man macht ein Geschenk, über das sich der Beschenkte nicht freut, sondern ärgert. Man verzichtet auf Fleischkonsum, um die Emission von Treibhausgasen zu reduzieren, und spart dann als Veganer viel Geld ein, das man für andere Güter ausgibt, deren CO_2-Abdruck sogar noch größer ist als der von Fleisch. Oder man schickt Hilfslieferungen in ein Katastrophengebiet, obwohl es für die Menschen in der Not leidenden Region besser gewesen wäre, die Hilfsgüter vor Ort einzukaufen. Die Botschaft lautet: Nicht jeder Verzicht auf Eigeninteresse bedient die Fremdinteressen; nicht alles, was gut gemeint ist, endet auch gut.

Diese Botschaft wird freilich erst dann voll verständlich, wenn man zusätzlich zu Quadrant III auch Quadrant I ins Blickfeld rückt. Dann nämlich sieht man, dass es durchaus auch möglich ist, Eigeninteresse und Fremdinteressen simultan zu verfolgen. *Für ein Verständnis marktwirtschaftlicher Prozesse ist das von grundlegender Bedeutung.* Am Beispiel: Bäcker verdienen ihr Geld damit, Brot zu backen, mit dem die Kunden ihren Hunger stillen können. Ärzte verdienen ihr Geld damit, das Leid ihrer Patienten lindern zu helfen. Im Showbusiness verdienen Künstler ihr Geld damit, das Publikum zu unterhalten. *Generell verdienen Unternehmen ihr Geld damit, bei den Kunden eine Zahlungsbereitschaft zu aktivieren, die die Kosten der Produktion übersteigt. Insofern basiert Marktwirtschaft auf wechselseitiger Besserstellung: Erfolgreich ist nur, wem Wertschöpfung gelingt.*

Blickt man gleichzeitig auf die Quadranten I und III, dann lässt sich die Botschaft des im Titel angeführten Sprichworts so zuspitzen, dass gute Absichten – im Sinne einer Verzichtsbereitschaft auf Eigeninteresse – *weder notwendig noch hinreichend* sind, um gute Ergebnisse hervorzubringen. *Notwendig* sind sie nicht, weil auch die rigorose Verfolgung eigener Interessen (unter bestimmten Bedingungen) zur wirksamen Bedienung von Fremdinteressen beizutragen vermag. *Hinreichend* sind sie nicht, weil ein Absehen von der Verfolgung eigener Interessen den Fremdinteressen nicht automatisch nützt und ihnen (unter bestimmten Bedingungen) sogar schaden kann. Formelhaft zugespitzt kann man sagen, dass das Sprichwort davor warnt, sich voreilig mit einer allzu vereinfachenden *Gesinnungs*analyse zufrieden zu geben – und dass es dazu anregt, eine differenzierende *Bedingungs*analyse anzustellen.

(3) Wendet man sich vor dem Hintergrund dieser Analyse nun in einem dritten Schritt dem Versuch zu, *konstruktive Kritik* zu üben, so lässt sich nicht nur *ein* Denkfehler, sondern es lassen sich gleich *zwei* Denkfehler identifizieren, die mit dem Eigennützigkeits-Dualismus vorprogrammiert sind.

Den ersten Denkfehler kann man als *intentionalistischen Fehlschluss* bezeichnen. Er besteht darin, einen Gesinnungsdeterminismus zu unterstellen, d. h. zu glauben, dass (gute) Handlungsergebnisse allein durch (gute) Handlungsintentionen hervorgebracht werden. Hier liegt ein falsches Kausalitätsmodell vor. Es übersieht die Möglichkeit, dass Handlungsergebnisse auch *nicht*-intendiert zustande kommen können. Diese Möglichkeit ist besonders dort relevant, wo mehrere Handlungsakteure aufeinandertreffen und miteinander interagieren, wie es auf Märkten typischerweise der Fall ist. Hier ist der bilaterale Tauschakt zwischen einem Anbieter und einem Nachfrager eingebettet in ein soziales Arrangement, in dem viele Anbieter und viele Nachfrager jeweils auf ihrer eigenen Marktseite unter Wettbewerbsdruck stehen – und *alle gemeinsam* daran mitwirken, den Marktpreis und die markträumende Menge zu bestimmen. Preis und Menge sind Marktergebnisse, die aufgrund des Wettbewerbs *nicht*-intendiert zustande kommen, so dass kein einzelner Akteur allein für sie verantwortlich (zu machen) ist. *Auf dem Markt sind Einzelhandlungen und Gesamtergebnis motivational entkoppelt und nur institutionell verknüpft.* Insofern ist es kein Zufall, dass Adam Smith dem ökonomischen Forschungsprogramm in die Wiege gelegt hat, Systemergebnisse mit der Argumentationsfigur *nicht*-intendierter Folgen intentionalen Handelns zu erklären. Letztlich liegt dies darin begründet, dass der für die Marktwirtschaft konstitutive Wettbewerb einen Keil treibt zwischen die Handlungsmotive der Wirtschaftsakteure einerseits und ihrem kollektiv herbeigeführten Handlungsergebnis andererseits.

Der zweite Denkfehler ist normativer Art. Man kann ihn als *altruistischen Fehlschluss* bezeichnen. Er besteht darin, die Orientierung am Eigeninteresse als Egoismus abzuwerten und moralisch geringzuschätzen, weil sie als Hindernis für die Förderung legitimer Fremdinteressen wahrgenommen wird. Hierbei wird übersehen, dass die Fremdinteressen bei genauerer Betrachtung ja nichts anderes sind als die (schützenswerten!) *Eigen*interessen *anderer* Personen. Übersehen wird auch, dass man sich mit dem altruistischen Fehlschluss gegen ethisch gut begründete Moraltraditionen stellt. Am Beispiel: Weder in der jüdischen noch in der christlichen Überlieferung heißt es, dass man seine Mitmenschen *stärker* lieben soll als sich selbst. Vielmehr soll man sie lieben *wie sich selbst*. Der Nächstenliebe liegt also das Modell der Selbstliebe zugrunde (vgl. z. B. Altes Testament: Levitikus 19, 18; Neues Testament: Markus 12, 31). Auch säkulare Moraltraditionen sehen das so. Im Stoizismus beispielsweise findet man im zweiten Jahrhundert nach Beginn unserer Zeitrechnung bei Marc Aurel folgende Maxime: „Werde … nicht müde, deinen Nutzen zu suchen, indem du anderen nützest." (Selbstbetrachtungen, Buch 7, Maxime 74). Mit ähnlicher Stoßrichtung schreibt in der zweiten Hälfte des 18. Jahrhunderts der französische Moralphilosoph Sébastien-Roche Nicolas de Chamfort (in der deutschen Übersetzung von Schultz 1997; S. 35): „Lass es dir und anderen gut gehen, ohne dir und anderen weh zu tun: das ist, glaube ich, die ganze Moral." Auf der gleichen Argumentationslinie formuliert im 19. Jahrhundert Richard Whately (1864, 1865; Apophthegm Nr. 26, S. 3.): „A man is called selfish, not for pursuing his own good, but for neglecting his neighbours'." Und im 20. Jahrhundert liest man bei Bertolt Brecht (1981; S. 1203): „Keinen verderben zu lassen, auch nicht sich selber, jeden mit Glück erfüllen, auch sich, das ist gut." Auch die in *allen* Gesellschaften nachweisbare Goldene Regel und die ihr zugrunde liegende Reziprozitätsnorm stellen auf ein eigeninteressiertes Win-Win-Szenario ab, wenn gefordert wird: „Was du nicht willst, das man dir tu, das füg' auch keinem andern zu." Diese Liste ließe sich leicht fortsetzen.

(4) Welche Schlussfolgerungen kann eine *Ethik der Marktwirtschaft* aus den bisherigen Überlegungen ziehen? Als Antwort auf diese Frage seien in aller Kürze zehn Thesen zur Diskussion gestellt.

Erste These: Wenn man den moralischen Stellenwert des Eigeninteresses bestimmen will, darf man sich nicht vom Eigennützigkeits-Dualismus dazu verleiten lassen, das Nachdenken auf Quadrant IV zu fixieren. Vielmehr muss man von Quadrant I ausgehen und fragen, durch welche (institutionellen) Rahmenbedingungen eine Harmonie von Eigeninteresse und Fremdinteressen hergestellt werden kann. *Insofern muss die traditionelle Individualethik des guten Willens – nicht ersetzt, wohl aber – ergänzt werden um eine Ordnungsethik guter Anreize.*

Zweite These: Der Wettbewerb treibt einen Keil zwischen die individuelle Intention der Handelnden und das kollektiv herbeigeführte Ergebnis ihrer Interaktionen. *Unter Wettbewerbsbedingungen avancieren daher die institutionellen Rahmenbedingungen zum systematischen Ort der Moral.* Denn (nur) sie können mit ihren Anreizwirkungen dafür Sorge tragen, dass das Eigeninteresse wirtschaftlicher Akteure wirksam in Dienst genommen wird, um Fremdinteressen zu fördern.

Dritte These: *Die Marktwirtschaft hat bedeutende Erfolge vorzuweisen.* Hier dient die Produktion dem Konsum: Ohne unternehmerische Pionierleistungen gäbe es keine Innovationen, und ohne Massenproduktion gäbe es keinen Massenwohlstand. Die Menschen leben heute bedeutend reicher, länger und glücklicher als früher. Dies ist die Folge *wettbewerblicher Systemleistungen*, die grundsätzlich missverstanden werden, wenn man sie Quadrant II statt Quadrant I zuordnet und glaubt, sie mit Absichten anstatt mit Anreizen erklären zu können.

Vierte These: *Die Marktwirtschaft hat auch bedeutende Misserfolge zu bilanzieren*, angefangen von Massenarbeitslosigkeit über Inflation und Korruption bis hin zur Umweltverschmutzung. *Erfolge und Misserfolge sind jedoch symmetrisch zu erklären*, d. h. mit der gleichen Situationslogik: als – je nachdem: willkommene oder unwillkommene – Handlungsfolgen, die von den Wirtschaftsakteuren nicht bewusst angestrebt werden. Kein Unternehmen entlässt Arbeitnehmer, weil es die Arbeitslosenrate anzuheben beabsichtigt; kein Unternehmen erhöht die Preise, weil es die Inflation anheizen möchte; kein Unternehmen emittiert Treibhausgase, weil es absichtlich zur globalen Erwärmung beitragen will. Man missversteht die Fehlleistungen des marktwirtschaftlichen Systems gründlich, wenn man sie Quadrant IV statt Quadrant III zuordnet und glaubt, sie intentional statt institutionell erklären zu können.

Fünfte These: *In der Marktwirtschaft wird Wettbewerb als Instrument zur Förderung gesellschaftlicher Kooperation eingesetzt.* Das kann *ge-* oder *misslingen*, je nachdem, wie die Rahmenordnung ausgestaltet ist. Quadrant III umfasst die Fälle von Kooperationsversagen: die Unterversorgung mit öffentlichen Gütern, die Nicht-Einhaltung von Regeln, den um sich greifenden Normverstoß, das soziale Dilemma, die kollektive Selbstschädigung. Quadrant I hingegen umfasst all jene Fälle, in denen es Unternehmen – ordnungs- und anreizbedingt – gelingt, drei volkswirtschaftliche Funktionen zu erfüllen, die man als *Produktionseffizienz*, *Innovationsdynamik* und *Rentendiffusion* beschreiben kann. Sie führen im Verbund dazu, dass breite Bevölkerungsschichten in den Genuss materieller und immaterieller Güter kommen, so dass ihr Lebensstandard nachhaltig ansteigt.

Sechste These: Trotz immenser Beiträge zum zivilisatorischen Fortschritt stößt die Marktwirtschaft immer noch und immer wieder auf moralische Vorbehalte, die oft als Kapitalismuskritik geäußert werden. Dies liegt ganz offenkundig daran, dass die – in der Tat beklagenswerten – Missstände in dem vom Eigennützigkeits-Dualismus vorprogrammierten Tradeoff-Schema interpretiert werden: Marktwirtschaft wird als Arena der *Eigen*nützigkeit abgelehnt (Quadrant IV), während permanent Hoffnungen auf ein alternatives (insbesondere sozialistisches) Wirtschaftssystem re-aktiviert werden, welches man als Arena der *Un*eigennützigkeit anstrebt (Quadrant II). Im Klartext: *Die populäre Kapitalismuskritik ist ökonomisch schlecht informiert, und insbesondere ist sie durchsetzt von intentionalistischen und altruistischen Fehlschlüssen.*

Siebte These: Der öffentliche Diskurs artikuliert immer wieder die tief verankerte Sehnsucht, von Quadrant I nach Quadrant II zu wechseln. So erklärt sich auch die Popularität des zivilgesellschaftlichen Sektors, dessen Akteuren man gerne zugutehält, *Non*-Profit-Organisationen zu sein. Hierbei wird freilich übersehen, dass auch zivilgesellschaftliche Organisationen – ganz analog zu Unternehmen – darauf bedacht sein müssen, Aufwand und Ertrag zu optimieren, also Gewinn zu erwirtschaften. Der entscheidende Unterschied zwischen Unternehmen und *Non*-Profit-Organisationen betrifft nicht die Gewinn*erzielung*, sondern nur die Gewinn*verwendung*, weil letztere die von ihnen erwirtschafteten Überschüsse re-investieren müssen, anstatt sie an ihre Mitglieder ausschütten zu dürfen. Oft übersehen wird auch die höchst bedeutsame Gemeinsamkeit, dass *Non*-Profit-Organisationen im Wettbewerb stehen, und zwar vor allem auf der Inputseite: Sie konkurrieren um Mitglieder, Sympathisanten, Freiwillige, Spendengelder, öffentliche Aufmerksamkeit, politisches Gehör usw. Daraus folgt: *Nicht anders als der Unternehmenssektor benötigt auch der zivilgesellschaftliche Sektor eine funktionierende Wettbewerbsordnung.* Daran aber mangelt es derzeit (Pies 2018).

Achte These: *Die Hoffnung, Gesellschaft durch Gemeinschaft ersetzen zu können, ist grundsätzlich verfehlt.* Hier führt der Eigennützigkeits-Dualismus in die Irre. Er verleitet dazu, in der demokratischen Öffentlichkeit falsche Diagnosen zu stellen, etwa wenn marktwirtschaftliche Missstände *intentional* darauf zurückgeführt werden, dass Unternehmen und Manager zu stark eigeninteressiert (= gierig) sind. Konstruktiver hingegen wäre es, der Frage nachzugehen, was gesellschaftlich getan werden kann, um das je subjektive Eigeninteresse wirtschaftlicher Akteure *institutionell* so zu kanalisieren, dass es auf signifikante Beiträge zum Gemeinwohl ausgerichtet wird. Wer marktwirtschaftliche Missstände abstellen will, sollte darüber nachdenken, wie man von Quadrant III zu Quadrant I wechseln kann. *Dies ist eine ordnungspolitische Aufgabenstellung, bei deren Bewältigung sich Staat und Markt als komplementäre Institutionen erweisen*: Es geht darum, Wettbewerbsmärkte nicht *außer* Kraft, sondern besser *in* Kraft zu setzen, um – nicht *gegen* sie, sondern *mit* ihnen und *durch* sie – moralische Anliegen noch weitaus besser zu verwirklichen, als dies bislang schon gelungen ist.

Neunte These: Das im Titel angeführte Sprichwort kann erst dann zur Volkswahrheit avancieren, wenn die intentionalistischen und altruistischen Fehlschlüsse ausgeräumt sind, die schon allein durch unsere Sprache vorprogrammiert sind. Hierfür hilft es, die ordnungsethische Lektion möglichst transparent zu formulieren (Pies 2022a und 2022b). Sie lautet: *Gute Absichten (im Sinne altruistischer Motive) sind weder notwendig noch hinreichend, um gute Marktergebnisse hervorzubringen. Dies entscheidet sich nicht an den Intentionen, sondern an den Institutionen. Auf die Ordnung kommt es an!*

Zehnte These: *Nicht die Wirtschaft, sondern Politik und Öffentlichkeit sind die Achillesverse der modernen Gesellschaft* – aufgrund der emotionalen Versuchung, vermeintlich *un*eigennützigen Wirtschaftsformen einen moralischen Vorzug einzuräumen. *Ohne ordnungsethische Aufklärung wird das gesellschaftliche Funktionssystem einer wettbewerblich verfassten Marktwirtschaft nicht auf Dauer bestehen können.*

Weiterführende Literatur

Aurel, Marc (o. J., 2009): Selbstbetrachtungen, Wiesbaden: marixverlag.

Brecht, Bertolt (1981): Die Gedichte von Bertolt Brecht in einem Band, Frankfurt a. M.: Suhrkamp.

Pies, Ingo (2018): Hunger durch Agrarspekulation? – Zur Analyse eines zivilgesellschaftlichen Fehl-Alarms, Berlin: Wissenschaftlicher Verlag Berlin (wvb).

Pies, Ingo (2022a): Kapitalismus und das Moralparadoxon der Moderne, Berlin: Wissenschaftlicher Verlag Berlin (wvb).

Pies, Ingo (2022b): 30 Jahre Wirtschafts- und Unternehmensethik. Ordonomik im Dialog, Berlin: Wissenschaftlicher Verlag Berlin (wvb).

Schultz, Joachim (Hrsg.) (1997): Der Mensch in der Gesellschaft. Aphorismen und Maximen aus Frankreich, England, Italien, 16.–18. Jahrhundert, zweisprachig, Bamberg: Erich Weiß Verlag.

Whately, Richard (1864, 1865): Miscellaneous Remains From The Commonplace Book of Richard Whately, D.D., Late Archbishop of Dublin, Being A Collection of Notes and Essays Made During The Preparation Of His Various Works, Edited by Miss E.J. Whately, 2. Auflage, London: Longman, Green, Longman, Roberts & Green.

Der Markt, nicht das vermeintlich überlegene Wissen politischer Planer, setzt effiziente Anreize.

Der Verzicht auf Wirtschaftswachstum ist ein Irrweg

Prof. Dr. Jan Schnellenbach

***Jan Schnellenbach** ist Universitätsprofessor für Volkswirtschaftslehre an der Brandenburgischen Technischen Universität in Cottbus. Zuvor war er als Doktorand und Post-Doc an den Universitäten St. Gallen, Marburg und Heidelberg tätig, sowie zuletzt als Geschäftsführender Forschungsreferent am Walter Eucken Institut in Freiburg.*

In diesem Beitrag wird argumentiert, dass Wirtschaftswachstum eng mit technischem Fortschritt verbunden ist und dass man letztendlich das eine ohne das jeweils andere nicht haben kann. Die Forderung nach einem Wachstumsverzicht aus ökologischen Gründen ist nicht plausibel, weil wir damit die weitere technologische Entwicklung behindern würden, die notwendig sein wird, um ökologische Probleme zu lösen. Sie ist außerdem auch deshalb nicht plausibel, weil aufstrebende Entwicklungs- und Schwellenländer zu einem Wohlstandsverzicht nicht bereit sein werden und nur durch technischen Fortschritt zu ökologisch verträglichem Wachstum veranlasst werden können. Auch die Behauptung, dass Wirtschaftswachstum die Lebenszufriedenheit der Menschen nicht positiv beeinflusst, ist falsch.

Wirtschaftswachstum: Worum geht es?

In historischer Perspektive ist Wirtschaftswachstum ein modernes Phänomen. Zwar sind die Konsummöglichkeiten lange zurückliegender Generationen nicht leicht zu rekonstruieren. Wirtschaftshistoriker versuchen dies aber seit einiger Zeit, etwa indem sie historische Lohnabrechnungen, Unternehmensaufzeichnungen oder Berichte über den Konsum der Menschen auswerten. Dies erlaubt inzwischen Aussagen über den Wohlstand der Menschen nicht nur in den letzten ein, zwei Jahrhunderten, sondern weit darüber hinaus. *Abbildung 1* zeigt den geschätzten Verlauf des Bruttoinlandproduktes pro Kopf für Deutschland seit dem Jahr 1500.

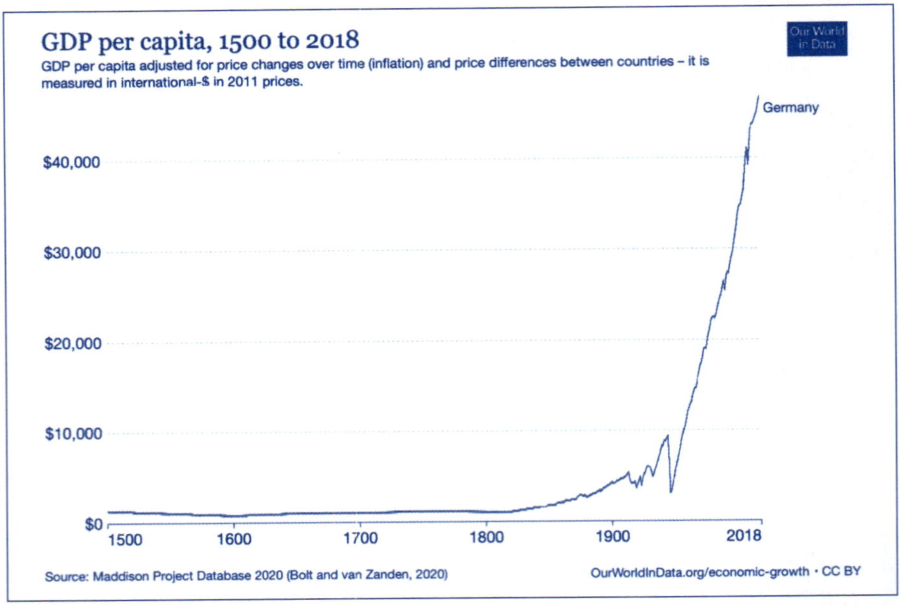

Abb. 1: Historische Entwicklung des Bruttoinlandproduktes pro Kopf in Deutschland. Quelle: Our World in Data. https://ourworldindata.org/grapher/maddison-data-gdp-per-capita-in-2011us?tab=chart&country=~DEU (zuletzt abgerufen am 11.1.2023).

Wie man sieht, hat sich über sehr lange Zeiträume praktisch nichts getan: Die Konsummöglichkeiten pro Kopf blieben mehr oder weniger konstant. Erst mit der Industrialisierung beginnt ein ansteigender Trend. Normale Konjunkturabschwünge sind in dieser sehr langfristigen Perspektive praktisch gar nicht mehr wahrzunehmen. Lediglich große negative Ereignisse, wie die beiden Weltkriege und ihre wirtschaftlichen Folgen, sind als kurze, negative Einschnitte mit bloßem Auge erkennbar.

Die Abbildung zeigt das reale, für Inflation korrigierte Wachstum. Unsere Konsummöglichkeiten pro Kopf sind heute fast fünfmal so hoch wie die eines durchschnittlichen Deutschen kurz vor Beginn des Zweiten Weltkrieges. Dabei wird der positive Effekt auf unser alltägliches Leben durch solche

Daten eher noch unterschätzt. Vor 80 Jahren konnten die Menschen schließlich nicht ein Fünftel eines Smartphones kaufen, sondern gar keines. Der technische Fortschritt hat seitdem dafür gesorgt, dass Vielfalt und Qualität der Güter und Dienstleistungen, die wir konsumieren können, dramatisch gewachsen sind. Dies ist qualitatives Wachstum, das zum quantitativen Wachstum dazu kommt.

Dennoch weckt *Abbildung 1* oft auch Wachstumsskepsis. Forderungen, dass man „in einer endlichen Welt kein unendliches Wirtschaftswachstum" zulassen könne, hört man immer häufiger. Von manchen Rändern der Wirtschaftswissenschaft kommen Vorschläge für den Übergang zu einem *Degrowth*-Regime, in dem das Wachstum gestoppt oder sogar teilweise rückgängig gemacht wird. Auch hier werden ökologische Gründe angeführt. Aber wie plausibel sind solche Forderungen?

Falsche Untergangsszenarien

Ganz neu sind die Forderungen nach einem Ende des Wachstums nicht. Robert Thomas Malthus (1766–1834) vertrat die Position, dass dem Bevölkerungswachstum enge Grenzen gesetzt seien. Er unterschätzte, in welchem Ausmaß später Produktivitätsgewinne bei der Nahrungsmittelproduktion erreicht werden sollten und wie groß dadurch die Spielräume für weiteres Bevölkerungswachstum noch würden. Auch unterschätzte er, dass gerade das Bevölkerungswachstum selbst ein Auslöser für weitere Innovationen bei der Nahrungsmittelproduktion sein würde.

Einen Nachfolger fand Malthus 1968 im amerikanischen Biologen Paul R. Ehrlich, der in seinem Bestseller über die „Bevölkerungsbombe" prognostizierte, dass die Menschheit schon bald wichtige Ressourcen vollständig aufgebraucht haben würde. Eine Wette, dass sich dies schnell in steigenden Preisen wichtiger Rohstoffe zeigen sollte, verlor Ehrlich aber bald gegen den Ökonomen Julian Simon. Dieser rechnete mit einer hohen Flexibilität der Wirtschaft bei der Anpassung an allfällige Knappheiten.

Der *Club of Rome* sagte 1972 einen Zusammenbruch innerhalb von einhundert Jahren aufgrund von aufgebrauchten Ressourcen voraus. In späteren Aktualisierungen des damaligen Gutachtens wurde u. a. dazu aufgefordert, das Bevölkerungswachstum zu begrenzen, indem Frauen Prämien für Kinderlosigkeit gezahlt werden. Seit den 1980er-Jahren sehen *Peak Oil*-Schätzungen ein Fördermaximum von Rohöl immer innerhalb der jeweils nächsten Jahre, ohne dass dies bisher eingetreten wäre oder die noch zugänglichen Ölreserven extrem knapp geworden wären.

Wieso hat sich die Öko-Apokalyptik bisher stets als falsch erwiesen? Die Untergangspropheten unterschätzen stets zwei Aspekte. Erstens ist dies die Effizienz des Preismechanismus. Werden Rohstoffe knapper, dann zeigen steigende Preise dies an und die Marktteilnehmer suchen nach Alternativen. Der Markt, nicht das vermeintlich überlegene Wissen politischer Planer, setzt effiziente Anreize. Diese Anreize führen nicht nur zur Substitution zwischen Rohstoffen, sondern, zweitens auch zu Innovationen. Neue, ressourcensparende Technologien werden entwickelt und eingesetzt.

Obwohl sich bisher alle Untergangsszenarien als falsch erwiesen haben, ist an Nachschub kein Mangel. Im Moment wird vor allem der Klimawandel als Begründung dafür herangezogen, dass das Wirtschaftswachstum beendet oder revidiert werden muss. Aber auch hier können neue Technologien helfen. Bevor wir dies in *Abschnitt 4* diskutieren, sollen zunächst erst einmal die Ursachen des Wirtschaftswachstums erklärt werden.

Woher kommt das Wachstum?

Wirtschaftswachstum kann zunächst daraus folgen, dass man immer größere Mengen von Produktionsfaktoren einsetzt. Tatsächlich spielte die Zunahme des Arbeitsangebots sogar in einer entwickelten, modernen Volkswirtschaft wie Deutschland noch in den vergangenen Jahren eine wichtige Rolle. Zwischen 2005 und 2019 wurden (vor allem befördert durch Arbeitsmarkt- und Sozialreformen, die zwischen 2003 und 2005 beschlossen worden waren) rund 6 Millionen Arbeitnehmer neu in den Arbeitsmarkt in Deutschland integriert.

Dies trug zum Wirtschaftswachstum bei. Aber das Bruttoinlandprodukt *pro Kopf* durch eine bloße Ausweitung des Einsatzes von Arbeit deutlich zu steigern ist schwierig, da bei konstanten sonstigen Bedingungen die Produktivität der zusätzlich eingesetzten Arbeit geringer wird. Das ändert sich, wenn auch die eingesetzte Menge des Produktionsfaktors Kapital ansteigt. Können die Arbeiter einen umfangreicheren physischen Kapitalstock (also vor allem Maschinen) nutzen, dann werden sie erst einmal produktiver. Die Produktion pro Kopf steigt.

Ein wachsender Kapitalstock leistet heute immer noch einen wichtigen Beitrag zum Wirtschaftswachstum, aber nicht überall ist dies technisch möglich. In vielen Industrieprozessen können zwar Arbeitsschritte automatisiert werden, so dass immer weniger Arbeitnehmer mit immer ausgeklügelteren Maschinen arbeiten und immer produktiver werden. Bei vielen Dienstleistungen gibt es aber bisher nur geringe Möglichkeiten für eine solche Automatisierung durch Kapitaleinsatz.

Damit bleibt ein dritter Treiber des Wachstums: Wissen. Ökonomen diagnostizieren einen Anstieg der sogenannten totalen Faktorproduktivität, wenn aus gegebenen Mengen von Arbeit und physischem Kapital ein größerer Output hervorgeht. Und dies ist vor allem durch einen technischen Fortschritt möglich, der wiederum ein Wachstum unseres Wissens voraussetzt.

Wenn gestern 10 Arbeitnehmer an einer Maschine arbeiteten, deren Einsatz 1 Mio. Euro kostete, und Güter im Wert von 5 Mio. Euro produzierten und die gleichen Arbeitnehmer morgen mit einer Maschine, deren Einsatz 1 Mio. Euro kostet, Güter im Wert von 6 Mio. Euro produzieren, dann kann dies bei sonst gleichen Bedingungen auf dem Absatzmarkt zwei Gründe haben. Entweder haben die Arbeiter gelernt, mit der alten Maschine noch effizienter umzugehen. Oder man hat den Arbeitern eine neue Maschine hingestellt, deren Einsatz genauso viel kostet, die aber mehr Output bei gleichem Arbeitseinsatz ermöglicht. In beiden Fällen war der wesentliche Antrieb des Wachstums eine Zunahme des Wissens über effiziente Produktion.

Starke Anstiege des Wohlstands *pro Kopf* spiegeln zu einem großen Teil solche Fortschritte beim zur Verfügung stehenden Wissen wider. Wir sind immer mehr in der Lage, die Produktion von Gütern und Dienstleistungen schneller wachsen zu lassen als die Menge von Produktionsfaktoren, die hierfür nötig sind. Dass wir dies können, ist ebenfalls kein Zufall, sondern hängt von der Wirtschaftsordnung ab.

Innerhalb Deutschlands war zwischen 1949 und 1989 ein unfreiwilliges Großexperiment zu beobachten. Die Marktwirtschaft Westdeutschlands lieferte Anreize, aber auch die nötige unternehmerische Freiheit, um das Gewinnstreben der Unternehmen zur Produktion von technischem Fortschritt sowie innovativen Gütern und Dienstleistungen zu nutzen. Die Zentralverwaltungswirtschaft Ostdeutschlands dagegen war durch langsamen (und immer langsamer werdenden) technischen Fortschritt gekennzeichnet. Individuelle Neugier und Unternehmergeist hatten keinen Raum.

Zwischen beiden Wirtschaftsordnungen öffnete sich zwischen 1949 und 1989 nicht nur eine Wohlstandsschere, die den Unterschied zwischen den west- und den ostdeutschen Konsumbündeln qualitativ und quantitativ immer größer werden ließ. Auch die ökologischen Unterschiede waren groß. Die Ineffizienz der Produktionstechnologien im Sozialismus führte auch zu einer massiven Ressourcenverschwendung und zu Umweltschäden, deren Sanierung nach dem Kollaps der „DDR“ Unsummen verschlang. Aber was bedeutet dies nun für aktuelle Diskussionen über Wachstum und *Degrowth?*

Zur Entkopplung von Wachstum und Ressourcennutzung

Von einer relativen Entkopplung spricht man, wenn der Ressourcenverbrauch (oder der Emissionsausstoß) langsamer wächst als die Produktion. Von einer absoluten Entkopplung spricht man dagegen, wenn beide Kurven sich in die entgegengesetzte Richtung entwickeln, also Ressourcenverbrauch und Emissionen sinken, obwohl die Produktion wächst.

Die Lösung des Klimaproblems setzt eine absolute Entkopplung voraus. Die Emissionen von CO_2 müssen absolut sinken und möglichst schnell in Richtung Null gehen. *Abbildung 2* zeigt eine absolute Entkopplung am Beispiel Deutschlands. Das Beispiel ist exemplarisch für zahlreiche entwickelte Volkswirtschaften, die alle eine ähnliche, teils sogar noch viel deutlichere absolute Entkopplung geschafft haben wie Deutschland.

Eine absolute Entkopplung sehen wir aber andererseits auch vor allem in entwickelten, wohlhabenderen Volkswirtschaften. Egal, wie man dies normativ bewertet: Umwelt- und Klimaschutz sind Luxusgüter, die erst dann politische Akzeptanz finden, wenn ein gewisses Wohlstandsniveau bereits erreicht ist. Entwicklungs- und Schwellenländer, die aktuell noch vor allem fossile Technologien einsetzen, haben oft noch andere Prioritäten, als Ressourcen für den Umstieg auf nicht-fossile Alternativen einzusetzen.

Auch werden Schwellenländer wie Indien oder China kaum auf weiteres Wirtschaftswachstum verzichten. Zu weit sind große Teile ihrer Bevölkerung noch von westlichen Wohlstandsniveaus entfernt, als dass sie auf ein weiteres Aufholen einfach verzichten würden. Der Einsatz von ressourcensparenden und emissionsvermeidenden Technologien in solchen Ländern hängt aber wesentlich davon ab, dass diese Technologien effizienter und preiswerter werden. Also von weiterem technischen Fortschritt, den wir, wie die historische Erfahrung zeigt, vor allem in dynamischen Marktwirtschaften erreichen können.

Ein Verzicht auf weiteres Wachstum in wenigen reichen Ländern bei gleichzeitig fortschreitendem Wachstum in armen Ländern würde ohne schnellen, ressourcensparenden technischen Fortschritt in Schwellen- und Entwicklungsländern für Klima und Umwelt in der globalen Perspektive praktisch nichts bringen. Ein weiteres Wachstum in reichen Ländern zusammen mit effizienten Anreizen wie CO_2-Preisen (siehe hierzu den Beitrag von Joachim Weimann in diesem Band) wird dagegen zu Fortschritt führen, der in Entwicklungs- und Schwellenländer überschwappen und dort eine frühe absolute Entkopplung ermöglichen wird.

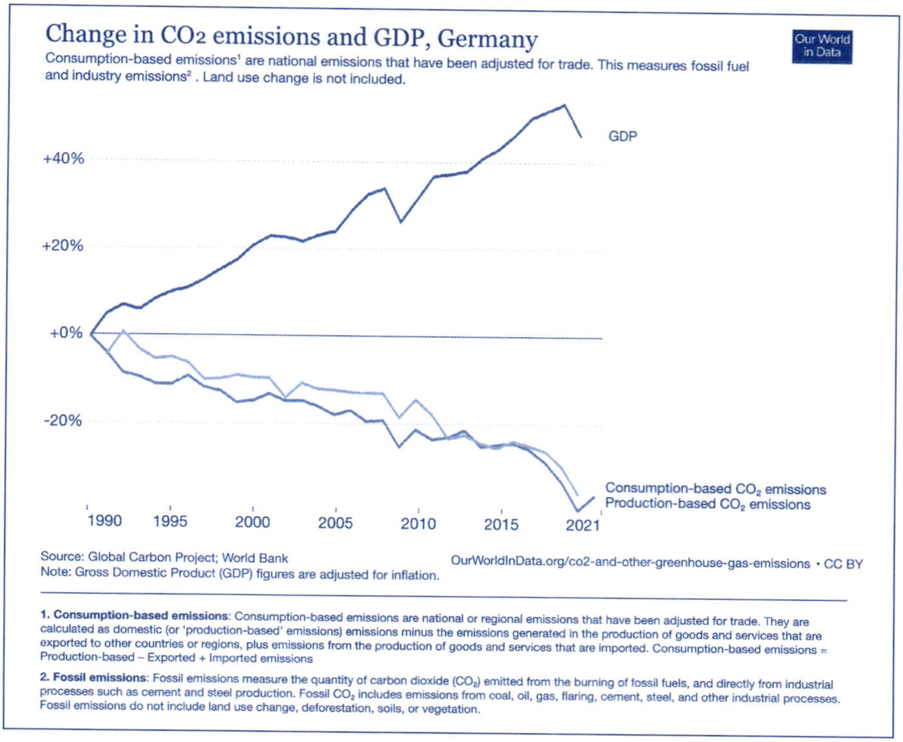

Abb. 2: Absolute Entkopplung von Produktion und CO_2-Ausstoß in Deutschland. Quelle: https://ourworldindata.org/co2-gdp-decoupling (zuletzt abgerufen am 11.1.2023).

Durch einen Wechsel vom Markt zu stärker planwirtschaftlichen, bürokratischen Steuerungsmechanismen in den entwickelten Volkswirtschaften, also von einem Wachstums- zu einem *Degrowth*-Modell, würde man höchstwahrscheinlich die Chance, dass globale Umweltprobleme gelöst werden, reduzieren. Wie so oft würde eine Politik trotz guter Absichten zu stark negativen Ergebnissen führen – die gute Gesinnung und die noble Zielsetzung allein reichen nicht.

Macht Wachstum glücklich?

Ein Argument der Befürworter von *Degrowth*-Politik ist, dass die Wohlstandsgewinne, die wir in relativ reichen Volkswirtschaften noch zusätzlich erreichen, ohnehin nicht zu einer höheren Lebenszufriedenheit der Menschen führen. Wenn dies so ist, so das Argument, dann könnten wir uns den Aufwand und den Ressourcenverbrauch, die mit höherer Produktion verbunden sind, ja auch von vornherein sparen.

Tatsächlich ist schon theoretisch der Zusammenhang von Wachstum und individueller Lebenszufriedenheit nicht ganz klar. Einerseits würden Ökonomen natürlich immer erwarten, dass größere und vielfältigere Konsummöglichkeiten die Lebenszufriedenheit erhöhen. Würde das Wachstum aber über längere Arbeitszeiten erzielt, dann wäre der Zusammenhang schon nicht mehr eindeutig, da die Individuen dann Freizeit, die auch eine Quelle von Lebenszufriedenheit ist, für höhere Konsummöglichkeiten aufgeben müssten. In Arbeitsmärkten mit kollektiv regulierten Arbeitszeiten tun sie das aber vielleicht nicht immer völlig freiwillig.

Allerdings sehen wir, dass die Arbeitszeit pro Kopf seit vielen Jahren im Trend sinkt. Ein zusätzliches Arbeitsangebot folgt stattdessen aus dem Eintritt weiterer Erwerbspersonen in den Arbeitsmarkt. Und insgesamt sind es vor allem Kapitalintensität und totale Faktorproduktivität, also Wissen, die das Wachstum antreiben. Dass auch die Freizeit zunimmt spricht theoretisch eher für einen insgesamt positiven Beitrag des Wachstums zur Lebenszufriedenheit.

Dennoch beschäftigt die Ökonomen seit langer Zeit eine empirische Behauptung, nämlich das nach dem amerikanischen Forscher Richard Easterlin benannte Easterlin-Paradox. Dieses behauptet für entwickelte Volkswirtschaften die Existenz von Schwellenwerten, ab denen eine weitere Zunahme der Konsummöglichkeiten nicht mehr zu höherer Lebenszufriedenheit führt.

Das Easterlin-Paradox kann aber inzwischen als widerlegt gelten. Zunächst wurde empirisch gezeigt, dass in Länderquerschnitten ein deutlich positiver Zusammenhang zwischen Wohlstand und durchschnittlicher Lebenszufriedenheit zu finden ist. Später wurde von verschiedenen Autoren auch für die Zeitreihenperspektive gezeigt, dass mit einem Anstieg des BIP in entwickelten Volkswirtschaften immer noch eine deutliche Zunahme der durchschnittlichen Lebenszufriedenheit verbunden ist. Wenn heute immer noch in politischen Diskussionen gelegentlich unter Verweis auf das Easterlin-Paradox der Sinn weiteren Wachstums geleugnet wird, so geschieht dies in Unkenntnis oder in bewusster Leugnung der Forschung seit Ende der 2000er-Jahre.

Dennoch könnte man natürlich unter Hinweis auf einen Umweltnotstand verlangen, dass das Wirtschaftswachstum beendet wird, auch wenn es den Verzicht auf Lebenszufriedenheit bedeutet. Aber was würde eine solche Entscheidung mit sich bringen?

Was würde es bedeuten, das Wachstum zu stoppen?

Wenn es um zukünftiges Wachstum geht, muss man zwei Szenarien unterscheiden: Eines, in dem das Wachstum sich von selbst verlangsamt und eines, indem es bewusst verlangsamt oder rückgängig gemacht wird.

Ob es zum ersten Szenario kommt, kann niemand seriös vorhersagen. Einerseits nahm zwar in den letzten Jahrzehnten das Produktivitätswachstum ab, so dass auch das Wirtschaftswachstum sich verlangsamte. Ob es dabei bleibt, ist aber offen. Spektakuläre technische Durchbrüche, die zu einer erneuten Beschleunigung des Produktivitätsfortschritts führen, sind möglich – etwa bei der Künstlichen Intelligenz, bei der Entwicklung von Robotern, die auch manche Dienstleistungen besser automatisieren könnten als bisher, oder bei der Produktion von großen Energiemengen zu geringen Grenzkosten etwa durch Kernfusion.

Sollte es dazu nicht kommen, sondern das Wachstum sich von selbst weiter verlangsamen, dann wird dies zu einigen politischen Herausforderungen führen. Diese betreffen beispielsweise die Altersversorgung: Die Umverteilung von der aktiven Generation zur Ruhestandsgeneration ist bei einer stark alternden Bevölkerung ohnehin schon eine Herausforderung. Bei geringem Produktivitätswachstum muss die aktive Generation aber noch stärker belastet werden als ohnehin schon, oder die alte Generation wird auf einem niedrigeren Niveau versorgt. Und auch der Schuldendienst für die Staatsverschuldung wird die Konsummöglichkeiten zukünftiger Generationen stärker belasten, wenn es bis dahin weniger Wachstum gibt.

Noch schwieriger wird es, wenn man die politische Entscheidung trifft, bewusst das Wachstum zu beenden oder gar Wohlstand abzubauen. Das Wirtschaftswachstum, das wir bisher hatten, ist das Resultat zahlloser individueller Entscheidungen. Wenn Wachstum zu einem guten Teil wissensgetrieben ist und in einer Marktwirtschaft aus Kreativität und Unternehmergeist folgt, dann setzen *Degrowth*-Konzepte einen radikalen Umbau der Wirtschaftsordnung insgesamt voraus. Genau dies fordern auch fast alle Wachstumsskeptiker.

So sehr sich verschiedene Konzepte im Detail unterscheiden, so haben sie doch gemeinsam, dass es eine umfassende zentralplanerische Steuerung der Wirtschaft geben soll. Die Entscheidung darüber, was noch produziert wird, soll nicht den Marktteilnehmern selbst überlassen werden. Und auch Konsum wird staatlich rationiert. Der Übergang zu einer zentral geplanten Wirtschaft wird gerne rhetorisch als „Demokratisierung“ der Volkswirtschaft bezeichnet, tatsächlich wäre er aber mit einem dramatischen Verlust individueller Freiheit verbunden. An die Stelle vieler individueller Entscheidungen, die über den Markt koordiniert werden, träten machtvolle staatliche Planer, deren Entscheidungen sich der Einzelne unterzuordnen hätte.

Jede historische Erfahrung spricht dagegen, dass so etwas langfristig funktionieren kann. Wie in *Abschnitt 3* gesehen, können wir auch nennenswerten technischen Fortschritt in einem solchen Regime nicht mehr erwarten. Und dass ein deutscher oder europäischer Wachstumsverzicht von Entwicklungs- und Schwellenländern als Vorbild gesehen und nachgeahmt wird, kann ausgeschlossen werden. *Degrowth* ist eine Sackgasse, die weder der Umwelt noch den Menschen hilft.

Fazit

Die Diskussion eines möglichen Wachstumsverzichts kann man mit einem Gedankenexperiment abschließen. Nehmen wir an, wir hätten uns in der Vergangenheit für einen Wachstumsstopp entschieden, beispielsweise im Jahr 1978. Es ist relativ leicht, zu sagen, dass die meisten Menschen auch im Jahr 1978 recht glücklich waren und, zumindest in Westeuropa, kein schlechtes Leben führten. Aber rückblickend muss man konstatieren, dass mit einem Ende des Wirtschaftswachstums im Jahr 1978 sehr viele Technologien nicht mehr zu den Konsumenten gefunden hätten, die wir heute alltäglich finden.

Wir würden weder in sozialen Medien kommunizieren, noch Texte auf Notebooks im Homeoffice schreiben. Unsere Autos hätten weder Navigationssysteme noch moderne Sicherheitsfeatures. Und sie würden immer noch sehr viel mehr Benzin verbrauchen. Und die Frage, ob wir lieber im Jahr 1978 oder im Jahr 2023 eine schwere, behandlungsbedürftige Krankheit bekommen wollen, brauchen wir gar nicht ernsthaft zu stellen.

Wachstumsskeptiker machen den fundamentalen Fehler, zu glauben, dass man ohne das Wirtschaftswachstum der vergangenen Jahrzehnte die liebgewonnenen, angenehmen Dinge wie medizinischen Fortschritt und Tabletcomputer dennoch haben könnte. Aber das ist ein Irrtum. Wer Wachstum beendet, beendet weitestgehend auch den weiteren Fortschritt. Wenn wir dies im Jahr 2023 und nicht um Jahr 1978 tun, dann haben wir allerdings den Nachteil, dass wir heute noch nicht wissen, worauf wir verzichten. Man kann leicht in die Falle laufen, zu glauben, dass wir heute so modern sind, dass eigentlich sowieso nicht mehr viel kommen kann. Diesen Fehlschluss hätten, mit ihrem damaligen Horizont, aber auch die Menschen im Jahr 1978 schon machen können.

Man muss kein besonderer Optimist sein, um zu erwarten, dass weiteres Wirtschaftswachstum auch in den kommenden Jahren technischen Fortschritt ermöglichen wird, der unser Leben angenehmer, sicherer, interessanter und länger machen wird. Und vermutlich auch ökologischer. Es reicht schon, davon auszugehen, dass die Marktwirtschaft prinzipiell weiterhin so funktionieren wird wie bisher.

„The social responsibility of business is to increase its profits."

(Milton Friedman)

Stakeholderorientierung statt Shareholder-kapitalismus? Ein Widerspruch

Prof. Dr. Florian Follert

__Florian Follert__ ist Universitätsprofessor für Betriebswirtschaftslehre, insbesondere betriebswirtschaftliche Entscheidungslehre an der Privatuniversität Schloss Seeburg, Seekirchen (Österreich). Florian Follert wurde 2019 am Institut für Wirtschaftsprüfung an der Universität des Saarlandes mit einer Arbeit zur Unternehmensbewertung promoviert. Zu seinen Forschungsschwerpunkten zählen Entscheidungstheorie, Unternehmensrechnung, Governance sowie ökonomische Analyse des Sports. Florian Follert ist Autor zahlreicher Publikationen in internationalen wissenschaftlichen Zeitschriften und zählt zum Autorenkreis des Blogs „Wirtschaftliche Freiheit".

Der „Shareholder-Kapitalismus" steht unter Beschuss. Zunehmend wird gefordert, Unternehmen sollten nicht nur den Interessen ihrer Eigentümer verpflichtet sein, sondern auch den Interessen der übrigen „Stakeholder" (z.B. Mitarbeiter, Lieferanten, Kunden, Gläubiger). Die Diskussion ist nicht neu. Und sie ist nicht zielführend, denn in einem marktwirtschaftlichen System liegt es regelmäßig im Interesse der Unternehmen, die Bedürfnisse der Stakeholder zu berücksichtigen und sie nicht auszubeuten.

Unternehmen und ihre (Eigenkapital-)Investoren genießen in Deutschland oftmals keinen guten Ruf. Krisen und Skandale lösen in der Bevölkerung und den Medien zunehmend Kritik an marktwirtschaftlichen Prozessen aus. Im Fokus der kollektiven Systemschelte steht dabei oft der Begriff „shareholder value", der spätestens seit den neunziger Jahren negative Assoziationen provoziert und sinnbildlich für die Schattenseiten der Marktwirtschaft zu stehen scheint. Insbesondere wird eine Eigentümerorientierung mit kurzfristiger Gewinnmaximierung, der Ausbeutung von Lieferanten und Mitarbeitern, scheinbar überzogenen Renditeforderungen sowie einer ausschließlichen Orientierung am Aktienkurs eines Unternehmens in Verbindung gebracht.

Hier soll eine Lanze für die konsequente Eigentümerorientierung als Basis einer wirtschaftstheoretischen Betriebswirtschaftslehre gebrochen werden. Dies erscheint als geboten, da die veröffentlichte Meinung insbesondere ökonomische Laien durch zunehmend undifferenzierte Vereinfachungen zu beeinflussen scheint, und es möglicherweise eines Korrektivs bedarf.

Dabei ist der Begriff „shareholder value" zunächst „alter guter Wein in neuen Schläuchen, oder genauer: Ein guter Mosel in Tetra Pak" (Albach 2001, S. 667). Der Vater dieses Konzepts zur Messung der Wertschöpfung der Geschäftsführung für die Eigentümer, Alfred Rappaport, operationalisierte – aus investitionstheoretischer Sicht eher mäßig adäquat – eine in der deutschen Betriebswirtschaftslehre inzwischen seit Jahrhunderten als selbstverständlich angesehene Orientierung der Unternehmensführung an den Zielsetzungen der Eigentümer bzw. Gründer. Sie sind es, die die rechtlich leere Hülle des Unternehmens zum Leben erweckten, um durch dieses Investitionsvehikel Einkommen zu erzielen.

Diskussion in der Betriebswirtschaftslehre

Auch in der betriebswirtschaftlichen Forschung, die sich immer mehr von ihrem wirtschaftstheoretischen Fundament ab- und zu einer verhaltenswissenschaftlichen Ausrichtung hinwendet, wird seit einigen Jahrzehnten darüber diskutiert, ob Unternehmen primär einen sogenannten – wie auch immer definierten – Gemeinnutzen anstreben sollten. Dieser Zweig des Fachs ist dabei oftmals normativ ausgerichtet und orientiert sich an wissenschaftlich grundsätzlich nicht überprüfbaren Werturteilen. Hinsichtlich der Unternehmensführung solle diese sich an den pluralistischen Interessen der Stakeholder orientieren. Insbesondere wird die Auffassung vertreten, dass Gläubiger, Lieferanten, Mitarbeiter, Kunden und sogar die Gesellschaft auch implizite Ansprüche gegen die Unternehmung hätten, die Einzug in das Entscheidungskalkül der Geschäftsführung halten sollten.

Die nach jeder Krise – unabhängig von ihrer tatsächlichen Ursache – stets aufs Neue geführte Diskussion um die Ausrichtung der Unternehmensführung offenbart grundsätzlich zwei sich diametral gegenüberstehende Auffassungen. Der mikroökonomisch fundierte Zugang vertraut auf die regulierende Form des funktionierenden Wettbewerbs und die von Walter Eucken (2004) betonte Einheit von Gewinn und Haftung. Coenenberg (2003, S. 13) bringt es auf den Punkt: „[Die Shareholder] sind Träger der Chancen und der Risiken. Chancen und Risiken müssen in der Marktwirtschaft in einer Trägerschaft bleiben, sonst fehlt es an den Marktmechanismen der Kapitallenkung und der Versorgung der Wirtschaft mit Risikokapital". Ein funktionierender Markt, der den optimalen Grad der Regulierung nicht überschreitet, fungiert sogar als Sanktionsmechanismus gegenüber egoistischen Geschäftspraktiken, die in eine mindere Befriedigung der Präferenzen der Transaktionspartner münden. Es ist der Wettbewerb, der zu einer „bestmöglichen Befriedigung der Stakeholderinteressen" (Wöhe, Döring, Brösel 2020, S. 10) führt. Der verhaltenswissenschaftliche Zweig misstraut dem Markt grundsätzlich und strebt hingegen nach einer Gemeinwohlorientierung – wie die entsprechende Zielfunktion bei unterschiedlichen Präferenzen von Individuen aussehen soll, bleibt hingegen offen. Diese Fokussierung kommt in aller Regel nicht ohne Werturteile im Hinblick auf Ziele wie Gerechtigkeit oder Fairness aus.

Rechtliche Unterschiede

Um die Diskussion adäquat beurteilen zu können, lohnt es sich, zunächst die Rechtspositionen der Shareholder und der übrigen Interessengruppen zu beleuchten. Wir konzentrieren uns dabei auf die Aktiengesellschaft, für die eine strikte Trennung zwischen Eigentum und Verfügungsgewalt gilt. Als Eigentümer erwirbt man ein Mitgliedschaftsrecht an der Gesellschaft. Die Aktie verbrieft verschiedene Aktionärsrechte, insbesondere das Stimmrecht in der Hauptversammlung, das Recht auf einen Anteil am Gewinn sowie den entsprechenden Erlös im Falle einer Liquidation. Die Eigentümer erwerben allerdings kein Recht auf Geschäftsführung. Die Aktiengesellschaft wird vom Vorstand geführt, der mit dem bereitgestellten Kapital der Eigentümer agieren kann. Aus ökonomischer Sicht ist der Vorstand daher der Stellvertreter (Agent) der Eigentümer (Prinzipale). Die Kontrollmöglichkeiten der Prinzipale sind auf die gewöhnlichen Aktionärsrechte beschränkt – auch ein großer Aktionär kann aus rechtlicher Sicht nicht einfach in die Vorstandsetage spazieren und dem Vorstand Anweisungen geben oder besondere Auskünfte verlangen.

Ein weiterer wichtiger Aspekt ist, dass Eigentümer aus ihrem Mitgliedschaftsrecht keine Ansprüche auf fixe Zinszahlungen oder eine Rückzahlung ihrer Einlage ableiten können. Die Rendite des Investments hängt folglich maßgeblich von den Handlungen des Vorstands – natürlich delegiert dieser diese innerhalb der Unternehmung – und dem daraus resultierenden

Jahresergebnis ab. Lieferanten, Kreditgeber oder Mitarbeiter haben durch ihre mit dem Unternehmen geschlossenen Verträge demgegenüber schuldrechtliche Ansprüche auf ihre Zahlungen – Kaufpreis, Zins sowie Tilgung, Lohn und Gehalt. Diese Ansprüche müssen vom Unternehmen zunächst befriedigt werden. Erst der Residualgewinn gebührt den Eigentümern.

Betrachtet man die Gewinn- und Verlustrechnung, wird deutlich, dass die meisten Unternehmen einen Großteil ihrer Erträge durch Umsätze erzielen, die entstehen, wenn ein Kaufvertrag mit einem Kunden abgeschlossen und die eigene Leistung erbracht wurde. Der Kunde zahlt einen Kaufpreis, der in seinem Wert mindestens dem Gut oder der Dienstleistung entspricht, die der Verkäufer als Gegenleistung angeboten hat. Umsätze spiegeln insofern die Fähigkeit des Produzenten wider, Kundenwünsche zu befriedigen. Insbesondere Kunden, die Verbraucher sind, werden durch umfassende Vorschriften auch gesetzliche geschützt.

Die Position des Unternehmens als Verkäufer wechselt, wenn wir nicht mehr den Absatz-, sondern den Beschaffungsmarkt betrachten. Dort ist das Unternehmen Käufer und der Lieferant der Anbieter. Lieferanten erhalten aus dem Kaufvertrag mit dem Unternehmen einen Geldbetrag, der ihnen mindestens so viel wert ist, wie das Gut, das sie verkaufen.

Kreditgeber haben aus ihrem Darlehensvertrag einen Anspruch auf fristgerechte Zins- und Tilgungsleistung. Das deutsche Bilanzrecht sorgt durch seine gläubigerschützenden und kapitalerhaltenden Regelungen überdies dafür, dass Haftungsmasse vorhanden ist, um Gläubiger auch dann zu befriedigen, wenn das Unternehmen in wirtschaftliche Schwierigkeiten gerät.

Auch die Arbeitnehmer eines Unternehmens haben aus ihren Arbeitsverträgen einen Anspruch auf termingerechte Entlohnung. Zahlreiche Vorschriften zum Arbeitsschutz sorgen zudem dafür, dass die Arbeitssicherheit gewährleistet ist.

Marktwirtschaftliche Betrachtung

Zu betonen ist, dass die schuldrechtlichen Ansprüche dieser Gruppen zuerst befriedigt werden müssen. Erst, wenn am Ende noch ein Jahresüberschuss übrigbleibt, steht dieser den Eigentümern zu. Dass der Vorstand bei seiner Entscheidung, mit diesen Stakeholdern Verträge abzuschließen, primär die Interessen seiner Prinzipale verfolgt, ist nachvollziehbar, werden die Vertragspartner doch ebenso darauf achten, dass sie einen Tausch nur dann eingehen, wenn die Gabe mindestens der Gegengabe entspricht.

Unternehmer übernehmen auf Märkten Unsicherheiten. Am Anfang der unternehmerischen Tätigkeit steht die Gabe von haftendem Eigenkapital. Noch bevor auch nur ein Euro durch den Umsatzprozess verdient ist, gibt der Eigentümer mittelbar das vertragliche Versprechen an die Stakeholder ab, dass ihre vertraglichen Ansprüche erfüllt werden. Dass die Unternehmensführung ihren Entscheidungen und damit der Steuerung des Betriebs eben die Präferenzen der Eigentümer zugrunde liegt, ist daher eine Selbstverständlichkeit.

Selbst wenn wir davon ausgehen, dass Eigentümer nur finanzielle Zielsetzungen verfolgen, ist es zudem gar nicht abwegig anzunehmen, dass die Befriedigung der Bedürfnisse der Stakeholder auch in ihrem eigenen Interesse ist. Der große Ökonom der österreichischen Schule der Nationalökonomie, Ludwig von Mises (1998 [1949]), bezeichnet den Konsumenten als „Kapitän". Auf einem Markt buhlen verschiedene Unternehmen um die Gunst der Kunden. Der langfristige Aufbau von Reputation ist dabei essentiell für die Existenz des Unternehmens. Notwendigerweise verlangt das Marktangebot verschiedene Produktionsfaktoren – Werkstoffe, Betriebsmittel, menschliche Arbeit. Diejenigen die diese bereitstellen, werden auf Märkten mit funktionierendem Wettbewerb ebenfalls darauf achten, dass ihre Präferenzen durch den Vertragspartner auch befriedigt werden. Um langfristige Gewinne zu erwirtschaften, die die ökonomische Wohlfahrt der Eigentümer erhöhen, liegt es daher in ihrem originären Interesse, dass Stakeholder nicht ausgebeutet werden.

Es gibt auch schwarze Schafe

Es soll nicht verschwiegen werden, dass es Unternehmen und Investoren gibt, die nicht dem Bild des „ehrbaren Kaufmanns" entsprechen. Natürlich gibt es Fälle, in denen das Einkommen der Eigentümer zulasten der Stakeholder erhöht wird – insbesondere in der kurzen Frist (hierzu auch Coenenberg 2003, S. 13). Es wäre jedoch eine verzerrte Wahrnehmung zu glauben, dass es schwarze Schafe nicht auch in den verschiedenen Interessengruppen gäbe. Wir haben darauf hingewiesen, dass die Stakeholder schuldrechtliche Ansprüche gegen die Unternehmung haben. Es ist richtig, dass auch implizite Ansprüche bzw. Erwartungen bestehen können. Diese werden aber aus ökonomischer Perspektive wohl am besten durch einen funktionierenden Wettbewerb geschützt, sodass Stakeholder, die sich durch ihren Vertragspartner nicht adäquat behandelt fühlen, zur Konkurrenz wechseln können. Neben der methodologischen Standortfrage dürfte zudem aus praktischer Sicht der Versuch, verschiedene Präferenzen außerhalb eines Markts – der durch das Gewinnstreben aller Teilnehmer in vielen Fällen die gesamte Wohlfahrt erhöht – in einer Zielfunktion zu aggregieren, Unternehmen auch in der operativen Steuerung vor Probleme stellen. Festzuhalten bleibt, dass eine Rückbesinnung auf die wirtschaftstheoretische fundierte Betriebswirtschaftslehre bei gleichzeitiger Stärkung des Wettbewerbs zu begrüßen wäre.

Literaturhinweise

Albach, H. (2001). Shareholder Value und Unternehmenswert. Zeitschrift für Betriebswirtschaft 71, S. 643–674.

Coenenberg, A.G. (2003). Shareholder Value – Betriebswirtschaftliche Sicht und öffentliche Wahrnehmung. Journal für Betriebswirtschaftslehre 53, S. 6–14.

Eucken, W. (2004 [1952]). Grundsätze der Wirtschaftspolitik, 7. Auflage, Tübingen.

von Mises, L. (1998 [1949]). Human Action. The Scholar's Edition, Auburn, Ala.

Wöhe, G., Döring, U., Brösel, G. (2020). Einführung in die Allgemeine Betriebswirtschaftslehre, 27. Aufl., München.

Selbst wenn wir davon ausgehen, dass Eigentümer nur finanzielle Zielsetzungen verfolgen, ist es gar nicht abwegig, anzunehmen, dass die Befriedigung der Bedürfnisse der Stakeholder auch in ihrem eigenen Interesse ist.

In der Vergangenheit bestand in der rechtswissenschaftlichen Literatur Einigkeit, dass die Kompetenzordnung der europäischen Verträge eine Schuldenfinanzierung des Haushalts nicht zulässt.

Die Kompetenzordnung der Europäischen Union in der Zeitenwende

Prof. Dr. Roland Vaubel

Roland Vaubel *ist em. Professor für Volkswirtschaftslehre an der Universität Mannheim und Mitglied des Wissenschaftlichen Beirats beim Bundeswirtschaftsministerium. Er war ord. Professor an der Erasmus Universität Rotterdam und lehrte als Gastprofessor an der Graduate School of Business der University of Chicago.*

Über Europa prasselt ein Pandämonium negativer Schocks hernieder. Das wirft die Frage auf, ob die Kompetenzordnung der Europäischen Union noch zeitgemäß ist. Was bedeutet erstens der Ukraine-Schock für die Sicherheitspolitik und die Energiepolitik der EU? Stellt zweitens die akute Klimaerwärmung die EU vor neue Herausforderungen? Welche Implikationen hat drittens der Migrationsschock? Was folgt viertens aus dem Corona-Schock? Fünftens, wirft die Krise des Euro Kompetenzprobleme auf?

Der Ukraine-Schock

Brauchen wir jetzt die Europa-Armee? Die ökonomische Theorie der Allianzen hebt darauf ab, dass die militärischen Anstrengungen eines einzelnen Landes auch anderen, gleichgesinnten Ländern zugutekommen. Wenn diese „positiven externen Effekte“ nicht berücksichtigt werden, wird zu wenig für die Verteidigung aufgewendet. Um die externen Effekte voll zu berücksichtigen, bedarf es einer militärischen Allianz, die alle gleich gesinnten und daher positiv betroffenen Länder miteinschließt. Das Problem ist nur, dass die positiven externen Effekte der Verteidigungsanstrengungen einzelner EU-Staaten nicht an den Grenzen der EU Halt machen. Die USA und Kanada zum Beispiel profitieren auch davon. Insofern ist die NATO besser als die EU-Armee. Aber selbst die NATO ist noch zu klein. Japan, Australien, Neuseeland und die anderen freiheitlichen Demokratien gehören auch dazu. Der Zeitpunkt scheint gekommen, die NATO in eine „Freedom Alliance" umzugründen. Alle NATO-Verpflichtungen würden übernommen, und niemand könnte Schweden und Finnland hindern, der neuen Organisation beizutreten.

Ein weiteres Ergebnis der ökonomischen Theorie der Allianzen ist, dass die Organisation von einem großen Land angeführt werden sollte.[1] Dem großen Land kommt ein großer Anteil der Früchte seiner Verteidigungsanstrengungen zugute; es ist daher am stärksten an der Aufrechterhaltung der Organisation interessiert (und bereit, einen überproportionalen Anteil zu ihrer Finanzierung beizutragen). In der NATO gibt es ein solches großes Land: die USA. In der EU möchte sicherlich Frankreich mit seiner Force de Frappe die Rolle des Systemführers übernehmen. Aber hat Frankreich in der EU das dafür notwendige ökonomische Gewicht?

Beide Gründe sprechen dagegen, neben der NATO – und als potentielle Alternative zu ihr – eine europäische Verteidigungsorganisation aufzubauen.

Auch für eine gemeinsame Energiepolitik gegenüber Russland ist die EU kleiner als optimal. Russland soll mit einem Nachfragerkartell konfrontiert werden. Am meisten Marktmacht hat das Kartell, wenn sich alle gleichgesinnten Länder daran beteiligen. Deshalb ist es folgerichtig, dass der Preisdeckel für russisches Erdöl nicht von der EU, sondern Anfang September 2022 von der Group of Seven initiiert wurde.

Der Klimaschock

Die menschengemachte Klimaerwärmung ist nichts Neues, aber erst in den letzten Jahren in ihrer Dramatik von der Politik erkannt worden. Wiederum geht es um positive externe Effekte: der Umweltschutz eines einzelnen Landes kommt nicht nur diesem Land zugute, sondern der ganzen Welt. Deshalb muss es das Ziel sein, möglichst viele Länder an der Klimapolitik zu beteiligen. Die EU ist auch für die Lösung des Klimaproblems zu klein. Klimapolitik ist Weltklimapolitik. Deshalb ist es sinnvoll, dass die Verhandlungen auf der Ebene der UNO stattfinden (Kyoto-Protokoll, Pariser Vereinbarungen usw.).

---

[1] Olson (1966).

Der Migrationsschock

Wenn ein einzelner Mitgliedsstaat einen Asylbewerber ins Land lässt, kann dieser auch in die anderen Mitgliedstaaten gelangen. Deshalb ist die Migrationspolitik ein Thema von gemeinsamem Interesse. Nur 14 Prozent der abgewiesenen Asylbewerber werden abgeschoben. Das wirft die Frage auf, wie der massenhafte Missbrauch des Asylrechts in der EU beendet werden kann. Das Haupthindernis ist das Richterrecht des Straßburger Menschenrechtsgerichtshofs.[2] Eine Änderungskündigung der EU-Mitgliedstaaten könnte es für die EU außer Kraft setzen.

Der Corona-Schock

Auch ansteckende Krankheiten erzeugen internationale externe Effekte, aber auch eine Ansteckung macht nicht an den Grenzen der EU Halt. Insofern ist die World Health Organization (WHO) geeigneter, Epidemien zu bekämpfen, als die EU. Die Gesundheitspolitik der EU in der Corona-Krise ist mit Recht kritisiert worden, zum Beispiel von Wolfgang Kubicki: „Die EU hat hingegen beim Impfstoff erst eine miserable Bestellung abgeliefert. Dann ist bei der bürokratisch-unsinnigen Zulassung leider wichtige Zeit verloren gegangen, mit fatalen Folgen für Europas Impfstoff-Versorgung. Tausende Menschen, die nicht hätten sterben müssen, sind dadurch ums Leben gekommen“.[3] Für die amateurhafte Bestellung waren die zuständige Kommissarin, eine Psychologin aus einer der einflussreichsten Familien Zyperns, und ihre Generaldirektorin, eine Italienerin, die als Dolmetscherin in der Kommission Karriere gemacht hat, verantwortlich. Es gibt auch den Verdacht, dass die EU den Biontech/Pfizer-Impfstoff erst lange nach den USA, Großbritannien und Israel zuließ, um dem französischen Pharmaunternehmen Sanofi Zeit zu geben, mit seinem Impfstoff nachzuziehen.

Als Reaktion auf den Corona-Schock wurde die „Recovery and Resilience Facility“ – später etwas bombastisch als „Next Generation EU Program“ bezeichnet – gegründet. Damit wird der EU-Haushalt zum ersten Mal über EU-Anleihen finanziert. In der Vergangenheit bestand in der rechtswissenschaftlichen Literatur Einigkeit, dass die Kompetenzordnung der europäischen Verträge eine Schuldenfinanzierung des Haushalts nicht zulässt. Denn Artikel 311 Absatz 2 des Vertrages über die Arbeitsweise der Europäischen Union (AEUV) lautet: „Der Haushalt wird unbeschadet der sonstigen Ein-

---

2 Pabel (2016), S. 201.

3 www.focus.de/gesundheit, 18.02.2021.

nahmen vollständig aus Eigenmitteln finanziert".[4] Entsprechend heißt es in Artikel 17 der EU-Haushaltsordnung unter der Überschrift „Grundsatz des Haushaltsausgleichs": (1) „Einnahmen und Mittel für Zahlungen sind auszugleichen". (2) „Die Union und die in den Artikeln 71 und 72 genannten Einrichtungen der Union sind nicht befugt, im Rahmen des Haushalts Kredite aufzunehmen".

Wenn die EU berechtigt wäre, ihren Haushalt mit Schulden zu finanzieren, bedürfte es dazu einer Ermächtigung in den europäischen Verträgen.[5] Rat und Kommission berufen sich auf Artikel 311 Absatz 3 Satz 1 AEUV: „Der Rat erlässt gemäß einem besonderen Gesetzgebungsverfahren einstimmig und nach Anhörung des Europäischen Parlaments einen Beschluss, mit dem die Bestimmungen über das System der Eigenmittel der Union festgelegt werden". Kommission und Rat argumentieren, dass die am Kapitalmarkt aufzunehmenden Mittel zum „System der Eigenmittel" gehören, weil sie – wie gleichzeitig im „Eigenmittelbeschluss"[6] festgelegt – aus neuen zukünftigen Eigenmitteln zurückgezahlt werden sollen. Es ist jedoch nicht so, dass die zukünftigen Eigenmittel die heutige Verschuldung notwendig machen. Es ist umgekehrt die Verschuldung heute, die in der Zukunft höhere Eigenmittel erfordert. Da der Begriff „System der Eigenmittel" also nicht eine Schuldenfinanzierung beinhaltet, kann Artikel 311 Absatz 3 nicht als Ermächtigung für die Schuldenfinanzierung des EU-Haushalts herhalten. Die beschlossene Schuldenfinanzierung ist eine Kompetenzüberschreitung. Für die vom Rat gewünschte kollektive Schuldenfinanzierung des EU-Haushalts wäre eine Änderung der europäischen Verträge notwendig gewesen.

Die rechtliche Analyse beantwortet nicht die Frage, ob die EU die Möglichkeit haben sollte, ihren Haushalt mit Schulden zu finanzieren und ob speziell ihre Recovery and Resilience Facility eine gute Idee ist. Wenn Politiker die Möglichkeit erhalten, zur Finanzierung der Staatsausgaben Schulden zu machen, statt die Steuern zu erhöhen, werden sie weniger sparsam sein. Das ist das Grundproblem jeder keynesianischen Fiskalpolitik. Systemimmanent stellt sich die Frage, inwieweit es bei der Ausführung zu Verzögerungen kommt. Es braucht Zeit, die staatliche Haushaltspolitik im Lichte der Konjunkturentwicklung zu ändern. Die Verzögerung ist besonders groß, wenn

[4] Mit den „sonstigen Einnahmen" sind Einnahmen außerhalb des Haushalts gemeint. Wenn gemeint wäre, dass auch der Haushalt aus sonstigen Einnahmen finanziert werden darf, wäre Absatz 2 inhaltsleer so wie der Satz „Der Haushalt wird aus Mitteln vom Typ E oder vom Typ Nicht-E finanziert". Inhaltsleere Bestimmungen darf man den Vertragspartnern bei der Interpretation des Vereinbarten nicht unterstellen.

[5] Art. 5 AEUV schreibt sogar eine „begrenzte Einzelermächtigung" vor.

[6] Beschluss 2020/2053 des Rates über das Eigenmittelsystem der Europäischen Union und zur Aufhebung des Beschlusses 2014/335/EU, Euratom.

die Fiskalpolitik – wie im Fall der Recovery and Resilience Facility – unter mehreren Staaten abgestimmt und die Verwendung der Mittel in einem langwierigen Verfahren genehmigt werden muss. Dann besteht die Gefahr, dass ein expansiver fiskalpolitischer Impuls nicht in der Rezession, sondern im Aufschwung oder Boom wirksam wird. Was die Recovery and Resilience Facility angeht, bemängeln zum Beispiel Dorn und Fuest (2021, S. 4), dass ein Großteil der Ausgaben zu spät kommt, um als konjunkturelle Stütze zur Abfederung des wirtschaftlichen Einbruchs in der Coronakrise zu dienen, und Friedrich Heinemann (2021, S. 9) bezeichnet die Wirkung der Facility sogar als „eindeutig prozyklisch". Ein Staatenverbund wie die Europäische Union ist insofern als fiskalpolitische Instanz besonders wenig geeignet. Es kommt hinzu, dass die gemeinschaftliche Haftung für die Rückzahlung der Eurobonds die einzelnen Mitgliedstaaten zu einer unsoliden Wirtschaftspolitik verleitet.

Der Euro-Schock

Der Euro-Schock kam in zwei Schüben, erst 2010 in Gestalt des Griechenland-Bailouts[7], dann 2021/22 in Gestalt hoher Inflationsraten und des sogenannten „Transmission Protection Instruments" (TPI).

Der Griechenland-Bailout war schockierend, weil er in zweifacher Weise gegen die europäischen Verträge verstieß. Zum einen verstieß die Übernahme der griechischen Staatsschuld durch die European Financial Stability Facility (EFSF) und den European Stability Mechanism (ESM) gegen Artikel 125 AEUV, der da heißt: „Ein Mitgliedstaat haftet nicht für die Verbindlichkeiten der Zentralregierung … eines anderen Mitgliedsstaates und tritt nicht für derartige Verbindlichkeiten ein". Denn die Mitgliedstaaten haften gemeinsam für die Verbindlichkeiten (Eurobonds) des EFSF und ESM.[8]

Zum anderen verstießen die EZB-Käufe griechischer Staatsanleihen gegen das Verbot der monetären Haushaltsfinanzierung, das auch nach Ansicht des EU-Gerichtshofs in Artikel 123 AEUV und in Artikel 21 der Satzung der Europäischen Zentralbank enthalten ist. Diesen Verstoß kritisierte Helmut Schlesinger, zur Zeit der Maastricht-Verhandlungen Präsident der Deutschen Bundesbank, mit den folgenden Worten: „Man hat der Europäischen Zentralbank ein Statut gegeben, in dem steht so dick wie möglich: es ist

[7] „To bail out" heißt „einen Verbrecher durch Bürgschaft der Bestrafung entziehen".
[8] Dass die Beteiligten dabei ein schlechtes Gewissen hatten, kann man daran sehen, dass sie im März 2011 geräuschlos einen Zusatz zu Artikel 136 Ziffer 3 AEUV beschlossen, der das Haftungsverbot einschränkte.

nicht erlaubt, öffentlichen Stellen Kredit zu gewähren. Trotzdem wurden ohne weiteres 280 Mrd. Euro Staatspapiere gekauft mit dem Hinweis, dies sei nötig, um den geldpolitischen Funktionsmechanismus aufrecht zu erhalten. Damit hätte ich nicht gerechnet."[9]

Bei beiden Verstößen war Frankreich die treibende Kraft. Sarkozy und Trichet wollte um jeden Preis verhindern, dass Griechenland aus der Währungsunion ausscheiden würde, denn sonst hätten ja auch andere Länder irgendwann auf die Idee kommen können, aus der Währungsunion auszutreten – zum Beispiel Deutschland – und dann wäre Mitterands Verhandlungscoup zur Zeit der deutschen Wiedervereinigung dahin.[10] Der griechische Finanzminister Papakonstantinou, der Mitterands Euro-Strategie in Paris mitverfolgt hatte, wusste um die französische Interessenlage und seine starke Verhandlungsposition, den Bailout für Griechenland durchzusetzen.

In der Folgezeit häuften sich die Kompetenzüberschreitungen der EU, der EZB und des ESM.[11] Der ehemalige Verfassungsrichter und Göttinger Rechtsprofessor Hans Hugo Klein meint dazu: Der „großzügige Umgang mit dem geltenden Recht hat den Anspruch der Union, eine ‚Rechtsgemeinschaft' zu sein, nachhaltig beschädigt."[12] Und Martin Seidel, Jura-Professor und deutsches Mitglied bei den Maastricht-Verhandlungen, schreibt: „Die Europäische Union ist als Folge der Staatsschuldenkrise, in der sich seit mehreren Jahren die Währungszone befindet, auch in eine Krise als Rechtsgemeinschaft geraten. Verantwortlich sind Regel- und Rechtsverstöße der Organe der Europäischen Union, einschließlich der Europäischen Zentralbank, sowie Rechts- und Regelverstöße der Mitgliedstaaten. Die Regel-, Rechts- und Vertragsverstöße haben in der Geschichte der Integration Europas kein Vorbild und haben infolge eines einmaligen Zusammenwirkens der Europäischen Union und der Mitgliedstaaten eine bisher nicht vorstellbare Lücke an Rechtsschutz auf der europäischen Ebene entstehen lassen."[13]

Wenden wir uns nun dem Inflationsschock zu. Dass der Euro früher oder später stark inflationieren würde, haben Ökonomen schon Anfang der neunziger Jahre vorhergesagt.[14]

---

[9] Capital, 19.04.2012.

[10] Dass die deutsche Zustimmung zum Euro der Preis für die französische Zustimmung zur deutschen Wiedervereinigung war, belege ich mit zahlreichen Zitaten der Hauptakteure im ersten Kapitel meines Buches „Das Ende der Euromantik" (Vaubel 2019).

[11] Im vierten Kapitel meines Buches (Vaubel 2019) kritisiere ich unter der Überschrift „Das Recht ist unter die Räder gekommen" 15 weitere Rechtsbrüche.

[12] Klein (2016).

[13] Seidel (2013, S. 18).

[14] Vgl. z. B. Vaubel (1992).

Die Ursachen der Inflation ab 2021 sind vielfältig, aber ohne die exorbitante Zunahme der Zentralbankgeldmenge in den Vorjahren wäre die Inflation nicht möglich gewesen. Der monetäre Mantel war so weit, dass die Energiepreise freien Lauf hatten, d. h. nicht auf monetäre Grenzen stießen. Dass die EZB die Inflation unterschätzte und erst im Juli 2022 ihren Zins erhöhte, ist wahrscheinlich den Wahlen in Frankreich geschuldet.[15] Die Zinserhöhung wurde mit der Ankündigung eines weiteren Rechtsverstoßes, nämlich weiterer Käufe von Staatsanleihen, gekoppelt. Die EZB setzte es sich zum Ziel, mit Hilfe ihres neuen „Transmission Protection Instruments" (TPI) „ungerechtfertigte" Zinserhöhungen bei den Staatsanleihen einzelner Mitgliedstaaten – zum Beispiel Italiens – zu verhindern. Da die Steuerung der Euro-Inflation weder eine in allen Mitgliedstaaten gleiche Transmission der Geldpolitik noch bestimmte Anleihezinsen in einzelnen Mitgliedstaaten erfordert, sind die angekündigten Anleihekäufe nicht geldpolitisch motiviert, sondern lupenreine monetäre Haushaltsfinanzierung.

Eigentlich hätte der Gerichtshof der EU alle diese Rechtsbrüche verbieten müssen, aber er versteht sich als „Motor der Integration" und ist noch nie gegen Kompetenzüberschreitungen der Kommission oder des Rates vorgegangen. Eine Kompetenzordnung ist so gut oder schlecht wie das, was die Justiz daraus macht. Die European Constitutional Group (Bernholz et al. 1994) hat vorgeschlagen, dass die Richter des EU-Gerichtshofs nicht von Politikern benannt werden, sondern von den höchsten Gerichten der Mitgliedstaaten für einmalig acht Jahre delegiert werden sollten.

Weiterführende Literatur

Bernholz, Peter, Friedrich Schneider, Roland Vaubel and Frank Vibert (2004), „An alternative constitutional treaty for the European Union", *Public Choice* 118 (2), S. 451–468.

Dorn, Florian, und Clemens Fuest (2021), „Corona-Aufbauplan: Bewährungsprobe für den Zusammenhalt in der EU?" *ifo Schnelldienst* 2/2021, S. 3–8.

Heinemann, Friedrich (2021), „Next Generation EU: 750 Milliarden Euro suchen einen Sinn", *ifo Schnelldienst,* 2/2021, S. 8–12.

Klein, Hans Hugo (2016), „Den EU-Staaten Souveränität zurückgeben", *Frankfurter Allgemeine Zeitung,* 17.08.2016.

Olson, Mancur (1966), „An economic theory of alliances", *Review of Economics and Statistics* 48 (3), 266–279.

[15] Die Präsidentschaftswahl war im April 2022, die Parlamentswahl im Juni 2022.

Pabel, Katharina (2016), „Flüchtlingsschutz und europäische Menschenrechtskonvention“, in: Otto Depenheuer, Christoph Grabenwarter (Hg.), *Der Staat in der Flüchtlingskrise: Zwischen gutem Willen und geltendem Recht,* Paderborn: Schöningh, S. 197–215.

Seidel, Martin (2013), *Die deutsche Europapolitik unter den Vorgaben des Bundesverfassungsgerichts,* Discussion Paper C 218, Zentrum für Europäische Integrationsforschung, Universität Bonn.

Vaubel, Roland (1992), „Grundfragen einer gemeinsamen Währungspolitik“, in: Erwin Dichtl (Hg.), *Schritte zum Europäischen Binnenmarkt,* 2. Aufl., München: C. H. Beck/dtv.

Vaubel, Roland (2019), *Das Ende der Euromantik – Neustart jetzt,* Wiesbaden: Springer.

Eine Kompetenzordnung ist so gut oder schlecht wie das, was die Justiz daraus macht.

Gut funktionierende Kapitalmärkte eröffnen der Gesellschaft die Chance, am Wohlstandszuwachs zu partizipieren.

Kapitalmärkte: Motor für Innovation und Wohlstand oder Wurzel allen Übels?

Prof. Dr. Wolfgang Bessler, Universität Hamburg

Wolfgang Bessler *ist Inhaber der Deutsche Börse Seniorprofessur für empirische Kapitalmarktforschung an der Universität Hamburg sowie an den Universitäten Frankfurt und Groningen tätig. Zuvor lehrte er an der Universität Gießen, der Syracuse University und dem Rensselaer Polytechnic Institute in New York. Forschungsschwerpunkte sind Corporate Finance, Banken, Börsen und Asset Management.*

Prof. Dr. Wolfgang Drobetz, Universität Hamburg

Wolfgang Drobetz *ist Inhaber des Lehrstuhls für Unternehmensfinanzierung und Portfoliomanagement an der Universität Hamburg. Er unterrichtete an der Universität St. Gallen, der Bucerius Law School, der Otto Beisheim School of Management (WHU) und der IAE Business School. Er amtiert als geschäftsführender Vorstand des Hamburg Financial Research Center e. V. (HFRC).*

Kapitalmärkte erfüllen zentrale ökonomische Funktionen. Trotzdem werden sie von der Öffentlichkeit oftmals skeptisch beurteilt, weil die Leistungen nur schwer zu erkennen sind und die vielen Krisen zu Verunsicherung führen. Die aktuellen Probleme des deutschen Kapitalmarktes sind darauf zurückzuführen, dass Politiker aus Unverständnis oder aus ideologischen Gründen die notwendigen Reformen verhindern und den Kapitalmarkt durch Auflagen und Steuern entscheidend schwächen. Dabei ist ein funktionierender Kapitalmarkt wichtig für die Finanzierung von Investitionen, die Transformation in eine klimaneutrale Gesellschaft sowie für einen stärkeren Vermögensaufbau und eine sinnvolle Altersvorsorge der Bürger.

I. Grundsätzliche Überlegungen zur Bedeutung von Kapitalmärkten

Kapitalmärkte übernehmen und erfüllen zentrale ökonomische Aufgaben in einem Finanzsystem und in einer Volkswirtschaft, indem Unternehmen mit ihrem Finanzierungsbedarf und Investoren mit ihren Anlagewünschen in effizienter Weise zusammengeführt werden. Effizient bedeutet in diesem Zusammenhang, dass sich Unternehmen jederzeit zu minimalen Kapitalkosten mit Eigen- oder Fremdkapital finanzieren können, und dass Anleger ihren Präferenzen entsprechend zwischen verschiedenen Anlagealternativen auswählen können, die ihnen die höchste risikoadjustierte Rendite ermöglichen. Dazu ist erforderlich, dass die Marktpreise alle bewertungsrelevanten Informationen vollständig und zeitnah widerspiegeln (Informationseffizienz), und dass der Kapitalmarkt effizient organisierter ist (operative Effizienz). Dadurch sollten mögliche Reibungsverluste und Transaktionskosten, also die Differenz zwischen den Kapitalkosten eines Unternehmens und den Renditeforderungen der Anleger, minimiert werden. Die vorhandenen Finanzmittel der Investoren werden dadurch zu den Unternehmen mit den besten Verwendungsmöglichkeiten gelenkt (Allokationseffizienz). Somit stellt ein Kapitalmarkt, der mehr (Public Market, Börse) oder weniger (Private Market) organisiert sein kann, neben dem Bankensektor eine wesentliche Säule für die Finanzierung der Wirtschaft und für die Vermögensbildung und Altersvorsorge in einem Land dar.

Obwohl diese zentralen ökonomischen Funktionen in der Regel erfüllt werden, kommt es immer wieder vor, dass Kapitalmärkte und auch das Bankensystem von der Öffentlichkeit kritisch beurteilt und als Wurzel allen Übels gebrandmarkt werden. Dies ist insbesondere dann der Fall, wenn es zu größeren Kursverlusten, Unternehmenszusammenbrüchen oder Finanzkrisen kommt. Oftmals muss in solchen Fällen nicht nur eine einzelne Bank, sondern das gesamte Banken- oder Finanzsystem mit staatlichen Mitteln und Steuergeldern gerettet werden. Die immensen Kursverluste und Insolvenzen am „Neuen Markt" während der „New Economy Blase" (1998–2002), die dramatischen Auswirkungen der globalen Finanzkrise (2007–2008) und der europäischen Staatsschuldenkrise (2009–2010) sowie die Einschränkungen während der Corona Pandemie (2020–2022) sind nur einige Beispiele für Krisen, die das gesamte Finanzsystem und damit auch Unternehmen und Investoren erfassten.

Daneben treten immer wieder extreme Ereignisse mit negativen Auswirkungen auf, die einem einzelnen Unternehmen oder Manager direkt zuzurechnen sind. Auch in diesen Situationen wird der Kapitalmarkt gleichermaßen als Wurzel allen Übels betrachtet, weil er die Verfehlungen nicht rechtzeitig erkannt wurden. Beispiele für Deutschland sind der VW-Abgasskandal und die Betrügereien von Wirecard. Aktuell überrascht der Zusammenbruch von FTX, einer Handelsplattform für Kryptowährungen. Hier stellt sich die Frage, ob der Kapitalmarkt als Organisation, die Börsenaufsicht, oder die Geldgier einzelner Marktakteure das Grundproblem darstellen. Man muss sich aber auch fragen, warum Wirtschaftsprüfer und erfahrene Investoren mit engen Kontakten zu den handelnden Personen betrügerisches Handeln nicht rechtzeitig erkennen konnten.

Die Beobachtung, dass man durch Betrügereien am Kapitalmarkt sehr schnell ein Vermögen anhäufen kann, ist die Grundlage dafür, dass das Bankensystem und auch die Kapitalmärkte stark reguliert und überwacht werden müssen, um ihre zentralen ökonomischen Funktionen effizient erfüllen zu können. Dabei muss der Anlegerschutz stets einen hohen Stellenwert haben. Kursmanipulation, Insiderhandel und Anlagebetrug sind Delikte, die das Vertrauen der Anleger in den Kapitalmarkt erschüttern und zwingend strafrechtliche Sanktionen nach sich ziehen müssen. Dabei hat Deutschland im internationalen Vergleich noch einen erheblichen Nachholbedarf.

Oftmals wird auch die zu geringe ökonomische Bildung in Deutschland und das fehlende Verständnis für die Anlage in Aktien und Anleihen (Finanzwissen) hervorgehoben, wenn sich Anleger überzeugen lassen, in dubiose Finanztitel oder Steuersparmodelle zu investieren, und dann große Verluste erleiden. Auch hier zeigt sich, dass mangelnde Kapitalmarktkenntnisse und die Gier von Beratern und Anlegern nach Gewinn der Anfang vom Ende einer rentierlichen Anlagestrategie sein können. In diesem Zusammenhang stellt sich natürlich die grundlegende Frage, wie erfolgreich Anlagestrategien überhaupt sein können. Die empirische Kapitalmarktforschung hat hier eine eindeutige Antwort: Kurzfristig kann man Glück haben. Private und institutionelle Investoren können allerdings einen Vergleichsindex (z. B. den Deutschen Aktienindex, DAX) langfristig nicht persistent durch aktive Anlagestrategien schlagen. Die für viele enttäuschende Konsequenz daraus ist, dass passive, breit gestreute ETFs und Indexfonds die sinnvollsten Instrumente für einen Großteil der Anleger darstellen.

In dem nachfolgenden Kapitel II werden zunächst die zentralen ökonomischen Funktionen eines organisierten Kapitalmarktes beleuchtet. Dabei wird auf die Finanzierungs- und Anlagefunktionen sowie auf die Organisation des Kapitalmarktes eingegangen. Zusammenfassend werden dann im Kapitel III die aktuellen Probleme und Defizite des deutschen Kapitalmarktes aufgezeigt. Das Kapitel IV enthält Vorschläge, wie die Rahmenbedingungen für den deutsche Kapitalmarkt verbessert werden müssen, damit eine effiziente Allokation der Ressourcen in der Zukunft gewährleistet werden kann. Das letzte Kapitel V enthält eine kurze Zusammenfassung.

II. Die Funktionen und Bedeutung der Banken und der Kapitalmärkte

Eine Analyse der Funktionsfähigkeit eines organisierten Kapitalmarktes lässt sich, wie in **Abbildung 1** dargestellt, sinnvollerweise aus drei Perspektiven vornehmen: 1) aus der Sicht des Unternehmens, das Finanzierungsbedarf hat, um seine Ideen in Produkte umzusetzen, zu produzieren und zu vermarkten; 2) aus der Sicht der Anleger und Investoren, die eine möglichst gewinnbringende Vermögensanlage suchen; 3) aus der Sicht der Institutionen und Intermediäre, die den Kapitalmarkt effizient organisieren und seine Integrität sicherstellen. Im Folgenden betrachten wir diese Bereiche und die wichtigen Wechselwirkungen, die zwischen ihnen bestehen.

1. Der Kapitalmarkt und die Rolle der Börse als Marktorganisator

Unternehmen können sich entweder indirekt über Kredite bei Banken oder direkt über die Aufnahme von Fremd- oder Eigenkapital am privaten oder am organisierten Kapitalmarkt finanzieren. Die Anlage am privaten Kapitalmarkt in Private Equity oder Private Debt ist grundsätzlich risikoreicher und kann zum Totalausfall führen, weil hier oftmals Unternehmen in den Frühphasen (Start-up) finanziert werden, und weil nur ein Bruchteil der Unternehmen erfolgreich sein wird. Auch wenn grundsätzlich die Möglichkeit einer höheren Rendite besteht, ist sie für Kleinanleger in der Regel keine sinnvolle Anlagealternative und ohnehin kaum zugänglich.

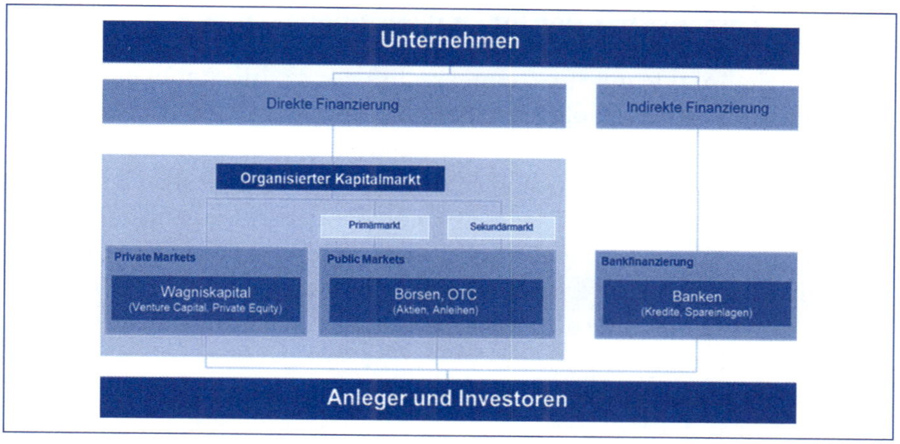

Abbildung 1

Die Börse nimmt bei der Organisation des öffentlichen Kapitalmarktes eine zentrale Stellung ein. Ihre Aufgabe ist es, das Umfeld für die Unternehmensfinanzierung und für die Geldanlage in Wertpapieren effizient zu gestalten. Einerseits sollten Unternehmen sich jederzeit zu minimalen Kapitalkosten finanzieren können, um möglichst alle erfolgversprechenden Investitionsprojekte realisieren zu können. Andererseits sollten Anleger entsprechend ihrer Risikoneigung und Präferenz die höchste risikoadjustierte Rendite erzielen können. Durch umfangreiche Veröffentlichungspflichten und Prüfungen der Unternehmen sollten die Anleger ausreichend informiert und geschützt sein. Eine effizient operierende Börse führt zu minimalen Reibungsverlusten und Transaktionskosten, sodass die Kapitalkosten der Unternehmen nur geringfügig höher sind als die Renditen der Anleger. Im Idealfall wäre die Differenz nur marginal.

Die Börse organisiert einen Primärmarkt, auf dem Unternehmen durch einen Börsengang Eigenkapital aufnehmen können, sowie einen Sekundärmarkt, auf dem die auf dem Primärmarkt emittierten Wertpapiere zwischen Anlegern jederzeit kostenminimal gehandelt werden können. Zudem wird es erfolgreichen Unternehmen ermöglicht, durch spätere Kapitalerhöhungen weiteres Eigenkapital dort aufzunehmen. Informationseffizienz, Anlegerschutz und die steuerliche Gleichstellung aller Marktteilnehmer sind dabei wichtige Kriterien. Leider greift die Politik immer wieder in diese Mechanismen ein. Denn eine steuerliche Belastung wie beispielsweise mit einer Finanztransaktionssteuer, reduziert die Rendite für Anleger, erhöht unternehmensseitig die Kapitalkosten und verringert somit die Attraktivität für alle Beteiligten.

2. Unternehmensfinanzierung und Vermögensanlage

Wenn Kapitalmärkte gut funktionieren, fördern sie Innovationen, Wandel und Wachstum in einer Volkswirtschaft, indem sie stets die effiziente Allokation von Ressourcen in die besten Verwendungsmöglichkeiten sicherstellen. Kapitalmärkte eröffnen aber auch der Gesellschaft die Chance, am Wohlstandszuwachs zu partizipieren. Denn ein effizient organisierter Kapitalmarkt, der für institutionelle und private Investoren gleichermaßen zugänglich ist, verteilt die verfügbaren Anlage- und Investitionsmittel gezielt auf jene Unternehmen, die die vielversprechendsten Projekte und das höchste Wachstums- und Erfolgspotential aufweisen. Insbesondere in Zeiten struktureller Veränderungen und disruptiver Innovationen in Gesellschaft und Wirtschaft, wie die Transformation in umweltfreundlichere Zukunftstechnologien, fällt dieser Allokationsleistung des Kapitalmarktes eine Schlüsselrolle zu. Insgesamt führen Kapitalmärkte zu mehr Innovationen, einem höheren Wirtschaftswachstum und durch Partizipation an den Gewinnen zu einem höheren Wohlstand in der Gesellschaft. Hier liegt Deutschland weit hinter anderen Ländern zurück und hat einen großen Nachholbedarf.

Wie die Finanzierung, so kann auch die Geldanlage entweder indirekt bei Banken oder direkt über den privaten oder öffentlichen Kapitalmarkt erfolgen. Die Banken helfen dabei, die bestehenden Divergenzen und Inkongruenzen zwischen Unternehmen und Anlegern zu minimalen Kosten zu überbrücken. Dazu führen Banken als ganz zentrale Leistungen verschiedene Risikotransformationen durch (Losgröße, Ort, Laufzeit, Bonität), um aus den risikobehafteten Krediten eine für den Einleger sichere Anlage zu generieren. Die sichere Bankeinlage erbringt in der Regel nur eine geringe Rendite, aber auch das Risiko eines Ausfalls des Anlagebetrages ist durch verschiedene Sicherungssysteme und das Eigenkapital der Bank minimiert. Weil Sicherheit in Deutschland einen hohen Stellenwert hat, sind Bankeinlagen weiterhin eine sehr beliebte Anlage trotz der geringen Rendite. Ohne diese Transformationsleistungen der Banken gäbe es geringere Einlagen, und die Banken könnten den Unternehmen nur weniger Kredite gewähren.

Die eben genannten Transformationsprobleme bestehen ebenfalls bei der Geldanlage und Finanzierung am Kapitalmarkt. Sie müssen auch dort gelöst werden, damit es zu Transaktionen zwischen Anlegern und Unternehmen kommen kann. So eröffnet die Aufteilung des gesamten, oftmals sehr großen, Finanzierungsbedarfs eines Unternehmens in verbriefte kleinere homogene und heterogene Titel, also in Aktien und Anleihen mit kleinem Nominalbetrag, dem Anleger die Möglichkeit, auch kleinere Anteile zu erwerben, die jederzeit am Sekundärmarkt verkauft werden können. Da die Aktien von vielen unterschiedlichen Unternehmen gehandelt werden, kann der Anleger viele verschiedene Aktien in einem Portfolio zusammenlegen und das individuelle Anlagerisiko diversifizieren. Anstatt direkt in viele einzelne Aktien anzulegen, kann der Investor aber auch in ein bereits diversifiziertes und professionell verwaltetes Portfolio kostengünstig investieren. Dieses Portfolio kann entweder aktiv oder passiv verwaltet werden. In beiden Fällen trägt der Anleger, im Gegensatz zu Bankeinlagen, die Kursverluste immer selbst. Gerade bei aktiven Strategien wird er auch mit erheblich höheren Transaktionskosten belastet, wodurch die Nettorendite geschmälert wird.

Insgesamt bleibt festzuhalten, dass Kapitalmärkte die wichtige ökonomische Funktion der Risikotransformation erfüllen. Sie ermöglichen es, die risikobehafteten Zahlungsströme von Unternehmen am Kapitalmarkt in homogene und heterogene Titel zu zerlegen, die der Investor dann von verschiedenen Unternehmen erwerben und durch den Aufbau eines Portfolios diversifizieren kann. Dieser Prozess wirkt umso besser, je effizienter die Kapitalmärkte funktionieren, d. h., je geringer die Reibungsverluste durch Transaktionskosten und Steuern, durch Auflagen und durch nicht zielführende Regulierungen sind. Da effizient funktionierende Kapitalmärkte wesentlich dazu beitragen, dass Innovationen und Wachstum finanziert und Bürger Vermögen und Wohlstand aufbauen können, sollte die Politik ein sehr großes Interesse daran haben, bestmögliche Rahmenbedingungen für den Kapitalmarkt zu schaffen.

Leider sieht die Realität in Deutschland seit langem anders aus. Weder das Bankensystem noch der Kapitalmarkt funktionieren optimal. Eine Vielzahl von Studien bestätigt die vielfältigen Schwächen des deutschen Kapitalmarktes. Dies hat zu einem dramatischen Bedeutungsverlust der deutschen Finanzintermediäre und des deutschen Kapitalmarktes geführt. Die gesamte Infrastruktur des deutschen Finanzsystems, also sowohl die indirekte als auch die direkte Finanzierung und Geldanlage, hat in den letzten zwei Dekaden gelitten. Die deutschen Finanz- und Informationsintermediäre haben ihre Leistungen und Funktionen auf dem nationalen Kapitalmarkt zum Teil massiv eingeschränkt.

Im nächsten Kapitel wird zunächst eine Bestandsaufnahme der aktuellen Situation des deutschen Kapitalmarktes vorgenommen, die Probleme im internationalen Wettbewerb herausgearbeitet und der Reformnotstand benannt. Im nachfolgenden Kapitel werden dann die zukünftig dringend erforderlichen Reformen diskutiert und darlegt, wie eine bessere Organisation des deutschen Kapitalmarktes aussehen könnte. Dabei geht es auch um bessere Finanzierungsmöglichkeiten von Innovationen, Investitionen und der Transformation in eine klimaneutrale Gesellschaft sowie um stärkeren Vermögensaufbau und eine sinnvolle Altersvorsorge.

III. Der deutsche Kapitalmarkt: Eine Bestandsaufnahme

1. Die aktuelle Ausgangslage

Wenn man nach den Gründen für Finanzkrisen oder großen Kursverlusten sucht, dann findet man immer wieder das Argument, dass der Kapitalmarkt die Wurzel allen Übels sei. Man kann aber auch den umgekehrten Standpunkt vertreten. Die Probleme des Kapitalmarktes in Deutschland sind darauf zurückzuführen, dass Politiker aus Unverständnis oder aus ideologischen Gründen die Bedeutung und die Funktionsfähigkeit des Kapitalmarktes beschneiden und durch Auflagen und Steuern entscheidend schwächen. Dabei verschleppen sie die dringend erforderlichen Reformen oder verhindern, dass sie überhaupt angegangen werden. Hier liegt die eigentliche Wurzel des Übels. Das führt im internationalen Vergleich nicht nur für das deutsche Finanzsystem als Ganzes oder speziell das Ökosystem „Börse" zu einem großen Wettbewerbsnachteil, sondern hat auch erhebliche negative Auswirkungen auf die Finanzierung von Innovationen und wertschaffenden Investitionen. Insgesamt schwächt dies die Bedeutung der deutschen Wirtschaft im internationalen Wettbewerb und wird langfristig Arbeitsplätze und Wohlstand in Deutschland kosten, weil immer mehr Unternehmen ins Ausland abwandern. Sogar der Deutsche Gewerkschaftsbund (DGB) hat sich kürzlich gegen ein Verbot von Dividendenzahlungen ausgesprochen, weil das die Unternehmen dazu bewegen könnte, Arbeitsplätze ins Ausland zu verlagern. Auch die Vermögensbildung und die Altersvorsoge der Bürger bleiben dadurch weit hinter den Möglichkeiten zurück. Die Aktienanlage ist in Deutschland im internationalen Vergleich immer noch viel zu wenig populär, und ein Großteil der Gewinne, die deutsche börsennotierte Unternehmen erwirtschaften, fließt in Form von Dividenden oder Kursgewinnen an ausländische Investoren.

Die Ergebnisse dieser Untätigkeit der Politik sind bereits deutlich sichtbar. So befand sich im Jahr 2022 kein deutsches Unternehmen mehr unter den 100 größten börsennotierten Unternehmen weltweit. Amerikanische Investmentbanken (JPMorgan Chase, Goldman Sachs, Morgan Stanley) beherrschen als Berater Börsengänge sowie Mergers und Akquisitionen, also das gesamte Emissions- und Kapitalmarkgeschäft, und auch im Asset Management sind die amerikanischen Fondgesellschaften (BlackRock, Vanguard, State Street) gemessen an dem verwalteten Vermögen führend. Diese Entwicklungen sind vor allem dann besonders beachtlich, wenn man die entsprechenden Statistiken von vor 20 oder 30 Jahren betrachtet. Damals waren gleich drei deutsche Banken (Deutsche Bank, Dresdner Bank, Commerzbank) unter den zehn größten Bankhäusern weltweit vertreten. Einstmals führende deutsche Unternehmen (beispielsweise Mannesmann, Daimler oder Siemens) wurden übernommen oder verlieren im internationalen Vergleich zunehmend ihre Marktstellung. Linde, als ehemals größtes deutsches Unternehmen im DAX, hat gerade das Dual-Listing an der Deutschen Börse beendet und wird nur noch an der New York Stock Exchange notiert.

Aufgrund all dieser negativen Entwicklungen stellt sich die Frage, wann Deutschland, oder besser, ob die deutsche Politik endlich damit beginnen will, notwendige Reformen anzugehen und die Nachteile eines unzureichend ausgestaltenden Kapitalmarktes und Finanzsystems zu beseitigen. Eine Zeitenwende wurde schon öfters ausgerufen, aber bisher leider immer ohne sichtbaren Fortschritt und Erfolg. Dabei muss Bürgern aller politischen Ausrichtungen bewusst sein, dass wirtschaftliches Wachstum sowie die angestrebte ökologische Wende ohne einen starken und effizient funktionierenden Kapitalmarkt nicht zu erreichen sein wird. Auch vor dem Hintergrund immer geringer werdender fiskalischer Spielräume kann der Kapitalmarkt einen wesentlichen Beitrag dazu leisten, Innovationen und die Transformation in eine klimaneutralere Zukunft in Deutschland zu finanzieren. Gleichzeitig können die Bürger als Anleger daran partizipieren und Vermögen aufbauen. Diese Transformation wird über einen längeren Zeitraum interessante und auch rentierliche Anlagemöglichkeiten eröffnen, wenn man pragmatisch handelt und ernsthaft gewillt ist, „Green-Washing“ öffentlich zu brandmarken.

2. Kritische Aspekte und Reformnotstand

Damit der Kapitalmarkt in der öffentlichen Wahrnehmung nicht als Wurzel allen Übels wahrgenommen wird, sondern seine zentralen ökonomischen Funktionen und Leistungen erkennbar sind und verstanden werden, sind schon seit langem einige wichtige Reformen in Deutschland anzugehen. Dazu ist sicherlich als erstes erforderlich, dass die politischen Entscheidungsträger die Bedeutung von Finanzmärkten und des Finanzsystems für die Finanzierung von Innovation und Wachstum sowie für die Vermögensbildung und Altersvorsorge angemessen würdigen. Das war in Deutschland in der Vergangenheit oft nicht der Fall und scheint leider auch weiterhin so zu sein. Hedgefonds werden als „Heuschrecken“ bezeichnet, eine Verkleinerung des Kapitalmarktes wird als erforderlich und gesellschaftlich wünschenswert angesehen, und auch eine Einführung von Finanztransaktionsteuer und Spekulationssteuer wird immer wieder mit dem Verweis auf soziale Gerechtigkeit gefordert. Für die gute Sache dürfte es außerdem eher schädlich als nützlich sein, jede Anlage in Aktien oder Anleihen als „grün“ oder ESG-konform einordnen zu müssen. Die grüne Transformation wird realistischerweise länger als eine Dekade dauern, und es werden vorübergehend auch ökologisch nicht optimale Projekte als Übergangstechnologie finanziert werden müssen. Die aktuellen Energieprobleme zeigen diesen Zielkonflikt unverkennbar auf.

Ein ebenfalls immer wiederkehrendes Thema ist die Errichtung einer europäischen Kapitalmarktunion, also eines echten und vertieften Kapitalbinnenmarktes. Entgegen aller Absichtserklärungen wurden allerdings die Integration der europäischen Kapitalmärkte sowie ökonomisch sinnvolle Börsenfusionen, wie die Übernahme der NYSE und der LSE durch die Deutsche Börse, von Politikern entscheidend behindert und sogar verhindert. Gleichzeitig haben sich in Europa mit Euronext sowie NASDAQ/OMX große Börsen als beinahe übermächtige Konkurrenten zusammengeschlossen, um noch effizienter operieren zu können, und somit die Kapitalmärkte in den europäischen Ländern unter sich aufgeteilt.

Auch mit dem Verbot von Mehrstimmrechtsaktien („Dual-Class-Shares“) nimmt Deutschland international als einzige wichtige Wirtschaftsnation eine Sonderstellung ein, obwohl bekannt ist, dass junge innovative Unternehmen diese Stimmrechtsstruktur aus verschiedenen Gründen favorisieren. Für Gründer bieten sie beispielweise die Möglichkeit, auch nach einem Börsengang die Kontrolle über ihr Unternehmen behalten zu können. Die Börsen in Singapur, Hongkong, Shanghai sowie London haben Mehrstimmrechtsaktien gerade eingeführt bzw. wieder neu belebt, um konkurrenzfähig zu sein. Das Fehlen von „Dual-Class-Shares“ stellt daher einen massiven Wettbewerbsnachteil für Deutschland dar. Es erstaunt nicht, dass innovative deutsche Unternehmen ihren Börsengang lieber in den USA als in Deutschland organisieren. Der Rückgang der Anzahl der gelisteten Unternehmen an der Deutschen Börse und damit die Schwächung des deutschen Kapitalmarktes wird dabei billigend in Kauf genommen. In den letzten beiden Jahrzehnten hat sich die Anzahl der an der Deutschen Börse gelisteten Unternehmen etwa halbiert. In anderen europäischen Ländern wie Schweden ist die Anzahl im selben Zeitraum erheblich angestiegen und hat sich verdoppelt.

Gleichzeitig hält der deutsche Gesetzgeber an Vorzugsaktien fest, die erhebliche Interessenskonflikte auslösen und dem Anleger wenig Schutz bieten. Es ist daher nicht überraschend, dass VW beim Rating der Qualität der Corporate Governance der 40 DAX-Unternehmen nur ein „Befriedigend“ erreicht, und die VW-Tochter Porsche an letzter Stelle sogar nur als „Mangelhaft“ eingestuft wird. Auch andere Unternehmen mit staatlicher Beteiligung weisen erhebliche Schwächen auf. Insgesamt zeigt sich sehr deutlich, dass deutsche Politiker in den Aufsichtsräten börsennotierter Unternehmen nicht in der Lage sind, für gute Unternehmensführung zu sorgen und Skandale zu verhindern. Somit trägt die Politik eine große Mitverantwortung für die Schwächen des deutschen Kapitalmarktes und der nicht optimal implementierten Corporate-Governance-Regeln.

IV. Herausforderungen und zukünftige Ausgestaltung des deutschen Kapitalmarktes

Weil Reformen in Deutschland jahrelang verschoben wurden, ist die Liste der Defizite beträchtlich. Damit sind auch die erforderlichen Maßnahmen, die zu einer Verbesserung der Rahmenbedingungen und zu einem effizienten Kapitalmarkt führen könnten, sehr umfassend. Die notwendigen Reformen lassen sich in drei großen Themenbereichen zusammenfassen: Erstens muss die eigenkapitalbasierte Unternehmens- und Innovationsfinanzierung erheblich erleichtert werden. Zweitens muss die Wettbewerbsfähigkeit des Kapitalmarktes im internationalen Vergleich verbessert und gestärkt werden. Drittens muss für breite Teile der Bevölkerung die Teilhabe am wirtschaftlichen Erfolg ermöglicht und sichergestellt werden. Diese Themenbereiche sind eng miteinander verwoben und werden daher zusammenhängend diskutiert.

1. Kapitalmarkt als Motor zur Transformation in eine klimaneutrale Gesellschaft

Eine Transformation in eine klimaneutrale Wirtschaft und Welt ist nur möglich, wenn die erforderlichen Investitionen auch finanziert werden können. Dabei spielt der Kapitalmarkt eine zentrale Rolle, weil der Staat die immensen Mittel, die dazu erforderlich sind, nicht bereitstellen kann. Dazu sind zeitnahe Reformen der Finanzierungs- und Anlagebedingungen am Kapitalmarkt unabdingbar. So müssen Strategien zur Steigerung von Börsengängen und der Aktienanlage entwickelt werden, die vom Staat unterstützt und gefördert werden. Zudem sind gleichzeitig Steueranreize für eigenkapitalbasierte Wachstumsfinanzierung und für die Aktienanlage sinnvoll. Für den Bereich der Finanzierung von innovativen Unternehmen ist erforderlich, dass die Kosten beim Börsengang reduziert werden. Dazu müssen die Börsenzulassungsvorschriften dringend modernisiert und an internationale Standards angepasst werden, denn die veralteten gesetzlichen und regulatorischen Rahmenbedingungen haben zu einem erheblichen Standortnachteil geführt. Zudem sind für viele kleine und mittelgroße Unternehmen die Transparenzanforderungen in Deutschland unverhältnismäßig hoch. Ein Beispiel, wie man erfolgreich den Zugang zum Kapitalmarkt erleichtern kann, ist der JOBS Act (*Jumpstart Our Business Startups*) in den USA, der viele Unternehmen bewegte, insbesondere aus dem BioTech Bereich, an die Börse zu gehen. Aus diesem Grund haben kürzlich die beiden deutschen Unternehmen CureVac und BioNTech nicht in Frankfurt, sondern in New York einen Börsengang durchgeführt.

Insbesondere die fehlenden steuerlichen Anreize und die unflexiblen Rahmenbedingungen führen zur Abwanderung innovativer Unternehmen aus Deutschland ins Ausland. Die Regulierungsvorteile des privaten Kapitalmarktes haben die Attraktivität der Börsen zusätzlich geschwächt. Die Finanzierung mit Venture Capital (VC) und Private Equity (PE) fördert Innovationen und Start-up Unternehmen, aber da die Investoren überwiegend aus dem Ausland kommen, erfolgt dann oftmals auch der Börsengang im Heimatland der VC/PE-Gesellschaft. Auch Finanzinnovationen sind ein wichtiger Treiber für die internationale Wettbewerbsfähigkeit eines Kapitalmarktes und sollten nach eingehender Prüfung, sofern sinnvoll, rasch zugelassen werden. So sollten „Dual-Class Shares“ als Mehrstimmrechtsaktien wieder erlaubt werden. Die Gründer einiger innovativer und erfolgreicher deutsche Start-up Unternehmen, die eine Bewertung von über einer Milliarde Euro erreicht haben (sog. „Unicorns“), überlegen bereits ihren Börsengang im Ausland durchzuführen, wenn sich die Rahmenbedingungen in Deutschland nicht verändern. Denn im Ausland sind die Anforderungen an Börsenneulinge besser durchdacht, es sind mehr Investoren und Analysten mit speziellen Branchenkenntnissen vorhanden, und die Bewertungen fallen meist höher aus. Ende 2022 gab es in Deutschland 29 Unicorns, 3 davon mit einer Bewertung von mehr als 10 Mrd. Euro. Ein Grund für die geringe Attraktivität des deutschen Kapitalmarktes ist mittlerweile auch das fehlende Ökosystem für die Wachstumsfinanzierung von kleinen und mittelgroßen Unternehmen, dem viel beschworenen Rückgrat der deutschen Wirtschaft. Offensichtlich sind die überwiegend ausländischen Emissionsbanken, Analysten und institutionellen Anleger nur noch an größeren Börsengängen interessiert.

Dagegen passen deutsche Vorzugsaktien nicht mehr an einen Kapitalmarkt, der hohe Corporate Governance Standards anstrebt. Die vielen Skandale bei VW sind hierfür ein eindeutiger Beleg. Auch staatliche Beteiligungen (Commerzbank) und Politiker in Aufsichtsräten (VW) haben den Steuerzahler mit hohen Kosten belastet bzw. zu keiner guten Corporate Governance geführt. Insgesamt kann und muss die Corporate Governance in vielen Bereichen verbessert werden. Aktuell werden die Defizite durch Hedgefonds und ausländische institutionelle Investoren und Stimmrechtsberater (Proxy Advisors) wie ISS und Glass Lewis aufgegriffen und angemahnt. Dies führt oftmals zu Verbesserungen, d. h. zu einer effizienteren Allokation der Ressourcen und daher zu Unternehmenswertsteigerungen. Aber diese Attacken sind letztlich nur Ausdruck dafür, dass die Strukturen am deutschen Kapitalmarkt dringend verbessert werden müssen.

2. Organisation des Kapitalmarktes

Mit der Deutschen Börse hat Deutschland einen international wettbewerbsfähigen Marktinfrastrukturanbieter, der vor allem im Terminmarkt mit der Eurex weltweit eine führende Rolle einnimmt. Leider ist der Kassamarkt weniger bedeutsam, was eindeutig auf die Rahmenbedingungen in Deutschland zurückzuführen ist. Wie in **Abbildung 2** dargestellt, hat sich die Anzahl der gelisteten Unternehmen von ca. 1.000 in 2001 auf ca. 500 in 2022 reduziert, weil immer weniger Unternehmen an die Börse gehen und immer mehr Unternehmen die Börse verlassen. Interessant ist, dass die Anzahl der im Prime Standard gelisteten Unternehmen in den letzten 10 Jahren relativ konstant geblieben ist, wogegen sich die Anzahl der im General Standard gelisteten Unternehmen drastisch reduziert hat. Hier besteht Handlungsbedarf. Bemerkenswert ist dabei, dass bei einem Börsengang die Unternehmen oftmals ein Listing im *Prime Standard*, dem höchsten und am stärksten regulierten Marktsegment, anstreben, um eine maximal hohe Bewertung zu erlangen. Anschließend vollziehen viele dieser Unternehmen aber relativ schnell ein „Down-Grading" in ein weniger reguliertes Marktsegment, dem *General Standard*. Gründe sind oftmals die Kosten, die durch die extrem hohen Publikationsanforderungen im höheren Marktsegment entstehen. Dies ist meistens auch der Grund für ein „Delisting", also einen Weggang von der Börse. Aber auch die mittlerweile fehlende Infrastruktur von Investmentbanken, Analysten und institutionellen Anlegern sind ein wichtiger Aspekt. Es ist eine große und langfristige Herausforderung, dieses Ökosystem in Deutschland neu aufzubauen.

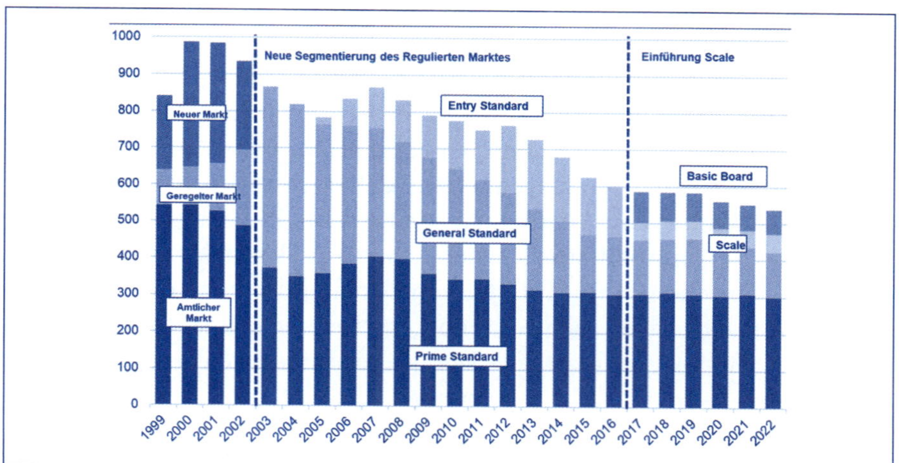

Abbildung 2

Sicherlich hat der Markt für Neuemissionen, zumindest in der Öffentlichkeit, einen großen Schaden durch die Euphorie, und vor allem durch den Absturz des *Neuen Markts* (1997–2003) genommen. Eine Neuauflage wurde von der Politik immer wieder angeregt, aber leider nie richtig durchdacht. Ob Segmente für Wachstumsunternehmen an einer nationalen Börse sinnvoll sind oder ob diese besser auf europäischer Ebene anzusiedeln wären, sei dahingestellt. Auf jeden Fall hat die Euronext in den nordischen Ländern sehr erfolgreiche Segmente instituiert. Kleinere Start-ups blieben zunächst am lokalen nationalen Kapitalmarkt, wo die Unternehmen bekannt sind, während die größeren Börsengänge in Stockholm konzentriert werden. Die Anzahl der gelisteten Unternehmen hat sich in Schweden von ca. 300 in 2001 auf über 600 in 2022 verdoppelt. Dieser Trend eröffnet gute Anlagemöglichkeiten, die auch von den Bürgern genutzt werden. In diesen Ländern besteht eine andere Anlagementalität, weil ein Teil der staatlichen Altersvorsorge seit vielen Jahren auf Aktien aufbaut. Somit ist für den Aufbau von Vermögen und einer gute Altersvorsorge in einem Land auch die Qualität des heimischen Kapitalmarktes wichtig, insbesondere mit dem Ziel, dass heimische Unternehmen an den inländischen Börsen notiert und gehandelt werden. Internationale Diversifikationsstrategien von Anlegern erfolgen meistens erst in einem späteren Stadium, wenn Erfahrungen mit dem heimischen Kapitalmarkt gesammelt werden konnten.

3. Kapitalmarkt als Motor für den Vermögensaufbau und für die Altersvorsorge

Ein herausforderndes, speziell deutsches Thema ist der Vermögenaufbau und die aktienbasierte Altersvorsorge. Die Aktienanlage ist im internationalen Vergleich weiterhin unpopulär, und das Anlageverhalten in Deutschland ändert sich nur langsam. Dies führt leider zu erheblichen Wohlstandseinbußen für deutsche Haushalte durch niedrig verzinsliche Vermögensanlage und durch ein staatliches umlagefinanziertes Rentensystem, das mittlerweile an die Grenzen der Finanzierbarkeit stößt. Es ist ein beklagenswerter Zustand, dass, wie in **Abbildung 3** ersichtlich, die präferierten Anlagen Sparbuch und Versicherungen sind, und ein Großteil der hohen Renditen aus den Gewinnen der deutschen Börsenunternehmen regelmäßig ins Ausland fließen. Dabei ist es eine zentrale Erkenntnis der modernen Portfoliotheorie, dass die Anlage in einem breit gestreuten Aktien-Portfolio langfristig zur höchsten Wertsteigerung und dem Aufbau von Vermögen führt.

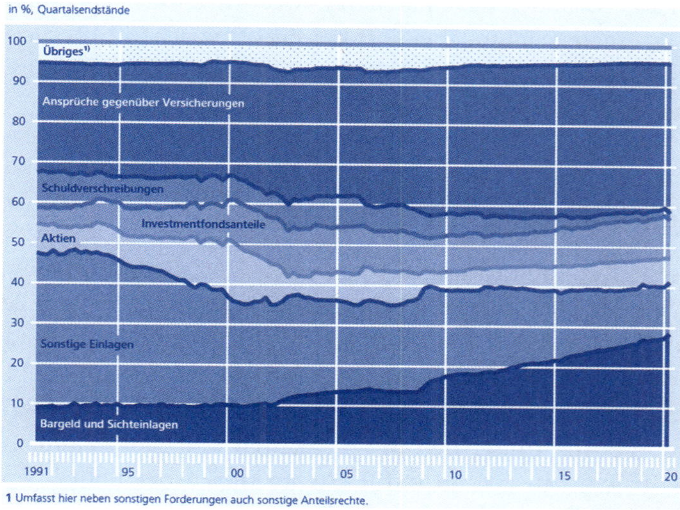

Abbildung 3

Deshalb ist die Förderung der Anlage in Aktien eines der entscheidenden Themen für den deutschen Wohlstand. Leider werden Aktienerträge in Deutschland steuerlich gegenüber anderen Anlageformen immer noch diskriminiert. Diese Benachteiligung ist unbedingt von der Politik zu verändern. Auch die steuerliche Ausgestaltung von Mitarbeiterbeteiligungen hinkt international hinterher. Oftmals können innovative Start-up Unternehmen die hohen Gehaltskosten nicht aufbringen. Daher vergüten sie ihre Mitarbeiter mit Aktien oder Optionen, die später, nach einem erfolgreichen Börsengang, an Wert gewinnen sollen. Dass deutsche Unternehmen und Arbeitnehmer hier steuerlich benachteiligt werden, führt zu einen bedeuten Wettbewerbsnachteil um die besten Arbeitskräfte.

Auch wenn der deutsche Staat endlich begonnen hat, im Rentensystem einen sehr kleinen Teil in Aktien anzulegen, so wird es Jahrzehnte dauern, bis eine Reform abgeschlossen sein kann und sich die positiven Effekte zeigen werden. Hier bleibt den Bürgern, wenn möglich, nur die eigene Altersvorsorge durch Anlage in ein kostengünstiges und breit gestreutes Aktien-Portfolio, wie z.B. in ETFs oder Indexfonds. Aktive Anlagestrategien und Wetten auf bestimmte Aktien führen zu keinem systematisch besseren Ergebnis. Wichtig ist auch die Förderung langfristiger Aktienanlagen zum Aufbau einer ausreichenden Altersvorsorge. Das belebt wiederum den Kapitalmarkt und die Möglichkeit der Unternehmen, sich über diesen zu finanzieren, um in wertschaffende Projekte und Innovationen zu investieren. In diesem Zusammenhang werden nicht nur die USA, sondern auch immer wieder

Schweden als Vorbild für Deutschland angeführt. Damit schließt sich der Kreislauf an einem erfolgreichen Kapitalmarkt zwischen Unternehmen und Investoren. Diesen Kreislauf auch in Deutschland zu fördern, muss für eine zukunftsorientierte Politik höchste Priorität haben.

V. Zusammenfassung

Der deutsche Kapitalmarkt steht vor großen Herausforderungen und Problemen. Von der Lösung dieser Probleme hängen nicht nur das zukünftige Wirtschaftswachstum in Deutschland ab, sondern auch die Finanzierung der Transformation in eine klimaneutrale Umwelt. Zudem bleibt der Vermögensaufbau für breite Bevölkerungsschichten und eine auskömmliche Altersvorsorge weit hinter den Möglichkeiten und dem Stand in anderen Ländern zurück. Ein Grund dafür ist der durch die Politik verursachte Reformstau am Kapitalmarkt, der mittlerweile auch zu einer geringeren Wettbewerbsfähigkeit Deutschlands in der Welt geführt hat. Hier besteht akuter Handlungsbedarf der Politik. Die dringendsten Reformvorschläge werden in diesem Beitrag herausgearbeitet. Dies sind eine bessere Förderung des gesamten Ökosystems Kapitalmarkt, eine Reduzierung der überhöhten Regulierung des Kapitalmarktes, bessere steuerliche Rahmenbedingungen für Innovationen und Investitionen sowie steuerliche Förderung des Vermögensaufbaus breiter Bevölkerungsschichten und der aktienbasierten Altersvorsoge. In diesem Sinne steht die Welt Kopf. Es ist Zeit, dass die Politik endlich beginnt, diesen Reformstau aufzulösen.

Weiterführende Literatur

Bessler, W. und T. Book, 2021, Strategien zur nachhaltigen Finanzierung der Zukunft Deutschlands. Die Leistungsfähigkeit unseres Kapitalmarktes: Was wir tun müssen, um das Potenzial zu nutzen, *Deutsche Börse White Paper*, 2021.

Bessler, W. J. Beyenbach, M.S. Rapp, und M. Vendrasco, 2022, Why do firms down-list or exit from securities markets? Evidence from the German Stock Exchange, *Review of Managerial Science.*

Bessler, W. und M. Vendrasco, 2022, The Changing Relevance of Dual-Class Shares in Europe: A Corporate Governance and Performance Perspective, Working Paper, Universität Hamburg.

Auch wenn der deutsche Staat endlich begonnen hat, im Rentensystem einen sehr kleinen Teil in Aktien anzulegen, wird es Jahrzehnte dauern, bis eine Reform abgeschlossen werden kann und sich positive Effekte zeigen werden.

Nur oberflächlich betrachtet war der kalte Krieg ein Wettbewerb zwischen den Wirtschafts-systemen des Kapitalismus und des Kommunismus. Denn hinter dem ideologischen Systemwettbewerb verbargen sich bereits damals handfeste Hegemonialansprüche.

Der neue Systemwettbewerb zwischen Demokratie und Autokratie

Prof. Dr. Thomas Apolte

__Thomas Apolte__ ist geschäftsführender Direktor des Centrums für Interdisziplinäre Wirtschaftsforschung (CIW) an der Westfälischen Wilhelms-Universität Münster. Er war Vorsitzender des Ausschusses für Wirtschaftssysteme und Institutionenökonomik des Vereins für Socialpolitik. Zuvor war Thomas Apolte Professor für Wirtschaftspolitik am Institut für Ökonomische Bildung der Westfälischen Wilhelms-Universität Münster. Er blickt zudem auf verschiedene Stationen als Gastprofessor und Gastforscher in den USA und in Polen zurück.

Die demokratische Welt ist in den vergangenen rund 15 Jahren gleich von zwei Seiten unter Druck geraten. Erstens mehren sich die innerstaatlichen Angriffe auf die Demokratie, vor allem aus gewählten Regierungen heraus. Zweitens werden demokratische Regelsysteme ebenso wie die Herrschaft des Rechts auf internationaler Ebene in zunehmend aggressiver Form von autokratischen Herrschern mit hegemonialen Ansprüchen herausgefordert.

Das (vorläufige) Ende des demokratischen Aufschwungs

Mit dem Mauerfall im Jahre 1989 feierte die Demokratie zunächst einen Siegeszug. Noch im Jahre 1989 stufte das US-amerikanische Demokratieforschungsinstitut *Freedom House* (*Freedom House* 2022) von 166 damals weltweit existierenden Staaten 60 als „frei“ und damit demokratisch ein, das waren 36 Prozent. Im Jahre 2014 waren es bereits 89 von 194 Staaten und damit immerhin 46 Prozent.

Viele junge Demokratien entstanden im Zuge des Zerfalls der Sowjetunion und Jugoslawiens als neu gegründete Staaten. Das ähnelt dem Muster nach dem Ersten Weltkrieg, als ebenfalls viele Staaten als Demokratien neu gegründet wurden. In beiden Fällen fielen allerdings schon wenige Jahre später die ersten jungen Demokratien wieder zurück in autokratische Strukturen. Nach 1989 beschleunigte sich dieser zuerst noch zögerliche Trend und führte ab Mitte der 2010er Jahre zu einem immer stärkeren Rückfall in Richtung Autokratie. Im Jahre 2021 konnte *Freedom House* aufgrund seiner Daten kaum noch 43 Prozent aller Staaten als frei einstufen. Zwar ist das noch immer ein Zuwachs gegenüber 1989, doch gibt es durchaus Anlass, diese Einschätzung als zu optimistisch zu betrachten.

Das schwedische *V-Dem* Institut für Demokratieforschung (*V-Dem Institute* 2022) unterscheidet zwischen Wahl-Demokratien und liberalen Demokratien, wobei es für eine Einstufung als liberale Demokratie strengere Maßstäbe in Bezug auf individuelle Freiheiten und Rechtsstaatlichkeit anlegt als für die Einstufung als Wahldemokratie. Demnach war Ungarn 2011 noch eine liberale Demokratie, im Jahre 2021 aber nur noch eine Wahl-Demokratie. Weiterhin berechnet *V-Dem* neben der Anzahl an Staaten, die mindestens als Wahl-Demokratien oder gar als liberale Demokratien gelten können, auch die Zahl der Menschen, die weltweit unter anderem in einer liberalen Demokratie oder in einer Wahldemokratie leben.

Die Entwicklung der Daten von *V-Dem* im Verlauf der vergangenen zehn Jahre sind ernüchternd. Nach Staaten gerechnet, ähnelt der von *V-Dem* verzeichnete Rückzug der Demokratie zwar noch jenem von *Freedom House*. Aber nach der Zahl der Bürger gerechnet, lebte 2011 rund die Hälfte der Weltbevölkerung zumindest in einer Wahl-Demokratie, während es 2021 nur noch knapp 30 Prozent und damit sogar etwas weniger als im Jahre 1989 waren.

Dieser Rückgang ging vor allem zugunsten dessen aus, was *V-Dem* „Wahl-Diktaturen“ nennt. Das sind Diktaturen, die nach außen den Schein der Demokratie pflegen, indem sie formal Wahlen abhalten lassen, die allerdings nicht den Mindestanforderungen an freie, gleiche und geheime Wahlen genügen. 1971 waren lediglich zwölf Prozent aller Staaten Wahl-Demokratien, während 51 Prozent „geschlossene Diktaturen“ waren, die sich anders als Wahl-Diktaturen nicht einmal den Schein einer Demokratie geben. Innerhalb der folgenden 50 Jahre ist die Wahl-Diktatur mit 34 Prozent aller Staaten zur häufigsten Staatsform aufgestiegen. Dort lebten zuletzt 44 Prozent der Weltbevölkerung.

Die demokratische Welt ist in den vergangenen rund 15 Jahren gleich aus zwei Seiten heraus unter Druck geraten. Erstens mehren sich die innerstaatlichen Angriffe auf die Demokratie, vor allem aus gewählten Regierungen heraus. Zweitens werden demokratische Regelsysteme ebenso wie die Herrschaft des Rechts auf internationaler Ebene in zunehmend aggressiver Form von autokratischen Herrschern mit hegemonialen Ansprüchen herausgefordert.

Die innerstaatliche Bedrohung der Demokratie

Die jeweiligen innerstaatlichen Angriffe auf die Demokratie ähneln sich: Zunächst wird die Unabhängigkeit der Medien sowie der Wirkungsspielraum der Zivilgesellschaft eingeschränkt, fast immer unter der Behauptung, sie dienten feindlich gesinnten Kräften aus dem Ausland. Zugleich werden verschiedene Strategien mit dem Ziel eingesetzt, die Kontrolle über das Parlament und über die Justiz zu gewinnen, bis hin zur Bestechung oder Bedrohung von Richtern und Parlamentariern. Im Ergebnis laufen exekutive und richterliche Gewalt ebenso wie die Presse und das Kommando über die Sicherheitskräfte mehr und mehr in der Regierung zusammen. Am Ende wird die Regierung durch eine demokratisch verbrämte Aushöhlung der demokratischen Verfassung vor Amtswechseln geschützt.

Um eine Demokratie vor solcherlei Angriffen zu schützen, müssen ihre Regeln die Eigenschaft haben, „selbsterzwingend" zu sein (*Przeworski* 1991; *Fearon* 2011). Das ist dann der Fall, wenn es im wohlverstandenen Eigeninteresse aller politischen Entscheidungsträger liegt, die demokratischen Regeln auch dann einzuhalten, wenn dies zunächst zu deren Nachteil ist. Beispielsweise muss es im Interesse jedes Amtsträgers nach einer verlorenen Wahl liegen, sein Amt freiwillig aufzugeben.

Damit ein solches Eigeninteresse entsteht, müssen die politischen Institutionen entsprechend gestaltet sein. Hilfreich ist beispielsweise, dass abgewählte Amtsträger in funktionierenden Demokratien in der Regel als Oppositionspolitiker weiterhin aktiv bleiben können und dass sie ihren Lebensunterhalt verdienen und später möglicherweise sogar noch einmal für das Amt des Regierungschefs kandidieren können. Sinnvoll sind darüber hinaus hinreichend großzügige Pensionsansprüche sowie ein hoher sozialer Status ehemaliger Regierungschefs. Alles das macht es attraktiv, die demokratischen Regeln zu respektieren.

Umgekehrt muss der Bruch demokratischer Regeln unattraktiv sein. Hierzu sollte zunächst das damit verbundene Risiko hoch sein. Dieses Risiko setzt sich aus der Wahrscheinlichkeit des Scheiterns des Regelbruchs und den dann folgenden Konsequenzen zusammen. Die Wahrscheinlichkeit des Scheiterns ist eng mit dem Grad an Gewaltenteilung verbunden. Dieser wächst, wenn die Repräsentanten der Justiz, des Parlaments, der Polizei und des Militärs personell und organisatorisch voneinander und gegenüber der Regierung weitgehend unabhängig sind. Ein hoher Grad an Gewaltenteilung erhöht das Risiko eines regelbrechenden Regierungschefs, auf wichtige Amtsträger zu stoßen, denen die Loyalität zu den rechtsstaatlichen Regeln wichtiger ist als eine mögliche Loyalität zum Regierungschef – und zwar wiederum aus wohlverstandenem Eigeninteresse. Dieser Effekt verstärkt sich, wenn die dann folgenden Konsequenzen hart sind. Zu diesen können der Verlust der Pensionsansprüche, vielleicht des sozialen Status oder gar rechtliche Konsequenzen bis hin zu Gefängnisstrafen gehören.

Eine ausgereifte Struktur der staatlichen Organisation mit Gewalten, die formal und effektiv voneinander unabhängig sind, macht die demokratischen Regeln tendenziell selbsterzwingend (*Apolte* 2022). In jungen Demokratien ist die staatliche Organisationsstruktur oft selbst dann noch nicht gut ausgereift, wenn sie formal danach aussieht. Das liegt zum Beispiel daran, dass vordemokratische politische, wirtschaftliche und militärischen Eliten häufig noch informell miteinander verbandelt und über Ehrenkodexe in gegenseitige Loyalitäten eingebunden sind. Dies, in Verbindung mit einer weltanschaulichen Abneigung gegen die Demokratie, dürfte auch entscheidend zum Ende der Weimarer Republik beigetragen haben. Zugleich erklärt es, warum seit Ende des Ersten Weltkriegs rund 50 Prozent aller jungen Demokratien die ersten beiden Jahrzehnte ihrer Existenz regelmäßig nicht überstehen.

In den vergangenen beiden Jahrzehnten ist ein zusätzliches Problem hochaktuell geworden, welches einer Demokratie gerade in Verbindung mit fehlender Selbsterzwingung demokratischer Regeln sehr gefährlich werden kann. Es handelt sich um den Populismus, zu dem in den vergangenen Jahren viel geforscht wurde (*Guriev/Papaioannou* 2022). Die Ergebnisse legen zumindest nahe, dass die Entwicklung der absoluten ökonomischen Situation eines Bürgers für dessen Anfälligkeit für Populismus zwar eine Rolle spielt, aber weniger wichtig ist als der Verlust an ökonomischem, sozialem und kulturellem Status. Hierzu gehört nicht allein der eigene Status, sondern vor allem auch jener des jeweiligen sozialen Umfeldes, beispielsweise des Freundeskreises oder der Umgebung des Wohnorts.

Auslöser solcher Statusverluste können wirtschaftlicher Strukturwandel sein, aber auch die ökonomischen, sozialen und kulturellen Wandlungen durch Zuwanderung und schließlich der Wandel politischer Debatten, sofern mit ihm der Eindruck vermittelt wird, die darin behandelten Fragen gingen zunehmend am eigenen Lebensumfeld und vielleicht auch an der Lebenswirklichkeit vorbei.

Schließlich hat das Internet den Medienkonsum sehr grundlegend verändert. Das betrifft sowohl das Angebot als auch die Nachfrage nach Inhalten. Anders als zunächst vermutet, fördert das große Informationsangebot des Internet keine Verbesserung, sondern oft sogar eine Verschlechterung des persönlichen Informationsstandes. Das liegt vor allem daran, dass das oft unüberschaubare und ungefilterte Informationsangebot des Internet die Mediennutzer tendenziell überfordert, wovon durchaus auch gebildete Mediennutzer betroffen sind. In der Folge hat sich eine Vielzahl voneinander isolierter Meinungsinseln gebildet, was nicht allein die Bildung eines gesellschaftlichen Konsenses hemmt, sondern im Gegenteil gesellschaftliche Polarisierung fördert (*Apolte/Müller* 2021).

Nach allem, was man heute weiß, sind es in der Regel Kombination aus allen diesen Faktoren, welche die Entfremdung mit den traditionellen politischen Anbietern befördern und verschwörungsähnliche Zusammenschlüsse einer engen politischen Elite zulasten der Mehrheit der Bevölkerung vermuten lassen. Liegt eine solche Kombination aus Faktoren vor, so öffnet dies populistischen Politikanbietern Erfolgschancen. Hierzu verstärken diese den unterschwellig vorhandenen Eindruck, hinter dem empfundenen ökonomischen, sozialen und kulturellen Statusverlust ihrer Anhänger steckten verschwörungsähnliche Manipulationen, die sie meist in den rechtsstaatlichen Institutionen verorten.

Glaubt man daran, so folgt daraus, dass die rechtsstaatlichen Institutionen den „wahren" Willen des Volkes unterdrücken. Auf diese Weise konstruieren Populisten einen Widerspruch zwischen Rechtsstaat und Demokratie. Weil es aber allein der Rechtstaat ist, aus dem heraus die Regeln der Demokratie selbsterzwingend werden, untergraben Angriffe auf den Rechtsstaat immer auch den Stabilitätsanker der Demokratie. Das beinhaltet allerdings umgekehrt, dass Populisten für die Demokratie nur insofern gefährlich sind, als sie es vermögen, den Rechtstaat zu schwächen.

Das dürfte der wichtigste Grund dafür sein, dass Donald Trump mit seinen Angriffen auf die Demokratie in den USA am Ende nicht erfolgreich war. Denn der Rechtsstaat der USA verfügt über ein sehr tiefes und effektives System der Gewaltenteilung. Auch die populistische Partei „Recht und Gerechtigkeit" von Jaroslaw Kaczynski in Polen konnte die dortige Demokratie bisher nicht nachhaltig zerstören. Dies dürfte vor allem an der EU-Integration Polens liegen, welche den Grad an effektiver Gewaltenteilung der EU-Mitglieder erheblich erhöht hat. Hieran fand – zumindest bisher – sogar der ungarische Ministerpräsident Viktor Orban seine Grenzen, was die Chancen der ungarischen Demokratie erhöht, die Regierungszeit Orbans zu überstehen.

Dagegen ist die Gewaltenteilung in der Türkei und in Russland traditionell eher flach und wenig effektiv, weil viele Amtsträger kaum unabhängig oder gar erpressbar sind. Das schwächte die Widerstandsfähigkeit der rechtsstaatlichen Institutionen dieser Staaten. Die nach dem Zusammenbruch der Sowjetunion oft noch intakten Strukturen des Geheimdienstes KGB haben Wladimir Putin in dieser Hinsicht große Dienste geleistet (*Bolton* 2022). Das ist eine durchaus typische Eigenschaft junger Demokratien, und so ist es nicht verwunderlich, dass die Demokratie in der Türkei sehr weitgehend und jene in Russland inzwischen sogar vollständig zerstört wurde.

Die geopolitische Bedrohung der Demokratie

Nur oberflächlich betrachtet war der kalte Krieg ein Wettbewerb zwischen den Wirtschaftssystemen des Kapitalismus und des Kommunismus. Denn hinter dem ideologischen Systemwettbewerb verbargen sich bereits damals handfeste Hegemonialansprüche. Nach dem Ende des kalten Krieges schien es zunächst so, dass sich die vom Westen ausgehende Kombination aus liberaler Demokratie und Marktwirtschaft dauerhaft als weltweite Blaupause ebenso etabliert hatte wie auf internationaler Ebene die Herrschaft des Völkerrechts (*Fukuyama* 1992). Aber dabei blieb es nicht.

Im Jahre 2007 beklagte der russische Präsident Wladimir Putin bei einer Rede auf der Münchener Sicherheitskonferenz in überraschend kämpferischen Worten die von ihm so wahrgenommene „monopolare Weltordnung“ (*Putin* 2007). In dieser Rede kann man den Startschuss für den neuen Systemwettbewerb sehen, dem sich später vor allem auch China und der Iran anschließen sollten. Obwohl der neue Systemwettbewerb aus aggressiven hegemonialen Ansprüchen einiger Autokraten entbrannt ist, wird er von ihnen regelmäßig als Abwehr westlicher Hegemonialansprüche beschrieben (*Putin/Xi* 2022).

In dieser propagandistischen Strategie findet sich eine augenfällige Parallele zu jener der populistischen Politikanbieter in etablierten Demokratien. Wie gezeigt, diskreditieren Populisten die Herrschaft des Rechtsstaats als ein Instrument der politischen Eliten zur Durchsetzung ihrer Herrschaftsansprüche. Ganz analog diskreditieren Autokraten wie *Putin, Xi* oder *Chamenei* die Herrschaft des internationalen Rechts als ein Instrument zur Durchsetzung westlicher Hegemonialansprüche. Die damit verbundene Gleichsetzung von Hegemonialansprüchen mit der Geltung des internationalen Rechts ist der Kern der autokratischen Propaganda. Obwohl nicht wenige westliche Politiker und Beobachter vor allem am rechten und linken politischen Rand noch mindestens bis zum abermaligen Überfall auf die Ukraine 2022 auf diese Gleichsetzung hereinfielen, handelt es sich um exakt gegensätzliche Konzepte.

Zwar kann man autokratische Hegemonialansprüche durchaus als ein Konzept zur Befriedung der Welt deuten. Dieses Konzept hat aber einen imperialistischen Charakter, wie er bis mindestens zum Ende des Ersten Weltkriegs auch im Westen verbreitet war. Insoweit ist Unterdrückung das zentrale Instrument zur Friedensstiftung. Damit dies multipolar und nicht monopolar geschieht, müssen sich verschiedene Hegemonialmächte die Welt wie einen Kuchen untereinander aufteilen. Dabei werden die jeweiligen Ansprüche auf Teile des Kuchens aus vermeintlichen historischen, kulturellen oder religiösen Wahrheiten abgeleitet.

Das Gegenstück zur imperialistischen Befriedung der Welt ist die Herrschaft des internationalen Rechts. Die damit verbundene konsequente Verrechtlichung der internationalen Beziehungen wird vor allem von Europa betrieben, während die USA teilweise noch zurückhaltend ist (*Papenfuß* 2002). Wenn man überhaupt davon sprechen mag, dass mit der Verrechtlichung der internationalen Beziehungen ein Herrschaftsanspruch verbunden ist, so besteht er darin, die Außenpolitik möglichst vieler Länder der Welt in den Rahmen des internationalen Rechts zu stellen. Genau hieraus begründet sich aber *Putins* Klage über die aus seiner Sicht drohende monopolare Weltherrschaft. Denn in seiner Propaganda gibt es keinen Unterschied zwischen einem global bindenden internationalen Recht und einer einzigen globalen Hegemonialmacht.

Deshalb stehen sich im internationalen Systemwettbewerb heute zwei grundlegend verschiedene Konzepte zur Befriedung der Welt gegenüber: das imperialistische Konzept der Autokratien mit ihren jeweiligen hegemonialen Ansprüchen auf der einen Seite, und die regelgebundene Herrschaft des internationalen Rechts auf der anderen. Zu den Regeln des internationalen Rechts gehören zunächst jene Teile des Völkerrechts, welche weltweite zwischenstaatliche Beziehungen regeln und welche zum Beispiel die Verschiebung von Staatsgrenzen mit Hilfe militärischer Gewalt ächten. Erstmalig versuchte man solche Regeln nach dem Ersten Weltkrieg durch die Gründung des Völkerbundes ins Recht zu setzen (*Payk* 2018). Darüber hinaus geht es heute aber auch und zunehmend darum, Regierungen in ihrem jeweiligen Binnenverhältnis zu ihrer eigenen Bevölkerung an bestimmte Mindeststandards zu binden. Dies beinhaltet in erster Linie die Einhaltung von Menschenrechten, Meinungsfreiheit und weiteren Bürgerrechten (*Fink/Gillich* 2023).

Die Tatsache, dass Autokraten ihren imperialen Herrschaftsanspruch mit der Herrschaft des internationalen Rechts gleichsetzen, ist nicht allein propagandistisch relevant. Vielmehr ist sie aus deren Perspektive sogar nachvollziehbar. Denn die aus dem internationalen Recht zunehmend hinzukommenden Regeln über Menschenrechte, Meinungsfreiheit und Bürgerrechte untergraben nicht allein die Grundlagen ihrer Hegemonialansprüche, sondern auch den autokratischen Herrschaftsanspruch, den sie innerhalb ihres jeweiligen Landes erheben.

Daher fußt der neue Systemwettbewerb nur vordergründig auf einem weltanschaulichen Wettstreit um die Frage, welches Regierungssystem sich nach bestimmten Maßstäben als das bessere erweist. Vielmehr geht es den Autokraten um die Sicherung ihrer Machtgrundlage, welche sie durch die Weiterentwicklung des internationalen Rechts eingeschränkt sehen. Die Aufteilung der Welt in imperiale Herrschaftsgebiete bietet sich ihnen als ein effektives Gegenmittel gegen die engmaschiger werdende Herrschaft des internationalen Rechts. In diesem Sinne war Putins Rede auf der Münchener Sicherheitskonferenz von 2007 ein Vorbote dessen, was kaum ein Jahr später begann: der Überfall auf Georgien und später unter anderem die brutale Intervention in Syrien sowie die Überfälle auf die Ukraine von 2014 und 2022. China reiht sich in diese Strategie ein, teilweise harmlos klingend mit seiner *Belt and Road Initiative*, teilweise aber auch aggressiv durch seine teilweise martialischen Drohungen in Richtung Taiwan.

Die Zukunft der Demokratie im neuen Systemwettbewerb

Der neue Systemwettbewerb handelt einerseits von der Konkurrenzbeziehung zwischen Diktatur und Demokratie. Andererseits handelt er von der Frage, auf welche Weise die Beziehungen der Staaten der Welt künftig untereinander geregelt werden sollen. Beide Fragen schienen mit dem Fall des Eisernen Vorhangs zunächst endgültig beantwortet zu sein. Doch heute stellen sie sich erneut und mit ungewissem Ausgang, und zwar in einer Schärfe, die man lange Zeit vor allem in Deutschland nicht wahrhaben wollte. Allerdings hätte man sie mit unvoreingenommenem Blick sehen können.

Dabei ist die Demokratie nicht allein deshalb bedeutsam, weil sie es jedem Bürger erlaubt, bei der Zusammensetzung der Regierung mitzustimmen. Ebenso wichtig ist vielmehr die Tatsache, dass rechtsstaatliche Regeln ohne Demokratie zwar versprochen, aber niemals glaubwürdig garantiert werden können. Ohne rechtsstaatliche Regeln werden schließlich auch alle anderen Versprechungen des Staates gegenüber seinen Bürgern unglaubwürdig. So kann eine Diktatur durchaus auch über eine lange Zeit Menschen- und Bürgerrechte ebenso wie Eigentumsrechte respektieren und wirtschaftliche Prosperität anstreben. Aber ob sie das tut, hängt in erster Linie von der persönlichen Interessenlage sowie den internen Machtstrukturen seiner politischen Elite ab.

Auf solche Interessenlagen können sich Bürger aber nicht verlassen. Denn ein Diktator kann auch dann ohne wirtschaftliche Not oder gar in großem Luxus leben, wenn sein Land zugleich verarmt. Hierzu muss er von der schrumpfenden wirtschaftlichen Leistung nur einen größeren Anteil für sich beanspruchen. Das ist verbreitete Praxis. Deshalb ist wirtschaftliche Prosperität nur eines von vielen möglichen Zielen eines Diktators. Darüber hinaus sind neben persönlichem Reichtum vor allem solche Ziele beliebt, die einem Diktator einen Platz in den Geschichtsbüchern sichern. Hierzu gehören imperiale Kriege ebenso wie die Errichtung ideologisch oder religiös fundierter Herrschaftssysteme.

Nicht einmal ein Diktator, der nicht von solchen Motiven getragen wäre, könnte dies gegenüber seiner Bevölkerung glaubhaft machen. Zwar kann auch ein demokratischer Regierungschef dies nur unter der Bedingung, dass die demokratischen Regeln selbsterzwingend sind. Aber ein Diktator kann es unter keinen Bedingungen.

Literatur

Apolte, Thomas (2022), A Theory of Autocratic Transition by Government Leaders. Prerequisites to Self-Enforcing Democracy, *Economics of Governance* 23, S. 161–189.

Apolte, Thomas; Julia Müller (2021), The Persistence of Political Myths and Ideologies, *European Journal of Political Economy 71.*

Bolton Catherine (2022), Putins Netz. Wie sich der KGB Russland zurückholte und dann den Westen ins Auge fasste, Hamburg: Harper Collins Deutschland.

Fearon, James D. (2011), Self-Enforcing Democracy, *Quarterly Journal of Economics 126*, S. 1661–1708.

Fink, Udo; Ines Gillich (2023), Humanitäres Völkerrecht, Baden-Baden: 2023.

Freedom House (2022), The Global Expansion of Authoritarian Rule, Freedom in The World Report 2022, Washington, DC.

Fukuyama, Francis (1992), Das Ende der Geschichte, München: Kindler.

Guriev, Sergei; Elias Papaioannou (2022), The Political Economy of Populism, *Journal of Economic Literature 60*, S. 753–832.

Payk, Marcus M. (2018), Frieden durch Recht? Der Aufstieg des modernen Völkerrechts und der Friedensschluss nach dem Ersten Weltkrieg, Berlin: de Gruyter.

Papenfuß, Anja (2022), Herrschaft des Rechts oder Recht des Stärkeren, Interanationale Politik 8 (2002), S. 33–38.

Przeworski, Adam (1991), Democracy and the Market. Political and Economic Reforms in Eastern Europe and Latin America, Cambridge: Cambridge University Press.

Putin, W. (2007), Rede auf der 43. Münchener Sicherheitskonferenz, Übersetzung durch die Veranstalter des Friedenspolitischen Ratschlags, abgerufen am 8.12.2022 auf: www.ag-friedensforschung.de/themen/Sicher heitskonferenz/2007-putin-dt.html.

Putin/Xi (2022), Joint Statement of the Russian Federation and the People's Republic of China on the International Relations Entering a New Era and the Global Sustainable Development, abgerufen am 12.12.2022 auf http://en.kremlin.ru/supplement/5770.

V-Dem Institute (2022), Autocratization Changing Nature?, Democracy Report 2022, Göteborg.

Der neue Systemwettbewerb handelt einerseits von der Konkurrenzbeziehung zwischen Diktatur und Demokratie. Andererseits handelt er von der Frage, auf welche Weise die Beziehungen der Staaten der Welt künftig untereinander geregelt werden sollen.

Wie stark das gefühlte Meinungsklima und der öffentliche Meinungsdruck zu Schweigen, Präferenzverfälschung und sogar Faktenverfälschung führen kann, zeigen sog. Konformitäts-experimente eindrücklich.

Öffentliche Meinung: Zwischen Wahrheit und Verfälschung?

Prof. Dr. David Stadelmann

__David Stadelmann__ ist Professor für Wirtschaftspolitik und wirtschaftliche Entwicklung an der Universität Bayreuth. Er verfasste über 80 wissenschaftliche Artikel und rund 150 Medienbeiträge. U.a. erhielt er Auszeichnungen durch die Ludwig Erhard Stiftung, das Land Vorarlberg, den Verein für Socialpolitik sowie die Zeitschrift Capital.

Das wahrgenommene Meinungsklima beeinflusst die öffentliche Meinungsäußerung der Bürger. Um nicht in eine bestimmte Ecke geschoben zu werden, schweigen manche Bürger oder sie äußern nicht ihre wahren Präferenzen und privaten Meinungen. Präferenzverfälschung und Unwahrhaftigkeit im öffentlichen Diskurs sind die Folge. Das gilt insbesondere bei vermeintlich heiklen und moralisch aufgeladenen Themen. Da die liberale Demokratie vom Wettbewerb der Meinungen lebt, braucht es Ansätze zur Reduktion von Präferenzverfälschung und zum Durchbrechen von Schweigespiralen.

Sagbar oder unsäglich?

Die Frage „Das wird man wohl noch sagen dürfen?“ ist oft rhetorischer Natur. Doch vielen scheint, als divergierten die Ansichten zu dem, was heute öffentlich „sagbar“ ist oder bereits als „unsäglich“ gilt.

Seit Jahrzehnten stellt das Institut für Demoskopie Allensbach die Frage, ob man in Deutschland seine politische Meinung frei sagen könne, oder es besser sei, vorsichtig zu sein. Während klare Mehrheiten in der Vergangenheit stets antworteten, man könne seine Meinung frei äußern, glaubten dies bei einer Befragung im Juni 2021 nur noch 45 Prozent. Praktisch gleich viele, 44 Prozent widersprachen. Daher liegt die Annahme nahe, dass die öffentlich geäußerten politischen Meinungen und Präferenzen auf relevante Art und Weise verzerrt sein können. Meinungs- sowie Präferenzverfälschung und daraus folgende Unwahrhaftigkeit im öffentlichen Diskurs dürften in gewissen gesellschaftlichen Bereichen die Norm sein.

Unwahrhaftigkeit im öffentlichen Diskurs ist nichts Besonderes. Sie kann zu negativen Konsequenzen für die Wohlfahrt der Bürger führen, da sie den Prozess zur akzeptablen Lösung gesellschaftlicher Probleme in der liberalen Demokratie erschwert und bestehende Polarisierungstendenzen verstärkt.

Präferenzverfälschung als Norm im öffentlichen Diskurs

Im öffentlichen Diskurs äußern die Bürger nicht immer ihre tatsächlichen Präferenzen und privaten Meinungen.

Aus autoritären Staaten ist Präferenzverfälschung wohlbekannt. Die öffentlichen Huldigungen gegenüber dem Regime entsprechen selten den unausgesprochenen, privaten Meinungen der oft unterdrückten Bürger. Repression, Repressionsandrohungen, Zensur und daraus folgende Meinungsunfreiheit schränken die Bürger stark ein. Mehr noch, sie erschweren die Einschätzung, was das Meinungsklima in der Gesellschaft überhaupt ist: Denken die anderen Bürger wirklich gleich kritisch wie man selbst, sind sie weniger kritisch gegenüber dem Regime oder ist gar an den öffentlichen Huldigungen etwas dran? So kann es sinnvoll sein, auf die eigene öffentliche Meinungsäußerung zu verzichten oder sogar selbst dem Regime öffentlich zu huldigen und dabei die eigenen Präferenzen zu verfälschen.

Doch auch in liberalen Demokratien, in denen staatliche Zensur verboten ist und Meinungsfreiheit als Grundrecht und damit als Abwehrrecht gegen den Staat in einer Verfassung verankert ist, kann Präferenzverfälschung nicht ausgeschlossen werden. Denn selbst wenn staatliche Sanktionen fehlen, gibt es oft gesellschaftliche Sanktionen, wenn man gegen die vermeintlichen Regeln „politischer Korrektheit“ verstößt und „Unsägliches“ äußert.

Die Ökonomik der Präferenzverfälschung

Ob der einzelne Bürger seine privaten Präferenzen und Meinungen öffentlich in der Demokratie kundtut und damit am Prozess der kollektiven

Meinungs- und Willensbildung teilnimmt, hängt im Wesentlichen von den Abwägungen dreierlei Arten von Nutzen und Kosten ab.

1. *Instrumenteller Nutzen:* Eine wahrheitsgemäße Äußerung der eigenen Präferenzen oder Meinungen ist für den Einzelnen direkt nützlich, wenn es dadurch wahrscheinlicher wird, dass eine seinen Präferenzen entsprechende politische Entscheidung zustande kommt. Wem als Pendler beispielsweise günstige individuelle Mobilität am Herzen liegt, kann öffentlich äußern, dass die Abgaben auf Treibstoff gesenkt werden sollen. Werden die Abgaben tatsächlich gesenkt, steigt sein Nutzen. Die Äußerung der eigenen Präferenzen dient hierbei als Instrument zur Erreichung eines Ziels. Die Erreichung des Ziels führt zum Nutzengewinn.
2. *Expressiver Nutzen:* Der Einzelne kann einen direkten Nutzen daraus ziehen, sich expressiv zu verhalten und seine Präferenzen besonders vehement zu vertreten. Es geht dabei vornehmlich um das positive Gefühl, endlich das aus eigener Sicht „Richtige" geäußert zu haben. Das „Richtige" zu äußern, tut gut, was einem expressiven Nutzengewinn entspricht. Das eigentliche politische Ziel der Meinungsäußerung muss für diesen expressiven Nutzengewinn nicht notwendigerweise erreicht werden. Wer sich beispielsweise vehement für die Beschränkung der Erderwärmung auf unter 1,5 °C einsetzt, mag einen expressiven Nutzengewinn aus der eigenen Präferenzäußerung ziehen unabhängig davon, ob das 1,5 °C Ziel erreicht wird oder nicht.
3. *Kosten der Ächtung und Nutzen der Anerkennung:* Wer eine bestimmte Meinung öffentlich vertritt, kann soziale Ächtung oder Anerkennung erfahren. Menschen sind soziale Wesen. Daher ist es für sie bei ihrem Handeln im Regelfall von einer gewissen Bedeutung, was andere denken und was andere über sie denken. Daher spielen sowohl die Kosten einer möglichen sozialen Ächtung wie auch der Nutzen einer sozialen Anerkennung aufgrund der eigenen öffentlichen Meinungsäußerung eine Rolle. Wer sich beispielsweise öffentlich für niedrigere Treibstoffpreise einsetzt, mag soziale Anerkennung dafür bekommen: Günstige individuelle Mobilität ist für andere nützlich. Genauso kann es aber sein, dass eine soziale Ächtung zustande kommt, denn ein höherer Treibstoffverbrauch aufgrund niedriger Preise hat negative Umwelt- und Klimafolgen. Ob man nun öffentlich eher als „Robin Hood der Pendler" oder als „Umweltsau" gilt, hängt vom herrschenden Meinungsklima ab. Das Meinungsklima selbst ist wiederum durch die geäußerten Meinungen und insbesondere durch deren mediale Verbreitung bestimmt.

Jeder Einzelne hat im Regelfall eine kleine Wahrscheinlichkeit, auf die öffentliche Meinung in einem Land Einfluss zu nehmen. Die öffentliche Meinung selbst führt, wenn überhaupt, nur mit einer gewissen Wahrscheinlichkeit und mit Verzögerung zu den gewünschten Politikentscheidungen. Da sowohl die Wahrscheinlichkeit des Einflusses auf die öffentliche Meinung wie auch die Wahrscheinlichkeit der gewünschten Politikentscheidungen klein sind, ist der zu erwartende instrumentelle Nutzen einer wahrheitsgemäßen Äußerung der eigenen Präferenzen oder Meinungen in aller Regel vernachlässigbar klein. Wenn er die seiner Meinung nach zu hohen Treibstoffpreise kritisiert, geht der Wunsch des Pendlers auf eine Senkung der Abgaben nur mit sehr kleiner Wahrscheinlichkeit in Erfüllung. Der zu erwartende instrumentelle Nutzen seiner öffentlichen Meinungsäußerung ist für ihn insofern winzig.

Der expressive Nutzengewinn einer öffentlichen Präferenzbekundung kann je nach Charakter der sich äußernden Person groß oder klein sein. Fantasievoller Aktionismus kann insofern als ein Teil des Erlebnisses der öffentlichen Meinungsäußerung sein. So kämpfen Klimaaktivisten mit anderen um das knappe Gut der medialen Aufmerksamkeit. Einfache politische Forderungen wie ein Tempolimit auf deutschen Autobahnen lassen sich leicht kommunizieren. Dabei dürfte jedem halbwegs belesenen Aktivisten bewusst sein, dass ein Tempolimit auf deutschen Straßen zur Begrenzung der Erderwärmung auf unter 1,5 °C einen vernachlässigbar kleinen Beitrag leistet. Der Nutzengewinn des Aktivismus ist daher zuallererst expressiv. Natürlich verhalten sich nicht alle Bürger gleichermaßen expressiv. Manche sind rezeptiv, andere sind schüchtern, ruhig, besonnen und würden dementsprechend nur einen kleinen expressiven Nutzengewinn bei einer öffentlichen Meinungsäußerung verspüren.

Weil der instrumentelle Nutzen einer öffentlichen Meinungsäußerung im Regelfall klein ist, spielen bei der Abwägung, sich öffentlich zu äußern, vor allem mögliche Kosten sozialer Ächtung oder der Nutzen sozialer Anerkennung sowie der Wunsch, sich expressiv zu verhalten, relevante Rollen. Die Einschätzung der Kosten der sozialen Ächtung oder des Nutzens der sozialen Anerkennung aufgrund einer öffentlich vertretenen Meinung hängt vom gefühlten Meinungsklima ab. Ist man gefühlt der Einzige, der eine abweichende Meinung vertreten würde, dürfte die erwartbare soziale Anerkennung eher klein, die soziale Ächtung hingegen eher groß ausfallen. Wer keine Tendenz zur expressiven Selbstdarstellung verspürt, wird seine öffentliche Meinung eher nicht oder zurückhaltend äußern. Möglich ist auch, dass das Gegenteil von dem öffentlich geäußert wird, was man eigentlich wirklich will und denkt. Die wahren Präferenzen werden aufgrund der Furcht vor sozialer Ächtung verfälscht dargestellt, eine lügenhafte öffentliche Meinung entsteht.

So dürfte der Klimaschutz vielen Bürgern am Herz liegen, aber sie wollen eben auch günstig, flexibel und ungehindert mobil sein. Dabei ist für sie das Auto außerhalb von Großstädten dem oft klimafreundlicheren ÖPNV überlegen. Doch dürfte sich der durchschnittliche Pendler derzeit hüten, öffentlich für niedrigere Belastungen für den Automobilverkehr einzutreten, selbst wenn dies seine private Meinung oder sein Wunsch ist. Er kann die öffentliche Meinung kaum beeinflussen. Öffentlich möchte er nicht als „Umweltsau" dastehen. Um der Gefahr öffentlicher Ächtung zu entgehen, wird er entweder schweigen oder sogar behaupten, er wäre für den ÖPNV, wenn dieser denn verlässlicher und günstiger wäre und dabei noch regelmäßiger aufs Land käme. Aus Angst vor sozialer Ächtung nimmt er davon Abstand, seine Präferenzen für das Auto wahrheitsgemäß kundzutun.

Die Relevanz des Meinungsklimas

Präferenzfälschung als die falsche Darstellung der eigenen Präferenzen entsteht unter vermeintlichem öffentlichen Druck, aus Angst vor sozialer Ächtung oder aus Hoffnung auf soziale Anerkennung. Das gefühlte Meinungsklima beeinflusst die öffentliche Meinungsäußerung des Einzelnen. Privat äußern die Bürger andere Präferenzen als öffentlich. Insofern existieren dann private Wahrheiten parallel zu öffentlichen Lügen. Weithin missliebige Politikentscheidungen können aufgrund von Präferenzverfälschung populär erscheinen.

Wie stark das gefühlte Meinungsklima und der öffentliche Meinungsdruck zu Schweigen, Präferenzverfälschung und sogar Faktenverfälschung führen kann, zeigen sogenannte Konformitätsexperimente eindrücklich. Dabei werden Probanden mehrere unterschiedlich lange Linien vorgelegt. Sodann wird die Frage gestellt, welche der Linien die gleiche Länge wie eine Referenzlinie habe. Die Aufgabe ist denkbar einfach und einzeln befragt wählen fast alle Probanden die Linie aus, die der Länge der Referenzlinie entspricht. Sind aber neben dem eigentlichen Probanden auch Schauspieler als Scheinprobanden in der Gruppe und wählen die Scheinprobanden absichtlich die offensichtlich zu kurze oder zu lange Linie, änderte sich das Ergebnis fundamental. Dann behaupten viele der echten Probanden öffentlich, die zu kurze oder zu lange Line entspräche der Referenzlinie. Sie geben falsche Fakten wieder.

Artverwandt zur Ökonomik der Präferenzverfälschung und den Einsichten von Konformitätsexperimenten ist auch die sogenannte Schweigespirale. Indem die Medien dem einzelnen Bürger bestimmte Meinung präsentieren, können sie ein vermeintliches Meinungsklima erzeugen. Die Bereitschaft sich öffentlich abweichend zum geschaffenen Meinungsklima zu äußern, sinkt umso stärker, je ausgeprägter der Gegensatz der eigenen Meinung des einzelnen Bürgers im Vergleich zur als vorherrschend betrachteten Meinung wird: Gegenmeinungen werden dann weniger oft geäußert und gehört, das vermeintliche Meinungsklima verfestigt sich mehr und mehr, die Spirale dreht sich immer weiter, die lügenhafte Öffentlichkeit entsteht. Bei sozialen Medien mag die Schweigespirale dank Filterblasen noch stärker wirken: Die Algorithmen der sozialen Netzwerke bieten den Nutzern das, was sie gerne hören und was ihren Meinungen entspricht. Andere Ansichten werden in der Filterblase immer weniger prominent. Am Ende ist es für alle unverständlich, wie jemand überhaupt eine andere Meinung haben könnte als sie selbst.

Es ist realistisch anzunehmen, dass im Grunde alle Bürger wissen, dass es in Deutschland kein Gesetz gibt, das ihnen die freie Meinungsäußerung verbietet. Wenn 44 % der Bürger nach der Befragung des Instituts für Demoskopie Allensbach darüber klagen, dass man seine Meinung nicht frei äußern könne, sondern es besser wäre, vorsichtig zu sein, geht es ihnen nicht um staatliche Zensur. Daher sind Verweise auf die im Grundgesetz verankerte Meinungsfreiheit nicht zielführend. Der oben beschriebene Mechanismus der Präferenzverfälschung funktioniert sowohl mit, aber auch völlig ohne staatliches Zutun. Es geht um befürchtete gesellschaftliche Sanktionen in Form von sozialer Ächtung, wenn man sich nicht „politisch korrekt" äußert und das vermeintlich „Unsägliche" sagt. Das gilt insbesondere bei gesellschaftlich heiklen Themen. Wer beispielsweise darauf hinweisen würde, dass die Aufnahme von „muslimischen Wirtschaftsflüchtlingen" mit gewissen Kosten der Integration verbunden sein könnte, äußert eine durch die Meinungsfreiheit gedeckte Meinung, wenn nicht gar ein Faktum. Doch öffentliche Äußerungen zu den Themen „Muslime" und „Flüchtlinge" gelten im derzeitigen Meinungsklima als zumindest heikel und moralisch aufgeladen. Präferenzverfälschung und Unwahrhaftigkeit in der öffentlichen Diskussion sind insofern zu erwarten. Daher verwundert es nicht, dass es im Bereich Wirtschaftsmigration aus muslimischen Ländern nur wenig konkrete Politikvorschläge gibt, die das Potential hätten, die Wohlfahrt potenzieller „Wirtschaftsflüchtlinge" aus diesen Ländern und gleichzeitig der Bürger in Deutschland zu fördern.

Ansätze zur Reduktion von Präferenzverfälschung

Die liberale Demokratie lebt vom Wettbewerb der Meinungen. Meinungsfreiheit, oder genauer Meinungsäußerungsfreiheit, ist daher ein hohes Gut. Die verfassungsmäßig garantierte Meinungsfreiheit schützt vor der Staatsgewalt. Sie schützt sinnvollerweise nicht vor Kritik an der eigenen Meinung. Durch den Wettstreit der Argumente werden gute politische Lösungen erst möglich, da die wahren Präferenzen der Bürger bekannt werden.

Trotzdem ist auch in der liberalen Demokratie ein gewisses Ausmaß an Präferenzverfälschung und Unwahrhaftigkeit in der Öffentlichkeit zu erwarten. Um das Auseinanderfallen von privaten Präferenzen und lügenhafter Öffentlichkeit zu reduzieren, ist die Forderung nach einem freien öffentlichen Diskurs unfruchtbar. Öffentliche Aussagen werden immer kategorisiert werden. Ein gesellschaftliches Meinungsklima besteht immer. Ziel muss es also sein, die Wahrhaftigkeit in der Öffentlichkeit zu verstärken und möglichst vielen Bürgern zu ermöglichen, ihre Präferenz wahrheitsgemäß öffentlich zu äußern. Dabei helfen folgende vier Einsichten und Ansätze:

1. *Wenige können das Meinungsklima kippen:* Ein hoher Grad an allgemeiner Unwahrhaftigkeit in der Öffentlichkeit muss nicht bestehen bleiben. Einzelne Vorkommnisse können dazu führen, dass das bestehende Meinungsklima sich ändert. Wer mit Blick auf die Welt für eine starke, wehrhafte Bundeswehr eintrat, kann sich seit Beginn des russischen Angriffskrieges im Februar 2022 nur bestätigt fühlen und sich höchstens über die schnelle Mutation ehemaliger „Überpazifisten" in mediale „Kriegsgurgeln" wundern. Unter Umständen reichen die öffentlich geäußerten Meinungen nur weniger Bürger dazu, andere zu überzeugen, sich ebenfalls gemäß ihren wahren Präferenzen zu äußern. Diese Einsicht entspricht dem bekannten Märchen von Hans Christian Andersen: Es bedurfte nur eines Kindes, das wahrheitsgemäß äußerte, der Kaiser sei nackt, damit alle Bürger öffentlich das äußerten, was sie insgeheim wussten – der Kaiser ist nackt. Tatsächlich zeigen auch manche Konformitätsexperimente, dass bereits einzelne wahrheitsgemäße Aussagen reichen, um die Wahrscheinlichkeit signifikant zu reduzieren, dass Fakten aufgrund vermeintlichen sozialen Drucks verfälscht werden. Daher ist es für „normale" Bürger nur vernünftig anzunehmen, dass viele andere Bürger ihre Meinung teilen. Insofern ist die Angst vor nachhaltigen Kosten der sozialen Ächtung oft unangebracht: Wem als Bürger etwas am Herzen liegt, kann dies mit Anstand öffentlich äußern und dadurch vielleicht sogar eine bestehende öffentliche Unwahrhaftigkeit zum Kippen bringen.
2. *Kritisch zuhören und lösungsorientiert denken:* Sprechen und Zuhören sind ohneeinander jeweils nicht viel wert. Das bedeutet eben auch, dass es von gewisser Bedeutung ist, die Meinungen anderer zu hören. Das gilt selbst für Meinungen, die man abstoßend findet oder die gefährlich sind. Doch manche Medienschaffende scheinen die Bürger als zu schlicht zu betrachten, als dass sie ihnen solche Informationen zumuten wollten.

Das dürfte ein schwerer Fehler sein, denn um beispielsweise gefährlichen politischen Strömungen zu widerstehen, sollten die Bürger sie erst verstehen. Eine zu schnelle mediale Moralisierung führt auch dazu, dass über zu Grunde liegende Probleme und deren mögliche Lösung nur wenig nachgedacht wird – Scheinlösungen und die Hoffnung auf Symbolpolitik sind die Folge. So schätzen beispielsweise die meisten Bürger den Wert der Gleichberechtigung von Frau und Mann als hoch ein. Sie sind sich bewusst, dass manche Mitbürger sich nicht nur als entweder „weiblich" oder „männlich" identifizieren können. Doch verstehen sie auch, dass Gleichberechtigung wohl kaum durch eine Art magischen Vorgang mittels Verwendung eines Gendersternchens zustande kommt.

3. *Unwahrhaftigkeit ist durch Politiker mitgeprägt:* Die Anreize sich öffentlich zu äußern sind für jene besonders hoch, die sich sehr expressiv verhalten wollen, eher eindimensional denken oder bewusst provozieren. Das gilt insbesondere für Politiker und Medienschaffende jeder Couleur. Manche von ihnen behaupten nur zu gerne, das ehemals „Unsägliche" würde durch bewusste Provokationen populistischer Bewegungen systematisch „säglich" gemacht. Sie sehen sich selbst als Grenzwächter des „Sagbaren", wodurch sie hoffen, ihre Macht zu erhöhen. Die Grenzverletzer reagieren darauf mit der zu Beginn erwähnten Frage „Das wird man wohl noch sagen dürfen?" und provozieren munter weiter. Aus den Übertreibungen beider Seiten lässt sich wenig schließen. Andere im politischen Prozess missverstehen zu wollen und versuchen, sie als unmoralisch darzustellen, ist ein unerfreulicher Aspekt des ansonsten für die gesellschaftliche Wohlfahrt förderlichen, intensiven politischen Wettbewerbs der Ideen. Noch dazu haben politische Entscheidungsträger dasselbe Problem mit dem vermeintlichen Meinungsklima wie alle anderen – sie wissen nur wenig darüber, was die Bürger wirklich denken und wollen. Am Ende werden sie in einer geheimen Wahl gewählt und es empfiehlt sich für sie nicht, selbst potenzielle Wähler der Gegner öffentlich als „beklagenswert" („deplorable") zu bezeichnen. Insofern wäre für alle die wahrheitsgemäße Äußerung von Präferenzen und Meinungen informativ und erfrischend.
4. *Rahmenbedingungen für Wahrhaftigkeit fördern:* Unwahrhaftigkeit aufgrund von Meinungsdruck und Moralisierung im politischen Diskurs bricht schneller, wenn echte Kosten drohen. „Maulhelden" verstummen, sobald sie die Kosten ihrer Forderungen selbst tragen müssen. Wichtiger sind jedoch politische Rahmenbedingungen und Institutionen, die jedem einzelnen Bürger erlauben, gesellschaftswirksam für das einzustehen, was er privat für richtig hält. Geheime Wahlen in der Demokratie sind ein solches Arrangement. Sie sind immer wieder für Überraschungen gut. Ein weiteres Arrangement ist Bürgerbeteiligung im Sinne echter,

bindender Bürgerentscheide. Die Bürger erhalten dadurch eine Stimme bei Sachentscheidungen und es wird sowohl rentierlicher, die eigenen Meinungen und Präferenzen in den öffentlichen Diskurs einzubringen als auch den anderen zuzuhören, um möglicherweise sinnvolle Lösungen und Kompromisse zu finden. Auch die Teilnahme am gesellschaftlichen Diskurs selbst und die Informationsbeschaffung darüber werden rentierlicher, da eine echte Politikentscheidung ansteht und es nicht nur um „Schönreden" geht. Politiker müssen zu konkreten Sachfragen Stellung beziehen, über die die Bürger entscheiden. Nach der Entscheidung interessiert sich niemand mehr für eine Moralisierung des Ergebnisses. Aber Vorsicht! Manche Politiker und Medienschaffende, die heute allzu gerne die öffentliche Meinung machen, moralisieren oder provozieren, werden gegen mehr direkte Demokratie argumentieren, diese könne zu politisch inkorrekten Ergebnissen führen. Das ist aus ihrer Sicht in der Tat so. Nur sind diese Ergebnisse dann weniger verfälscht und gesellschaftlich erwünscht.

Weiterführende Literatur

Brennan, Geoffrey und Loren Lomasky (1997). Democracy and Decision. The Pure Theory of Electoral Preference. Cambridge: Cambridge University Press.

Kuran, Timur (1997). Private Truths, Public Lies: The Social Consequences of Preference Falsification. Bosten: Harvard University Press.

Noelle-Neumann, Elisabeth (1980): Die Schweigespirale. Öffentliche Meinung – unsere soziale Haut. München: Langen Müller.

Gleichberechtigung setzt auf möglichst gleiche und faire Voraussetzungen, die zu unterschiedlichen, ungleichen Ergebnissen führen können.

Gleichberechtigung oder Gleichstellung? Über einen sprachlich verschleierten, aber politisch relevanten Systemkonflikt – und eine Vision bürgerlicher Politik

Prof. Dr. Andreas Rödder

***Andreas Rödder**, geb. 1967, ist Univ.-Prof. für Neueste Geschichte an der Johannes Gutenberg-Universität Mainz und 2020–23 Helmut Schmidt Distinguished Visiting Professor an der Johns Hopkins-Universität Washington. Er hat sechs Monographien publiziert, darunter „21.0. Eine kurze Geschichte der Gegenwart." München 2015; gründlich überarbeitete und aktualisierte Neuauflage unter dem Titel „21.1. Eine kurze Geschichte der Gegenwart" München 2023.*

Dr. Kristina Schröder

***Kristina Schröder**, geb. 1977, war von 2002 bis 2017 Mitglied des Deutschen Bundestages und von 2009 bis 2013 Bundesministerin für Familie, Senioren, Frauen und Jugend. Heute ist sie als Unternehmensberaterin und Publizistin tätig. Sie hat drei Töchter.*

Andreas Rödder und Kristina Schröder sind Gründer und Leiter der „Denkfabrik Republik21. Neue bürgerliche Politik".

„Gleichstellung" hat in der öffentlichen Debatte weitgehend unbemerkt den Begriff der „Gleichberechtigung" verdrängt. Hinter den Begriffen stehen aber grundlegend unterschiedliche gesellschaftspolitische Konzepte. Moderne bürgerliche Politik setzt auf faire Startchancen – und muss dafür mehr tun.

„Ungleichheit" ist zu einem Schreckgespenst der öffentlichen Diskussion geworden. Bis weit in die Unionsparteien hinein gilt „Ungleichheit" inzwischen als Synonym für „Ungerechtigkeit", obwohl die Unterschiedlichkeit der Menschen nicht nur eine lebensweltliche Selbstverständlichkeit, sondern auch ein elementarer Bestandteil des christlichen Menschenbildes ist.

Seit vielen Jahren kommt als Gegenmittel die „Gleichstellung" zur Anwendung. Sie geht nicht von Individuen, sondern von Gruppenzugehörigkeiten – nach Geschlecht, Herkunft oder sexueller Orientierung – aus, und sie zielt auf Ergebnisse: die Verteilung von Positionen, Ämtern oder Gütern nach Quoten und Proporz. Im Endeffekt zielt Gleichstellung damit auf eine neue ständisch gegliederte Gesellschaft.

Erfolgsrezept der Moderne: Von der ständischen zur bürgerlichen Gesellschaft

Die ständische Gesellschaft war die Organisationsform der Vormoderne. Im 19. Jahrhundert wurde sie von der bürgerlichen Gesellschaft abgelöst, die ein anderes Versprechen mit sich brachte: Nicht länger sollten Herkunft oder Gruppenzugehörigkeit für die soziale Position der Menschen entscheidend sein, sondern ihre individuelle Leistung und ihre freie Entscheidung, und das hieß vor allem: Bildung und Beruf. So entstand die Leistungs- und Wettbewerbsgesellschaft, die erst die Dynamik, den Erfindungsreichtum und den Wohlstand moderner Gesellschaften möglich machte.

Gerechtigkeit sah diese bürgerliche Gesellschaft nicht in der Repräsentation von Gruppen, sondern in den Chancen für Individuen, ihre eigenen Talente zu entfalten und zur Geltung zu bringen. „Vom Tellerwäscher zum Millionär" lautete diese Vision in der US-amerikanischen Zuspitzung – und zeigte zugleich Zweierlei: Der individuelle Erfolg, der den sozialen Unterschied macht, wird gewollt. Und zugleich ist die Vision immer ein Ideal, das sich nie vollständig realisieren lässt und das in seiner Realität immer wieder hinterfragt werden muss.

In den USA des 21. Jahrhunderts wird soziale Position in hohem Maße vererbt, indem Mittelschichtenfamilien ihre Kinder auf Elitehochschulen schicken, über deren Prestige und über deren Netzwerke Karrieren vorgezeichnet werden. Und auch in Deutschland hängt Bildungserfolg inzwischen in deutlich höherem Maße von der sozialen Herkunft ab, als es dem bürgergesellschaftlichen Ideal lieb sein kann.

Verzerrte Wahrnehmungen, statistische Fallen und tatsächliche Blindstellen

Bevor dies zu pauschal beklagt wird, ist allerdings zu bedenken, dass Deutschland dabei auch Opfer des eigenen Erfolgs geworden ist. Die Bildungsreformen der Sechziger und Siebziger in Westdeutschland folgten dem Versprechen vom „Aufstieg durch Bildung". Um Bildungsmöglichkeiten zu schaffen, wurden vor Ort höhere Schulen gebaut und zugänglich gemacht. Der Sozialaufstieg durch Bildung wurde zu einem Generationenprojekt von jungen Menschen, die als erste ihrer Familie Abitur machten, studierten und in gutbezahlte Positionen aufrückten. Die Bildungsreformen und die damit verbundene Verbreiterung der Mittelschichten wurden zu *der* Erfolgsgeschichte der alten Bundesrepublik.

Damit geriet die Gesellschaft zugleich in eine sozialstatistische Falle: Die Tochter eines Universitätsprofessors, der aus nichtakademischen Verhältnissen stammt und damit seinen Sozialaufstieg geschafft hat, kann ihrerseits sozial gar nicht mehr aufsteigen, weil eine Professur als Bildungskategorie an der Spitze der sozialstatistischen Pyramide steht. Die Tochter kann also viel klüger, erfolgreicher und berühmter werden als ihr Vater – statistisch wird sie höchstens als Seitwärtsbewegung geführt und gilt damit als ausgebliebener Sozialaufstieg.

Abgesehen von diesen paradoxen sozialstatistischen Folgen hatten die Bildungsreformen allerdings auch ihre handfesten Blindstellen: Sie richteten sich – seinerzeit sprichwörtlich – an das katholische Mädchen aus der Eifel, das die Chancen nutzte, die das neu gebaute Gymnasium eröffnete. Profitiert haben von den Bildungsreformen vor allem die deutschen Mittelschichten und hier insbesondere die Mädchen – sehr viel weniger hingegen Unterschichten und Migranten.

Sie sind von den Bildungsreformen und ihren Möglichkeiten in sehr viel geringerem Maße erreicht worden. Dort bestehen vielmehr weithin Barrieren fort, die Angehörige der Mittelschichten zumeist gar nicht wahrnehmen: Mittelschichten gehen oft selbstverständlich davon aus, dass auf die Schule das Studium folgt, zeigen ihren Kindern unterschiedliche Studienorte, können sie beraten und kennen die Tricks und Kniffe, wie man sich um

Stipendien bewirbt. Nichtakademische Familien stehen langen brotlosen Studienjahren oft skeptisch gegenüber, haben oftmals kein Geld, um sich verschiedene Studienorte anzusehen, sie wissen nichts über Stipendienmöglichkeiten, und wenn das Bafög verspätet bewilligt wird, ist das ein Existenzproblem für ein Studium. Abgesehen davon gibt es natürlich auch die vererbten Hartz-IV-Biographien und verfestigte kulturelle Barrieren gegenüber Bildung und Leistung, aus denen Kinder nur mit beachtlichem Eigenantrieb herauskommen können – zumal wenn sie die einschlägigen Vornamen tragen und mit der entsprechenden Sozialisierung in die Schule kommen.

Formale und reale Chancen

Zwar kann man heute völlig zu Recht sagen: die Chancen, Abitur zu machen, sind für alle so groß wie noch nie. Aber: es sind oftmals *formale* Chancen, die Amartya Sen zu Recht von *realen* Chancen unterscheidet. Gemeint sind damit Chancen, die nicht nur auf dem Papier stehen, sondern tatsächlich erreichbar sind. Es sind diese realen Chancen, die in unterprivilegierten Milieus fehlen.

Das ist ein fundamentales Problem für ein bürgerliches Gerechtigkeitsverständnis, das Ungleichheit dann akzeptiert, wenn sie auf freien Entscheidungen oder unterschiedlichen Leistungen beruht. Diese legitime Ungleichheit der Ergebnisse erfordert aber die Gleichheit der Voraussetzungen.

Nun wird sich die Ungleichheit von Startchancen nie ganz verhindern und nivellieren lassen. Dass das Professorenkind am Familientisch mit Bildungsinhalten aufwächst, ließe sich nur durch ein Modell verhindern, das Kinder frühzeitig und vollständig ihren Eltern entzieht. Solch totalitäre Modelle haben nicht einmal in totalitären Systemen funktioniert. Aber es geht nicht um Schwarz-Weiß-Lösungen. Als ländliche Mittelschichtenkinder in den achtziger Jahren an die Universität kamen, mochten sie städtischen Kindern aus dem Bürgertum an materiellem und kulturellem Kapital unterlegen sein. Aber diese Unterschiede ließen sich überwinden und hinderten aufstiegswillige junge Menschen nicht an ihrem Aufstieg. Insofern waren die Startbedingungen zwar nicht gleich, aber fair.

Und in diesem Sinne muss es einer zukunftsorientierten bürgerlichen Politik im Sinne der Gerechtigkeitstheorie von John Rawls darum gehen, die Ungleichheit der Startchancen so einzuhegen, dass allen eine faire Chance und ebenso der Zugang zu Positionen und Ämtern offensteht.

Fairness ist dabei der Schlüsselbegriff, im Sinne realisierbarer Zugänglichkeit. Sie ist die Grundlage für die Anforderung der Selbstverantwortung und ein gelebtes System der Subsidiarität. Und sie ist die Grundlage für die Selbstachtung der Beteiligten. Denn während die Erfahrung der Chancenlosigkeit zu verfestigter Frustration führt, kann die Nutzung fairer Chancen dasjenige Selbstwertgefühl erzeugen, das in die eigene Peer-Group und in die gesamte Gesellschaft ausstrahlen kann: Seht her, was wirklich möglich ist!

Die bürgerliche Alternative zur Politik einer Gleichstellung, die Ergebnisse durch permanente Interventionen herstellt, ist eine Offensive, die „echte Chancen" für buchstäblich alle schafft, nicht nur für eine eigene soziale Klientel, um eine der größten Erfolgsgeschichten der alten Bundesrepublik unter den Bedingungen der 2020er und 2030er Jahre mit neuem Leben zu erfüllen. Dabei sollte es nicht mehr im engeren Sinne um „Aufstieg durch Bildung" gehen, da dies allzu sehr nach der enggeführten Einbahnstraße mit den Wegmarken Gymnasium – Abitur – Studium – akademischer Beruf klingt. Die Chancenoffensive sollte breiter denken und eine Vielzahl von Wegen eröffnen. Es geht nicht nur um „Aufstieg" im sozialstatistischen Sinne, sondern um erfolgreiche Lebensgestaltung. Und es geht nicht nur um akademische Bildung, sondern um Qualifikation bzw. qualifizierte Berufe überhaupt: Handwerker und Start-up-Unternehmer, Pfleger und Professoren.

Eine solche Chancenoffensive beginnt mit der nötigen Sensibilität für niedrigschwellige Barrieren, die akademische Mittelschichten (und damit: die öffentlichen und politischen Eliten) allzu schnell übersehen. Und sie startet eine Offensive, um verfestigte Benachteiligungen aufzubrechen und gerechtere Chancen zu eröffnen. Dabei ist es nicht mehr mit den Rezepten der Bildungsreformen vor 50 Jahren und dem Vertrauen auf das Eigenengagement des katholischen Mädchens aus der Eifel getan. Nötig ist vielmehr ein proaktives staatliches Empowerment.

Eine neue Chancenoffensive

Eine solche Chancenpolitik muss aktiv auf unterprivilegierte Milieus zugehen. Sie bezieht die Familien mit ein und setzt auf Paten und Mentoren, Angehörige der Mehrheitsgesellschaft oder besser noch Peers aus der eigenen sozialen Gruppe, die ihre Chancen selbst aktiv genutzt haben und die als Vorbilder dienen können. Eine vorbildliche Einrichtung ist etwa das „Diesterweg-Stipendium für Kinder und ihre Eltern" der Stiftung Polytechnische Gesellschaft in Frankfurt, das inzwischen bundesweit an verschiedenen Standorten angeboten wird: ein Bildungsstipendium mit Programmangeboten, das Kindern und Eltern dabei hilft, Zugangsbarrieren zu überwinden. Zwei Migrantenkinder gaben beispielsweise an, sie wollten selbst Lehrer werden, um ihre eigenen Erfahrungen weiterzugeben – so lässt sich ein Rollenmodell bei denjenigen etablieren, denen dies bislang fern geblieben ist.

Solches Engagement darf der Staat aber nicht allein zivilgesellschaftlichen Organisationen überlassen. Bei der Schaffung von Voraussetzungen ist tatsächlich mehr Staat nötig. Und er darf auch vor Verteilungsfragen nicht zurückschrecken. Wenn solvente Mittelschichten ihre Kinder auf angloamerikanische Privatschulen schicken oder ihnen die teuersten Vorbereitungskurse zum Aufnahmetest für das Medizinstudium finanzieren, während die untere Hälfte der Gesellschaft verzweifelt gegen die Inflation kämpft, dann sind die fairen Startchancen von vielen gefährdet. Insofern ist der Vorschlag, allen jungen Erwachsenen ein „Grunderbe" zur Verfügung zu stellen, das für Investitionen in die eigene Qualifikation verwendet werden kann, ein durchaus bedenkenswerter Gedanke.

Damit ist eine Debatte über Eigentum und Besteuerung vorgezeichnet – und bürgerliche Politik sollte sie offen und ohne Tabus führen. Denn eine offene bürgerliche Haltung erkennt den Zielkonflikt, der sich mit der zunehmenden Ungleichheit von Vermögen zwischen der Bewahrung des Eigentums auch über die Generationen und den meritokratischen Prinzipien der Leistungsgesellschaft eröffnet – oder noch einmal mit dem Liberalen John Rawls: die Ungleichheit der Verteilung von Gütern ist nur dann legitim, wenn sie auch dem am schlechtesten Gestellten nützt. Dazu aber bedarf es des Ausgleichs durch die institutionelle Ordnung der Gesellschaft, tatsächlich auch der Umverteilung. Bürgerliche Politik setzt dabei aber darauf, Zielkonflikte nicht durch einfache Lösungen und ideologische Einseitigkeiten zu lösen, sondern durch realistische Bestandsaufnahme und differenzierende Abwägung – und durch die Eröffnung von Chancen, von der liberalen Arbeiterbildung bis zur „Vermögensbildung in Arbeitnehmerhand". Nivellierung nach unten allerdings – hier widersprechen wir John Rawls – bringt dabei nie ein Mehr an Gerechtigkeit, sondern lediglich weniger Wohlstand.

Wir brauchen also mehr Staat, um faire Voraussetzungen echter Chancen zu schaffen. Wenn diese Grundlage aber geschaffen ist, dann brauchen wir weniger Staat, mehr Selbstverantwortung – und mehr Akzeptanz unterschiedlicher Ergebnisse. Ungleichheit auf der Grundlage fairer Chancen als Ergebnis unterschiedlicher Leistungen, individueller Präferenzen und freier Entscheidungen ist in der liberalen Gesellschaft gern gesehen – nicht die Erfüllung staatlich vorgegebener und quotierter Erwartungshaltungen!

Dieses Prinzip gilt auch in der Geschlechterpolitik. Die Benachteiligung von Frauen ist zu einem verfestigten Narrativ geworden, von der „gläsernen Decke“ über „verkrustete Rollenbilder“ bis zum „*gender pay gap*“. Es ist mit zunehmenden Gleichstellungsmaßnahmen und dem beruflichen Aufstieg von immer mehr Frauen in Führungspositionen sogar eher noch stärker geworden – und bekräftigt das von Alexis de Tocqueville schon 1835 erkannte Paradox, dass mit dem Abbau von Ungleichheiten die Sensibilität gegenüber verbliebenen Ungleichheiten zunimmt.

Tücken der Geschlechtergerechtigkeit

So wird inzwischen die Parität, also die 50 %ige Vertretung von Frauen gefordert, zum Beispiel in Parlamenten bzw. auf den Landeslisten, die von den Parteien erstellt werden. Was aber wäre ein gerechter Maßstab: der Anteil von Frauen an der Bevölkerung – oder ihr Anteil an der Mitgliederschaft, weil der Eintritt in eine Partei der freien Entscheidung und keiner Diskriminierung unterliegt? Können 26,5 % der Mitglieder aufgrund ihres 50 %igen Anteils an der Bevölkerung die Hälfte der Listenplätze beanspruchen? Bedeutete dies nicht notwendig, dass die Anforderungen an das unterrepräsentierte Geschlecht deutlich geringer sein müssten? Und sollte es nicht der mündige Bürger sein, der durch Wahl entscheidet, welche sozialen Gruppen in Parlamenten wie vertreten sind?

Die Gerechtigkeitsfrage ist nicht so einfach, wie es pauschale Formeln der „Parität“ erscheinen lassen. Das gilt auch für den sogenannten *gender pay gap*. So enthalten die statistischen Gesamtgrößen nicht nur Verzerrungen aufgrund von Branchen, Unternehmensgrößen und geleisteten Überstunden, sondern vor allem aufgrund unterschiedlicher biographischer Entscheidungen, die oftmals bereits vor Jahrzehnten getroffen worden sind. Aber auch heute liegt der Männeranteil beim Studium der Elektro- und Informationstechnik bei 84 %, 77 % der Studenten der Germanistik sind Frauen. Rund um die Geburt eines Kindes neigen Frauen nach wie vor deutlich häufiger als Männer dazu, ihre Berufstätigkeit zu reduzieren oder zeitweise aufzugeben. Solange erwachsene Menschen mit freien Entscheidungen unter Abwägung aller Vor- und Nachteile ihr Konzept eines guten Lebens leben, können wir daran nichts Falsches erkennen.

Ungleiche Bezahlung für gleiche Tätigkeit hingegen ist inakzeptabel – und gibt es daher zum Beispiel im Öffentlichen Dienst auch nicht. Mit einer Ausnahme: mit zunehmender Dienstzeit steigt man in den Erfahrungsstufen auf und verdient für die gleiche Tätigkeit mehr – ist dieser *pay gap* zwischen Dienstälteren und -jüngeren legitim oder illegitim? Und was ist mit frei verhandelbaren Verträgen: wenn ein Chefarzt ein höheres Gehalt aushandelt als eine Chefärztin – ist das eine strukturelle Benachteiligung im Sinne des *gender pay gap*? Oder ist es unterschiedliches Verhandlungsgeschick, das keiner staatlichen Regulierung bedarf? Vielleicht hat die Chefärztin in den Verhandlungen auch durchblicken lassen, dass sie weniger als ihr Kollege bereit ist, Überstunden zu leisten, um den Sohn pünktlich aus dem Kindergarten abzuholen – ist das unter Gesichtspunkt der Gerechtigkeit ein Problem?

Und was ist mit den neuen Ungerechtigkeiten, die durch Quoten erzeugt werden – diesmal von Seiten des Staates? Die Frauenquote für Unternehmensvorstände kann dazu führen, dass eine kinderlose Unternehmertochter aus München-Bogenhausen den Vorzug vor einem vierfachen Familienvater mit Migrationshintergrund aus Berlin-Neukölln erhält. Die Chancen eines jungen Mannes können auf Grund offizieller oder inoffizieller Quotenvorgaben über Jahre empfindlich gemindert sein, weil er als Mitglied eines Geschlechterkollektivs für Vorteile in Haftung genommen wird, die andere Mitglieder dieses Kollektivs früher tatsächlich oder vermeintlich hatten – ist das wirklich gerecht? Und wenn Professuren eigens für Frauen ausgeschrieben werden, widerspricht eine solche Maßnahme zugunsten der Geschlechtergerechtigkeit sowohl dem Prinzip der Individualgerechtigkeit als auch den Prinzipien der liberalen Wettbewerbsgesellschaft.

Chancenpolitik statt Parität

Auch hier gilt: eine bürgerliche Chancenpolitik will staatsinterventionistischen Dirigismus und Egalitarismus ebenso vermeiden wie ignorante Nonchalance. Vielmehr wird sie aufmerksam und offen prüfen, wo äußere Benachteiligungen reale Chancen einschränken – und das ist öfter der Fall, als man(n) auf den ersten Blick meinen mag. Stereotype, Vorurteile und Rollenmuster spielen ebenso eine Rolle wie eingefahrene Praktiken der Absprachen auf der Herrentoilette oder der Sitzungstermine am Abend, die Mütter (und Väter) benachteiligen. Und wenn Stellenbesetzungen in Orchestern tatsächlich so ausgefallen sind, dass Frauen nach Vorspielen auf offener Bühne viel seltener genommen wurden als nach Vorspielen hinter dem Vorhang – dann lag hier definitiv eine Benachteiligung vor, wo man allzu schnell gesagt hätte, dass es doch nur um die Sache gehe. Offenbar eben nicht.

Eines aber glauben wir nicht: Dass dann, wenn sich Frauen und Männer für traditionelle Rollenverteilungen entscheiden, die Sieger- und die Verliererrolle so eindeutig verteilt ist, wie es des ewige Opferlamento des Feminismus behauptet. Männer machen häufiger Karriere oder gründen Unternehmen,

Frauen verbringen mehr Zeit mit ihren Kindern. Männer verdienen mehr, Frauen sterben seltener im Job. Mütter werden im Fall einer Scheidung häufig mit der Erziehung allein gelassen, getrennten Vätern wird oft der Umgang mit ihren Kindern verweigert. Sowohl die Wahrscheinlichkeit, einen Nobelpreis zu gewinnen, als auch die, obdachlos zu werden, ist für einen Mann deutlich größer als für eine Frau. Und schließlich: Männer sterben früher, Frauen ärmer.

Wer lebt das bessere Leben? Die Antwort hängt von persönlichen Wertmaßstäben ab. Eine liberale Konsequenz kann daher nur sein, faire und reale Chancen zu schaffen und die Freiheitsgrade und Wahlmöglichkeiten für alle Menschen unabhängig von ihrem Geschlecht weiter zu verbessern. Aber auch und gerade in einer utopischen Welt größtmöglicher Freiheit werden sich nach unserer Überzeugung die Lebensverläufe von Männern und Frauen wegen ungleicher Präferenzen immer noch deutlich unterscheiden – und das ist auch gut so.

Eine neue bürgerliche Geschlechterpolitik wird daher proaktiv darauf hinwirken, tatsächlich geschlechtsbedingte Benachteiligungen zu beseitigen. Aber ebenso wird sie Ungleichheit aufgrund unterschiedlicher Leistungen, individueller Präferenzen und freier Entscheidungen akzeptieren – einschließlich der Entscheidungen zugunsten von Karriereverzicht, Teilzeit oder Familienarbeit, statt diese als falsches Bewusstsein zu stigmatisieren. Vielmehr handelt es sich dabei um eben jene Vielfalt, die eine bürgerliche Gesellschaft gerade will.

Gleichberechtigung und Pluralismus statt Gleichstellung und Diversität – oder: Eine Offensive für Gerechtigkeit und Innovation

Gleichstellung und Gleichberechtigung stehen für unterschiedliche Gesellschaftsmodelle. Und wer Gleichstellung sagt und meint, Gleichberechtigung zu meinen, weil Begriffe doch nicht so wichtig seien, darf sich nicht wundern, wenn hinterher tatsächlich Gleichstellung praktiziert wird. Gleichstellung ist ein staatsinterventionistischer Ansatz, der auf kollektive Ergebnisse zielt und persönliche Präferenzen ignoriert: eine neuständische Modellierung nach Gruppen und Quoten, die dann Diversität genannt wird. Gleichberechtigung hingegen setzt auf möglichst gleiche und faire Voraussetzungen, die zu unterschiedlichen, ungleichen Ergebnissen führen: zu einem freiheitlichen Pluralismus, der sowohl dem bürgerlichen Gesellschaftsideal als auch dem christlichen Menschenbild entspricht.

Gleichberechtigung und Pluralismus als gesellschaftspolitische Leitideen im 21. Jahrhundert setzen auf gerechte Chancen und Voraussetzungen für Leistungsbereitschaft und Eigenverantwortung. Eine proaktive Politik für faire Chancen verbindet das bürgerliche Ideal von Erfolg durch Qualifikation mit einer gesamtgesellschaftlichen Innovationsoffensive, um die bürgerliche Leistungs- und Wettbewerbsgesellschaft neu zu beleben. Denn in einem stetig schärfer werdenden Systemwettbewerb des 21. Jahrhunderts werden die westlichen Gesellschaften nur dann bestehen können, wenn sie die Energiequellen ihrer Dynamik und ihres Wohlstands wieder neu entfesseln: die Chancen und die Freiheit der Individuen mit ihren unterschiedlichen Begabungen, ihrer Originalität und ihrer Leistungsfähigkeit. Sage einer, bürgerliche Politik habe keine Visionen. Es sind keine Ideologien einer neuen Welt, sondern Vorstellungen eines guten Lebens, die faire Voraussetzungen, individuelle Freiheit und Orientierung am Gemeinwohl verbinden.

Dieser Beitrag erschien zuerst in der Frankfurter Allgemeinen Zeitung vom 13.6.2022.

Dass das Professorenkind am Familientisch mit Bildungsinhalten aufwächst, ließe sich nur durch ein Modell verhindern, das Kinder frühzeitig und vollständig ihren Eltern entzieht. Solch totalitäre Modelle haben nicht einmal in totalitären Systemen funktioniert.

Ein klingender Nachname allein ist noch kein Erfolgsgarant

Meritokratie: Die Bedeutung des gesellschaftlichen Auf- und Abstiegs

Dr. Melanie Häner

Melanie Häner *ist Bereichsleiterin Sozialpolitik und Bildung am Institut für Schweizer Wirtschaftspolitik (IWP) an der Universität Luzern. Sie verfasste ihre Dissertation zur intergenerationellen sozialen Mobilität und zum Heiratsverhalten in der Schweiz.*

Prof. Dr. Christoph A. Schaltegger

Christoph A. Schaltegger *ist Direktor des Instituts für Schweizer Wirtschaftspolitik (IWP) und Professor für Politische Ökonomie an der Universität Luzern. Er betreute die Dissertation von Melanie Häner. Seine bevorzugten Forschungsgebiete umfassen im Allgemeinen die Finanz- und Steuerpolitik sowie die Politische Ökonomie.*

Der öffentliche Diskurs zur Ungleichheit fokussiert sich heutzutage stark auf die Verteilung und Umverteilung der Einkommen und Vermögen. Es ist die Rede von einer sich öffnenden Schere zwischen Arm und Reich und davon, wie sich diese schließen lässt. Zu Unrecht: Denn erstens gelten diese Entwicklungen nicht für alle westlichen Länder und schon gar nicht im selben Ausmaß. Und zweitens greift eine solch eingeschränkte und rein statische Betrachtung der Ungleichheit viel zu kurz. Bereits 1991 stellte der Nobelpreisträger Gary S. Becker klar, eine umfassende Ungleichheitsanalyse erfordere zusätzlich zu dieser statischen Betrachtung auch die Analyse der gesellschaftlichen Aufstiegschancen und Abstiegsrisiken. In der Zwischenzeit sind gut dreißig Jahre vergangen. Bis heute aber bleibt die Einschätzung des Gründervaters der Familienökonomie zutreffend. Es geht nicht allein um die Fragen nach der Verteilung von Einkommen und Vermögen. Viel eher sollte sich eine meritokratisch geprägte Gesellschaft durch intakte Aufstiegsmöglichkeiten auszeichnen. Wichtig ist am Ende nicht nur, wer wieviel verdient, sondern vor allem, ob der familiäre Hintergrund maßgeblich über diesen Verdienst entscheidet. Gesellschaftliche Durchlässigkeit ist ein wesentliches Erfolgsmerkmal in einer sozialen Marktwirtschaft, das nicht stiefmütterlich behandelt werden und durch die laute Ungleichheitsdebatte verdrängt werden sollte.

Soziale Mobilität langfristig messen

Das Ausmaß der gesellschaftlichen Aufstiegsmöglichkeiten wird im Fachjargon als intergenerationelle soziale Mobilität bezeichnet. Analog zu den Verteilungsmassen hängt auch die gemessene soziale Mobilität von der jeweiligen Messart und dem betrachteten Statusindikator ab. So zeichnet sich etwa die Schweiz durch eine hohe Einkommensmobilität, gleichzeitig jedoch durch eine durchschnittliche Bildungsmobilität aus. Akademikerkinder sind an Schweizer Universitäten deutlich übervertreten. Dank des gut funktionierenden dualen Bildungssystems lässt sich in der Schweiz aber auch ohne oder mit einem auf dem zweiten Bildungsweg nachgeholten Universitätsabschluss beruflich erfolgreich sein und die Einkommensränge emporklettern. Gregory Clark & Co-Autoren zeigen, dass sich eine kombinierte Statusbetrachtung anbietet, indem ein mittlerer sozialer Status je Familie anhand des Nachnamens bestimmt wird. So enthalte der Nachnamen weitere zugrundeliegende Statusfaktoren wie etwa familiäre Beziehungen, Werte, etc., die über die gemessenen Einkommens-, Vermögens- oder Bildungsindikatoren hinausreichen.

Inspiriert durch die Studien von Clark und Co-Autoren, führten wir eine nachnamensbasierte Analyse über 15 aufeinanderfolgende Generationen in der Schweiz durch. Dabei ermittelten wir für den Kanton Basel-Stadt je Familie und je Generation den mittleren sozialen Status anhand der Repräsentation der entsprechenden Familie in der Elite. Als Elite definierten wir in erster Linie die Angehörigen der Universität Basel, nutzten für alternative

Betrachtungen aber auch andere Daten, unter anderem zu den Zunftmeistern und den politischen Eliten. Da wir einen Datensatz mit lückenlosen Beobachtungen über 15 Generationen bis zurück ins Jahr 1550 erstellten, beschränkten wir uns im Gegensatz zu Clark und Co-Autoren nicht auf die Analyse der seltenen Nachnamen von besonders hohem oder besonders niederem sozialen Status, sondern konnten stattdessen alle Familien in die Analyse mit einbeziehen. Dies erlaubte uns, die Durchlässigkeit der Gesamtgesellschaft bis zurück ins Spätmittelalter nachzuzeichnen. Wie aus der Abbildung hervorgeht, zeichnet sich die Entwicklung des durchschnittlichen Eltern-Kind-Zusammenhangs über die letzten 15 Generationen durch einen stabilen Mittelwert und gleichzeitig ein zyklisches Muster um diesen Mittelwert herum aus. Spannend ist zudem, dass sich Kriegs- und Krisengenerationen (z.B. des 30-jährigen Kriegs oder des zweiten Weltkriegs) jeweils durch einen starken Eltern-Kind-Zusammenhang, also eine geringe Durchlässigkeit auszeichneten. In den Generationen nach diesen Kriegen und Krisen nahm die Mobilität wieder zu, ging also der elterliche Einfluss auf den Erfolg der Kinder wieder zurück.

So spannend die Betrachtung dieser Entwicklung des Eltern-Kind-Zusammenhangs über 15 Generationen aber auch sein mag, so sagt sie nur bedingt etwas über die tatsächlichen Aufstiegschancen aus. Ein starker Eltern-Kind-

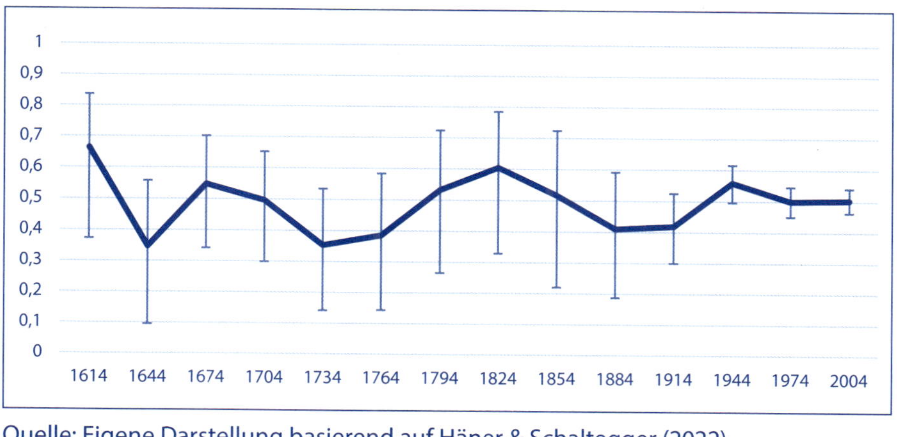

Quelle: Eigene Darstellung basierend auf Häner & Schaltegger (2022).
Lesehilfe: Auf der X-Achse werden die Generationen, die jeweils 30 Jahr umfassen, dargestellt. Die Y-Achse zeigt das Ausmass des Eltern-Kind-Zusammenhangs. Dieser wird als Korrelation angegeben und schwankt deshalb maximal zwischen 0 und 1. Ein Eltern-Kind-Zusammenhang von 0 würde bedeuten, dass die Eltern keinen Einfluss auf den sozialen Status ihrer Kinder haben. Ein Eltern-Kind-Zusammenhang von 1 würde demgegenüber bedeuten, dass der soziale Status der Kinder vollständig durch jenen ihrer Eltern bestimmt wird.

Abb. 1: Entwicklung Eltern-Kind-Zusammenhang 1550–2019

Zusammenhang muss nicht unbedingt Ausdruck fehlender Chancengerechtigkeit sein. Viel eher können auch vererbte oder anerzogene Fähigkeiten dazu führen, dass die Kinder ähnlich erfolgreich sind wie ihre Eltern. Deshalb ist eine Mehrgenerationenbetrachtung von großer Bedeutung: Wenn nämlich auch für Generationen, die in keinem direkten Kontakt zueinanderstehen, ein Effekt auf den sozialen Status der Nachfahren nachgewiesen werden kann, wäre dies ein Indiz für dynastische Effekte, die wiederum die Chancengerechtigkeit gefährden würden.

Der „Buddenbrooks"-Effekt

Deshalb haben wir unseren Datensatz zu den 15 aufeinanderfolgenden Generationen auch zur Ergründung der Frage genutzt, nach wie vielen Generationen die familiären Bande verblassen. Unsere Studie zeigt: Im Durchschnitt verschwindet der familiäre Effekt nach drei Generationen vollständig. Während der elterliche Effekt 40 Prozent beträgt, ist der zusätzliche Effekt der Großeltern mit 20 Prozent noch halb so groß. Für die Urgroßeltern konnten wir keinen statistisch signifikanten Effekt mehr nachweisen. Wir bezeichnen dieses Verblassen des familiären Effekts in Anlehnung an Thomas Manns Roman auch als den „Buddenbrooks Effekt". Was für die Kaufmannsfamilie gilt, hat auch für die Schweizer Gesellschaft seine Gültigkeit: Die vierte Generation kann sich nicht einfach dank ihren erfolgreichen Ur-Großeltern oben halten. Ein klingender Nachname allein ist somit noch kein Erfolgsgarant. Das ist Ausdruck intakter Meritokratie, denn im Durchschnitt gibt es in der Schweiz keine Dynastien. Selbst wenn man die wenigen Familien genauer analysiert, die sich über den gesamten betrachteten Zeitraum oben halten konnten, stellt man fest: Auch diese mussten sich ständig neu erfinden. Die Basler „Daig"-Familien etwa – wenn man so will die Basler „Lokal-Aristokratie" – begannen ihre Erfolgsgeschichte mit dem Tuchhandel und eigneten sich im Laufe der Zeit auch ein chemisches Fachwissen im Zusammenhang mit dem Färben der Stoffe an. Dieses Wissen konnten sie sich später zunutze machen, als sie sich in die Chemie- beziehungsweise Pharmaindustrie begaben. Mit anderen Worten: Wenn man über mehr als vier Generationen erfolgreich sein will, muss man innovativ und wettbewerbsfähig bleiben, da reicht die Zugehörigkeit zu einer bestimmten Familie nicht aus.

Es ist deshalb wichtig, nebst den etablierten Eltern-Kind-Betrachtungen vermehrt auch multigenerationelle Analysen durchzuführen. Nur so lassen sich auch langfristige gesellschaftliche Dynamiken erfassen, die für die Bewertung der gesellschaftlichen Durchlässigkeit und damit letztlich der funktionierenden Meritokratie entscheidend sind.

Die Bedeutung der Heirat

Soziale Mobilität ist also wichtig. Das heißt im Umkehrschluss aber nicht, dass Ungleichheitsanalysen komplett unwichtig sind. Im Gegenteil: Die Ungleichheiten innerhalb und zwischen Generationen sind nicht komplett unabhängig voneinander. Das betonte bereits Gary S. Becker. Und so war er der festen Überzeugung, dass jede angemessene Analyse der Ungleichheit auch Heiratsmuster berücksichtigen müsse. In Deutschland wurden 2021 knapp 350.000 Ehen geschlossen. In der Schweiz waren es deren 36.000. Die genaue Betrachtung dieser Eheschließungen zeigt uns: Tatsächlich sind sie von nicht zu unterschätzender Bedeutung für die Ungleichheit in einer Gesellschaft.

Die detaillierte Natur der Schweizer Steuerdaten ermöglicht uns die Messung der selektiven Partnerwahl, in dem wir die Situation der tatsächlichen Partnerwahl mit jener einer randomisierten Partnerwahl – einer Art Zufallsheirat – abglichen. Unsere Studie zeigt – wenig überraschend, weil es dazu etliche Evidenz auch aus anderen westlichen Ländern gibt –, dass sich gleich und gleich gerne gesellt. Die heiratenden Paare in der Schweiz ähneln sich in Bezug auf Einkommen, Bildung und Vermögen (Häner et al., 2021).

Beim Einkommen beträgt der durchschnittliche Zusammenhang zwischen Ehepartnern etwa 0,34. Mit anderen Worten, wenn ein Mann auf der Einkommensverteilungsleiter 10 Stufen nach oben steigt, wird der durchschnittliche Einkommensrang seiner zukünftigen Frau ebenfalls 3,4 Stufen höher sein. Eindrücklich wird es insbesondere, wenn man sich die Ähnlichkeit bei den obersten und den untersten Einkommen anschaut. Die Privilegierten bleiben eher unter sich – und das gilt auch für die unteren Gesellschaftsschichten. In der Schweiz heiraten die oberen 1 % der Einkommensverdiener fast 15-mal häufiger unter sich als im zufälligen Szenario. Menschen im untersten 1 % des Einkommens heiraten gar mehr als 30-mal häufiger. Gutverdiener heiraten besonders häufig Gutverdienerinnen. Im Gegenzug bedeutet dies aber auch, dass die Möglichkeiten des gesellschaftlichen Aufstiegs mittels geschickter Partnerwahl begrenzt sind. Die Chancen, als Busfahrer eine Zahnärztin oder als Anwalt eine Maurerin zu heiraten, sind gering. Für Frauen lässt sich eine leichte Tendenz beobachten, dass sie einen Mann aus der nächsthöheren Einkommensgruppe heiraten – und umgekehrt. Heiraten in deutlich höhere oder niedrigere Einkommensklassen sind jedoch sowohl bei Männern als auch bei Frauen selten. Das Sprichwort „Gleich und gleich gesellt sich gerne" scheint also in Bezug auf den gesellschaftlichen Status bei der Partnerwahl akkurater zu sein als das Motto „Gegensätze ziehen sich an".

Diese Ähnlichkeit im ökonomischen Status ist auch mit großen Verteilungswirkungen verbunden. Würden nämlich Paare zufällig heiraten, fiele die Einkommensungleichheit in der Schweiz bedeutend tiefer aus. So läge etwa die mittlere Ungleichheit – üblicherweise gemessen am Gini-Koeffizienten – um 10.7 % tiefer. Besonders spannend wird es jedoch, wenn wir uns die Ungleichheitseffekte an der Spitze der Einkommensverteilung genauer anschauen. Da wir Steuerdaten und keine Umfragedaten benutzen, ist uns auch eine solche Topeinkommensbetrachtung möglich. Um ein Gefühl für das Ausmaß der Verteilungswirkungen an der Spitze zu erhalten, vergleichen wir den Partnerwahleffekt mit dem Effekt der steuerlichen Umverteilung. Wenn wir den ungleichheitserhöhenden Effekt der Partnerwahl dem entgegengesetzten Effekt der steuerlichen Umverteilung bei den Top-20 % Bestverdienenden gegenüberstellen, so stellen wir fest, dass bis zum 95. Perzentil der Partnerwahleffekt überwiegt. Mit anderen Worten wird der Progressionseffekt des Steuersystems durch die selektive Partnerwahl bis dort gar aufgehoben. Anders verhält es sich bei den obersten 5 Prozent: Dort überwiegt der ungleichheitsreduzierende Steuereffekt. Becker behält also recht: Tatsächlich hat das Heiratsverhalten einen beträchtlichen Effekt auf die Ungleichheit in einer Gesellschaft.

Eigenes Vermögen wichtiger als potenzielles Erbe

Aber bedeutet dies auch, dass durch dieses selektive Heiraten Dynastien über Generationen zementiert werden? Oder anders gefragt: Gefährdet die selektive Partnerwahl, die wir beobachten, die gesellschaftliche Durchlässigkeit? Um diese Fragen zu beantworten, verglichen wir zusätzlich zu den Einkommen und Vermögen der Ehepartner selbst, auch die Vermögen deren Eltern (vgl. Häner et al., 2022). Die Betrachtung der elterlichen Vermögen ist besonders relevant, handelt es sich dabei doch um das potenzielle zukünftige Erbe. Unsere Analyse zeigt, dass sich Schweizer Paare nicht nur in Bezug auf ihr eigenes Vermögen ähneln, sondern auch ihre Eltern ein ähnliches Vermögen aufweisen. Stärker sind jedoch die Ähnlichkeiten im eigenen Vermögen. Während die oberen 1 % der Vermögenden fast achtmal häufiger heiraten als im Szenario der Zufallsheirat, ist die Wahrscheinlichkeit bei Eltern mit ähnlichem Vermögen entsprechend nur knapp dreimal höher als im Zufallsszenario. Die Ähnlichkeit im elterlichen Vermögen ist also deutlich geringer als die Ähnlichkeit im Vermögen der Partner selbst. Bei der Partnerwahl scheint das eigene Vermögen (das sogenannte „neue Geld“) viel entscheidender als der familiäre Hintergrund (das sogenannte „alte Geld“). Und wiederum zeigt sich die Schlüsselrolle der sozialen Mobilität: Intakte gesellschaftliche Aufstiegschancen und Abstiegsrisiken sind nicht nur wesentlich für eine funktionierende Gesellschaft, die auf Verdienst und Leistung statt auf Abstammung und Beziehung setzt. Der soziale Status wird in der Schweiz viel stärker erworben als ererbt. Die soziale Mobilität verhindert auch, dass das selektive Heiraten eine problematische Zementierung der gesellschaftlichen Schichten zur Folge hat.

Bedeutung für die soziale Marktwirtschaft

Daraus wird die große und zeitlose Bedeutung der sozialen Mobilität in der sozialen Marktwirtschaft ersichtlich. Intakte gesellschaftliche Aufstiegschancen sind eine wichtige Voraussetzung für eine funktionierende soziale Marktwirtschaft. Ausgedrückt in den Worten Ludwig Erhards, einem der Väter der sozialen Marktwirtschaft: „Das mir vorschwebende Ideal beruht auf der Stärke, dass der Einzelne sagen kann: Ich will mich aus eigener Kraft bewähren, ich will das Risiko des Lebens selbst tragen, will für mein Schicksal selbst verantwortlich sein. Sorge du, Staat, dafür, dass ich dazu in der Lage bin“ (Erhard, 1957). Ziel ist es, dass jedes Individuum mit Anstrengung seine Fähigkeiten entfalten und Erfolg erlangen kann. Unsere Heiratsstudien zeigen, dass die gesellschaftliche Durchlässigkeit auch das Zementieren von Dynastien infolge der selektiven Partnerwahl verhindert.

Schließlich zeigt sich, dass es einen Zielkonflikt zwischen dem ungleichheitserhöhenden persönlichen Verhalten und der gesellschaftlichen Präferenz nach Umverteilung gibt. Auch dies ist wichtig im Hinblick auf eine funktionierende soziale Marktwirtschaft. Gemäß Ludwig Erhard liegt „der tiefe Sinn der Sozialen Marktwirtschaft darin, das Prinzip der Freiheit auf dem Markt mit dem des sozialen Ausgleichs und der sittlichen Verantwortung jedes Einzelnen dem Ganzen gegenüber zu verbinden“ (Wünsche, 2001).

Der Markt des Heiratens ist glücklicherweise in westlichen Ländern inzwischen frei. Wir müssen uns jedoch bewusst sein, dass diese freien Entscheidungen einen Teil der kollektiv beschlossenen Umverteilung zunichtemachen. Dank der sozialen Mobilität vermögen sie jedoch nicht, diese so entstehenden Ungleichheiten auch über Generationen hinweg zu zementieren. So zeigt sich, dass das Erbe von Gary S. Becker – die Familienökonomie – ein nicht zu vernachlässigender Dreh- und Angelpunkt in einer sozialen Marktwirtschaft darstellt. Dies sollte vor lauter Diskussionen um die Verteilung und Umverteilung von Einkommen und Vermögen auch in Zukunft nicht in Vergessenheit geraten.

Weiterführende Literatur

Becker, G.S. (1991). A treatise on the family. Enlarged Edition. Harvard University Press.

Clark, G., Neil, C., et al. (2015). Surnames: A new source for the history of social mobility. Explorations in Economic History 55 (1), S. 3–24.

Erhard, L. (1957). Wohlstand für Alle. Econ Verlag, Düsseldorf.

Häner, M., Salvi, M. & Schaltegger, C.A. (2021). Tax redistribution offset? Effect of marital choices on income inequality. IFF-HSG Working Papers No. 2021–10.

Häner, M. & Schaltegger, C.A. (2022). The name says it all. Multigenerational social mobility in Basel (Switzerland), 1550–2019. Published online before print in Journal of Human Resources.

Häner, M., Salvi, M. & Schaltegger, C.A. (2022). Marry into new or old money? The distributional impact of marital decisions from an intergenerational perspective. IFF-HSG Working Papers No. 2022–1.

Wünsche, H.F. (2001). Was ist eigentlich „Soziale Marktwirtschaft"? Orientierungen zur Wirtschafts- und Gesellschaftspolitik 87, S. 42–52.

„Das mir vorschwebende Ideal beruht auf der Stärke, dass der Einzelne sagen kann: Ich will mich aus eigener Kraft bewähren, ich will das Risiko meines Lebens selbst tragen, will für mein Schicksal selbst verantwortlich sein. Sorge der ‚Staat' dafür dass ich dazu in der Lage bin."

Ludwig Erhard (1957)

Auffällig ist: Insbesondere diejenigen Regierungsparteien, die weltanschaulich gern Verzicht predigen und Wirtschaftswachstum nicht als Weisheit letzter Schluss sehen, marschieren mit sozialpolitischen Maßnahmen vorneweg, um die Einkommen und die Kaufkraft der Bürger zu schützen. Würden sie das tun, wenn sie tatsächlich glaubten, Geld sei für ihre Wähler inzwischen nur von nachrangiger Bedeutung?

Gesellschaft im (Werte-)Wandel: Hat die Wirtschaftsleistung als Wohlfahrtsmaß ausgedient?

Dr. Jörn Quitzau

Jörn Quitzau *ist Volkswirt beim Bankhaus Berenberg. Zuvor war er von 2000 bis 2006 bei der Deutschen Bank Research in Frankfurt und bei der Financial Times Deutschland. Seine Schwerpunktthemen sind Wirtschaftstrends sowie Wirtschafts- und Gesellschaftspolitik.*

Messen wir den Wohlstand falsch? Ist der starke Fokus auf das Bruttoinlandsprodukt (BIP) ein Fehler? Diese Fragen beschäftigen Ökonomen schon sehr lange, seit einiger Zeit nun auch die Politik. Im Jahreswirtschaftsbericht der Bundesregierung gibt es neuerdings ein umfangreiches Indikatoren-Set, das die gesamtgesellschaftliche Wohlfahrt besser abbilden soll als es das Bruttoinlandsprodukt kann. Doch die Teilindikatoren sind vielfach mindestens genauso interpretationsbedürftig wie das BIP. Zudem sind sie anfällig für politische Manipulationen. Die Bürger wissen im Regelfall selbst, was für sie Wohlstand oder – weiter gefasst – Glück bedeutet. Sie brauchen dafür keine von der Politik konzipierten Wohlfahrts- oder Glücksindikatoren.

Was macht Menschen glücklich? Was empfinden sie als Wohlstand? Diese Fragen hat sich jeder Einzelne wohl nicht nur einmal gestellt. Antworten darauf zu finden, fällt nicht leicht. Und schlimmer noch: Hat man erstmal

Antworten für sich gefunden, heißt das noch nicht, dass sie für alle Zeit Bestand haben werden. Prioritäten und Präferenzen ändern sich im Laufe des Lebens. Und dementsprechend kann sich auch ändern, was man unter Glück oder Wohlstand versteht. Einschneidende Ereignisse im Privatleben verändern die Maßstäbe. Genauso können gesellschaftliche Umbrüche und Einschnitte – wie etwa die Pandemie oder der Russland-Ukraine-Krieg – die Menschen veranlassen, ihre bisherigen Normen, Werte und Ansichten auf den Prüfstand zu heben. Doch allen Unwägbarkeiten zum Trotz: Im Rahmen ihrer Möglichkeiten versuchen die meisten Menschen immer und immer wieder, ihr Glück und ihren Wohlstand nach ihren eigenen Vorstellungen zu maximieren, denn sie wollen so viel wie möglich aus ihrem Leben herausholen.

Wenn schon jeder Einzelne Schwierigkeiten hat zu sagen, was ihn glücklich macht, wie soll das einer ganzen Volkswirtschaft, einer Gesellschaft insgesamt gelingen? Wann ist eine Gesellschaft glücklich? Wann wähnt sie sich im Wohlstand? Letztlich ergibt sich der Glückszustand einer Gesellschaft als Summe der Glücksempfindungen der einzelnen Bürger. Doch wie lassen sich Glück oder Wohlstand messen? Ökonomen und Sozialwissenschaftler machen sich schon sehr lange intensiv Gedanken darüber.

Das Bruttoinlandsprodukt als Wohlstandsindikator

Ausgangspunkt der Überlegungen ist sehr oft die materielle Komponente, also Einkommen und Vermögen. Das hat mindestens zwei Vorteile:

1. Einkommen und Vermögen lassen sich in Geldeinheiten bewerten, sie sind also quantifizierbar. Das gilt sowohl für Einzelpersonen als auch für Ehepaare oder Familienverbünde. Es gilt aber auch für ganze Volkswirtschaften. Was für den Einzelnen das Jahreseinkommen, ist für eine Volkswirtschaft das Bruttoinlandsprodukt (BIP). Das BIP ist die Summe aller im Inland produzierten Waren und Dienstleistungen innerhalb eines bestimmten Zeitraums (meist wird in der öffentlichen Diskussion das BIP eines Kalenderjahres betrachtet). Während das Jahreseinkommen für die wirtschaftliche Leistung von Einzelpersonen (bzw. Ehepaaren oder Familien) steht, drückt das BIP die wirtschaftliche Leistung eines ganzen Landes aus.
2. Die materielle Situation ist ein sehr wesentlicher Bestimmungsfaktor für die allgemeine Lebenszufriedenheit. Das Leben lässt sich einfacher gestalten, wenn man auf finanzielle Restriktionen oder Knappheiten weniger Rücksicht nehmen muss. Auch das gilt nicht nur für die individuelle, sondern auch für die gesellschaftliche Ebene. Je höher das Bruttoinlands-

produkt, desto mehr Gestaltungsspielräume ergeben sich wirtschaftlich und gesellschaftlich für ein Land. Man könnte diese Erkenntnisse einfach verdichten zu der landläufig bekannten Formel: „Geld macht glücklich."

Nun leben wir in einer Zeit, in der es zum Volkssport geworden ist, gesellschaftlich relevante Diskussionen nicht über den Regelfall zu führen, sondern lieber den Ausnahmefall von allen Seiten zu beleuchten. Und wenn der Ausnahmefall nur lange genug im Rampenlicht stand, verschwindet der Normalfall oft aus dem Bewusstsein. So wird es inzwischen vermehrt auch bei der Frage gehandhabt, ob Geld wirklich glücklich macht. Immer wieder melden sich Stimmen aus ganz unterschiedlichen Ecken der Gesellschaft zu Wort, die meinen, Geld mache nicht glücklich und wir sollten uns als Individuen und als Gesellschaft stärker auf andere, als auf materielle Werte konzentrieren.

Auch wenn es Einzelfälle geben mag, in denen Vermögen eher als Belastung empfunden wird oder gar zu persönlichem Unglück geführt hat, sieht der Regelfall anders aus. Das zeigen die Erkenntnisse der ökonomischen Glücksforschung. Es gibt einen positiven Zusammenhang von Geld und Glück (Bruno S. Frey). Mehr Geld macht typischerweise glücklicher. Dieser Zusammenhang gilt gleichwohl nicht linear. Das heißt: Eine Verdopplung des Einkommens führt nicht zur Verdopplung des Glücksempfindens – auch deshalb, weil das individuelle Glück nicht nur von der absoluten Einkommenshöhe, sondern auch von der relativen Position in der Einkommenspyramide abhängt. Im für die allermeisten Menschen relevanten Einkommensbereich ist der Nutzenzuwachs von zusätzlichem Einkommen (Geld) positiv, aber mit abnehmender Tendenz. Menschen mit relativ geringen Einkommen ziehen aus zusätzlichen 1.000 Euro einen deutlich höheren Nutzen als Millionäre.

Die Erkenntnis mag trivial anmuten. Doch sie kann erklären, weshalb vielfach gerade in besser situierten Kreisen erklärt wird, Geld würde nicht glücklich machen und das BIP sei kein guter Wohlfahrtsindikator. Aus gesicherten finanziellen Verhältnissen heraus lässt sich so etwas leichter formulieren, als wenn das Geld an allen Ecken knapp ist. Wer schon alles hat, was er für ein gutes Leben braucht und sich über Geldfragen keine Gedanken mehr machen muss, wendet sich auf der Jagd nach noch mehr Glücksgefühl oftmals nicht-materiellen Dingen zu. Doch ist das die Realität für den Großteil der Gesellschaft? Eher nicht. Im unteren und mittleren Einkommensbereich spielt Geld nach wie vor eine große Rolle. Das zeigt sich im aktuellen Umfeld drastisch gestiegener Lebensmittel- und Energiepreise sehr deutlich. Viele Menschen sorgen sich um ihre finanzielle Zukunft angesichts der hohen Inflationsraten. Die Bundesregierung reagierte mit allerhand Preisbremsen und sonstigen Unterstützungen. Auffällig ist: Insbesondere diejenigen Regierungsparteien, die weltanschaulich gern Verzicht predigen und Wirtschaftswachstum nicht als der Weisheit letzter Schluss sehen, marschieren mit sozialpolitischen Maßnahmen vorneweg, um die Einkommen und die Kaufkraft der Bürger zu schützen. Würden sie das tun, wenn sie tatsächlich glaubten, Geld sei für ihre Wähler inzwischen nur noch von nachrangiger Bedeutung?

Geld ist auch im oberen Einkommens- und Vermögenssegment nicht ganz so unwichtig, wie es Manche glauben machen wollen. Das zeigt sich, wenn es konkret wird. Höhere Steuern werden zwar von einzelnen Millionären gern medienwirksam gefordert („Tax me now"-Appell), aber nicht gern gezahlt. Wie sonst ist es zu erklären, dass kein nennenswerter Gebrauch vom Schuldentilgungskonto des Bundes gemacht wird? Seit 2006 führt der Bund dieses Konto, auf vielfachen Bürgerwunsch. Jeder Bürger kann darauf Geld einzahlen. Das Geld wird zur Tilgung der Staatsschulden eingesetzt. Damit steigt die finanzielle Handlungsfähigkeit des Staates, ganz ähnlich wie es im Falle höherer Steuern der Fall wäre. Doch trotz aller öffentlich zur Schau getragenen Bereitschaft, höhere Steuern zahlen zu wollen, sind im Jahr 2021 gerade mal magere 63.988,54 Euro auf dem Schuldentilgungskonto eingegangen (Bundestags-Drucksache 20/1429 vom 12.04.2022). Insgesamt zeigt sich, dass höhere Steuern weder bei Privatpersonen noch bei Unternehmen auf große Gegenliebe stoßen. Im Gegenteil: Um das eigene Geld in Sicherheit zu bringen, wird viel Energie darauf verwandt, die Steuerlast so gering wie möglich zu halten.

Differenzierung tut not: Geld allein macht nicht glücklich!

Insgesamt haben Geld und materieller Wohlstand offensichtlich immer noch einen höheren Stellenwert, als es manche gesellschaftliche und politische Diskussion vermuten lässt. Der Volksmund hat aber längst auch erkannt: „Geld allein macht nicht glücklich." Geld ist ein sehr wichtiger, aber sicher nicht der einzige Faktor für die Lebenszufriedenheit. So wird sich jeder Arbeitnehmer vor beruflichen Veränderungen gründlich überlegen, ob ein finanzieller Sprung nach vorn möglicherweise durch Unannehmlichkeiten begleitet wird, die den finanziellen Gewinn zunichtemachen. Im Regelfall kommt es zum Abwägen von finanziellen Vorteilen und nicht-finanziellen Nachteilen (z. B. höherer Stress, damit verbundene Gesundheitsrisiken, schlechtere „Work-Life-Balance").

So wie für die Bürger das Einkommen nicht allein selig machend ist, so ist auch das Bruttoinlandsprodukt kein perfekter Indikator für den Wohlstand eines Landes. Kritiker sagen schon lange, wahrer Wohlstand sei mehr als nur materieller Wohlstand. Über die konzeptionellen Probleme des BIP haben sich Generationen von Ökonomen den Kopf zerbrochen. Nicht alle Probleme konnten sie lösen. So misst das BIP auch Dinge als Wohlstandssteigerung, die tatsächlich nur vorausgegangene Wohlstandseinbußen ausgleichen. Zu beobachten ist das etwa nach Naturkatastrophen wie verheerenden Stürmen, Fluten oder Erdbeben. Die Wiederaufbauarbeiten treiben das BIP in die Höhe und signalisieren dadurch einen Wohlstandszuwachs, den es in der Realität gar nicht gibt – denn eigentlich wurden nur die entstandenen Schäden beseitigt und der Urzustand vor der Katastrophe wiederhergestellt. Aktuell dürften viele Deutsche viel Geld für Dinge im Zusammenhang mit der Energiekrise ausgeben, die ihnen nicht wie ein echter Zuwachs an Wohlstand vorkommen: Energetische Gebäudesanierung, Investitionen in neue Heiztechnik oder eigene Stromerzeugung federn künftig sicherlich einen Teil der steigenden Energiekosten ab. Doch verglichen mit der günstigen Energie in der Vergangenheit bringen diese Investitionsausgaben für denjenigen, der die Ausgaben zu stemmen hat, keinen gefühlten Wohlstandszuwachs. Zudem bringt der Beitrag solcher Einzelinvestitionen zur Reduktion von Treibhausgasen keinen auch nur ansatzweise spürbaren Nutzen – abgesehen vom möglicherweise guten Gewissen. Die Kosten hingegen sind für den Einzelnen direkt spürbar. Das BIP unterscheidet nicht zwischen Ausgaben, die einen direkten spürbaren Nutzen stiften (zum Beispiel Ausgaben für den Urlaub) und solchen, die lediglich dazu beitragen, einen Zustand der Vergangenheit wiederherzustellen. Wegen solcher Sachverhalte ist es sinnvoll, immer einen kritischen Blick hinter die nüchternen volkswirtschaftlichen Kennzahlen wie das BIP zu werfen.

Neben diesen konzeptionellen Problemen richtet sich eine Hauptkritik gegen das BIP, weil es eben nur die wirtschaftlichen, quantifizierbaren Faktoren erfasst. Deswegen gibt es inzwischen eine ganze Reihe von Initiativen und Indikatoren, die darauf abzielen, den Wohlstand breiter zu definieren und das gesellschaftliche Wohlergehen besser zu erfassen. So gibt es den OECD-„Better Life Index" oder den „World Happiness Report" der Vereinten Nationen. Auch die „Beyond GDP"-Initiative der Europäischen Kommission hat das Ziel, den Blick über das BIP hinaus zu weiten und Aspekte wie Umwelt, Soziales oder allgemein Lebensqualität stärker zu berücksichtigen. In Deutschland hatte der Bundestag bereits im Jahr 2010 beschlossen, die Enquete-Kommission „Wachstum, Wohlstand, Lebensqualität – Wege zu nachhaltigem Wirtschaften und gesellschaftlichem Fortschritt in der Sozialen Marktwirtschaft" einzusetzen. Bundeswirtschaftsminister Robert Habeck setzte nach seinem Amtsantritt noch einen drauf und ließ kurzerhand das Sonderkapitel „Nachhaltiges und inklusives Wachstum – Dimensionen der Wohlfahrt messbar machen“ in den Jahreswirtschaftsbericht 2022 einbauen. Darin geht es um mehr als 30 Einzelindikatoren aus sehr unterschiedlichen Bereichen, mit denen der Stand der gesamtgesellschaftlichen Wohlfahrt in ausgewählten Teilen abgebildet werden soll. Im Jahreswirtschaftsbericht 2023 wurde das Indikatoren-Set weiterentwickelt.

Was wird mit breit aufgestellten Indikatoren gewonnen?

Prinzipiell ist nichts dagegen einzuwenden, dass sich die Politik darum bemüht, einen besseren Überblick über den Zustand der Gesellschaft zu bekommen. Es ist sogar zu begrüßen, wenn die Politiker dafür nicht bloß auf die Entwicklung des Bruttoinlandsproduktes schauen. Die neuen umfassenden Indikatoren stoßen aber ebenfalls an ihre Grenzen. Sie können sogar in die Irre führen. Ein Beispiel – mehrere wären möglich – aus dem Jahreswirtschaftsbericht 2022: Der Anteil der akademisch Qualifizierten oder beruflich Höherqualifizierten (Meister) soll in dieser Altersgruppe laut Jahreswirtschaftsbericht bis 2030 weiter steigen. Nun ist eine solche Kennzahl reichlich grob. So sagt sie nichts darüber aus, ob die erworbene akademische Bildung auf dem Arbeitsmarkt überhaupt nachgefragt wird. Ist es egal, ob wir in Deutschland künftig mehr Geisteswissenschaftler haben oder mehr Ingenieure? Mit Blick auf die Energiewende dürfte auch der Handwerkermangel zunehmend zu einem Engpassfaktor werden. Es drängt sich die Frage auf, ob es für die Gesellschaft insgesamt nicht besser wäre, mehr qualifizierte (und auch einfache) Handwerker zu haben, als einen hohen Anteil an Akademikern, bei dem möglicherweise abseitige, nicht arbeitsmarktkompatible Fähigkeiten immer mehr an Bedeutung gewinnen.

Dieses einfache Beispiel soll zeigen, wie schwierig es ist, objektive und aussagekräftige Indikatoren zu entwickeln. So hat der „World Happiness Report“ der Vereinten Nationen im Jahr 2020, also im Jahr der Corona-Pandemie, für Deutschland Ergebnisse geliefert, die mindestens erklärungsbedürftig sind. Deutschland konnte 2020 seine Werte gegenüber den Vorjahren verbessern – sowohl im Vergleich zu anderen Ländern als auch in absoluten Werten. Die relative Verbesserung gegenüber anderen Ländern ist noch erklärbar, weil alle Länder mit der Pandemie kämpften und die Deutschen mit dem Pandemie-Management ihrer Regierung ja zufriedener gewesen sein können als die Bürger anderer Länder. Schwer zu begründen ist aber, dass Deutschland in absoluten Werten im „Ranking of happiness“ besser dastand als im Durchschnitt der drei Jahre zuvor (2017–2019). Letztlich heißt das: Im Jahr der Corona-Pandemie fühlten sich die Deutschen angeblich besser und glücklicher als in den Jahren, in denen sie alle Freiheiten genießen konnten.

Ist es realistisch, dass sich das Wohlbefinden in einem Jahr verbessert hat, in dem die Wirtschaftsleistung um rund 5 % eingebrochen ist, Arbeitslosigkeit und Kurzarbeit um sich griffen, Menschen um ihre berufliche Existenz bangten oder sie sogar verloren, das private Leben von Lockdowns, „Stay at home"-Appellen und anderen drastischen Einschnitten bestimmt war und die Menschen obendrein in ständiger Angst vor dem Virus lebten? Zweifel sind angebracht.

Weiche Indikatoren sind auch anfällig für politische Manipulation. Mit der Auswahl der Subindikatoren lassen sich die Ergebnisse in eine politisch gewünschte Richtung lenken, ohne dass damit das tatsächliche Wohlbefinden der Bevölkerung treffend abgebildet wird. Die im Jahreswirtschaftsbericht aufgenommenen Teil-Indikatoren spiegeln zu einem Teil wohl auch die politischen Präferenzen des amtierenden Wirtschaftsministers wider. Beim nächsten Regierungswechsel könnte der neue Wirtschaftsminister das Indikatoren-Set nach seinen persönlichen Vorstellungen neu zusammenstellen. Damit wäre die Vergleichbarkeit im Zeitablauf aber dahin. Im Gegensatz zum Bruttoinlandsprodukt, das nach international einheitlichen Standards berechnet wird, ist bei weichen Indikatoren also Vorsicht angebracht. Fehler in der Wirtschaftspolitik (mit messbar negativen Folgen) können übertüncht werden durch die Beimischung von Wohlfühlfaktoren. So lassen sich politisch erwünschte Ergebnisse herbeiführen.

Bei aller Sympathie für einen breiteren Blick auf die gesellschaftlich relevanten Wohlstandsdeterminanten, können die „Wohlfühlindikatoren" nur ergänzende Informationen liefern. Sie sind genauso interpretationsbedürftig wie das BIP. Es ist zudem elementar wichtig, das BIP als Kennzahl nicht zu verwässern, denn es wird als Bezugsgröße benötigt für viele wirtschaftliche Sachverhalte und Kennzahlen, zum Beispiel für das Steueraufkommen oder für die Schuldentragfähigkeit des Staates.

Ausblick

Wenn das BIP immer wieder in die Kritik gerät, dann stecken meist einige der in diesem Beitrag skizzierten Gründe dahinter. Eine sehr wichtige Rolle spielt die Tatsache, dass mit steigenden Einkommen und mit steigendem Wohlstand die materiellen Dinge zur Selbstverständlichkeit werden und nicht-materielle Dinge wie eine saubere Umwelt und eine bessere Work-Life-Balance in den Vordergrund rücken. Das gilt sowohl auf internationaler als auch auf nationaler Ebene. Deshalb ist es kein Wunder, dass die Debatte darüber, ob wir den Wohlstand falsch messen, vor allem in den reichen Ländern dieser Welt geführt wird. Und innerhalb der reichen Länder sind es wiederum oft die Wohlhabenderen, die diese Diskussion anstoßen und am Laufen halten. Es ist ein erfreuliches Privileg der Wohlhabenden, über Wohlstand reflektieren zu können.

Abschließend soll es eine Antwort auf die im Titel dieses Beitrags gestellte Frage geben: Nein, die Wirtschaftsleistung hat als Wohlfahrtsmaß nicht ausgedient! Wir messen den Wohlstand nicht falsch. Der Wohlstand lässt sich nur nicht ganz präzise messen. Daran werden auch punktuelle Verbesserungen oder das Ausweichen auf umfassende Glücksindikatoren wenig ändern. Wie oben beschrieben ist das Bruttoinlandsprodukt kein perfektes Maß für den Wohlstand eines Landes oder gar für dessen gesellschaftliches Wohlbefinden. Wirtschaft ist nicht alles. Aber die Kritik am BIP-Konzept geht oft zu weit. Es wird gern übersehen, dass das BIP in marktwirtschaftlich organisierten Ländern die Präferenzen und Wünsche der Bürger zum Ausdruck bringt. In Marktwirtschaften werden diejenigen Waren und Dienstleistungen produziert, die von den Verbrauchern gewünscht werden. Somit ist die weitverbreitete Vorstellung, Wirtschaft und Gesellschaft fänden in unterschiedlichen Räumen statt, meist sachgerecht. Regierungen, die den Wohlstand und das Wohlbefinden der Bevölkerung maximieren wollen, sollten deshalb in erster Linie darauf achten, dass sich die Bürger frei entfalten und ihre Bedürfnisse mit freiwilligem Tausch auf Märkten decken können. Wenn die Wirtschaft wächst und das BIP steigt, dann kommt damit – im Regelfall – zum Ausdruck, dass die Bedürfnisse der Menschen besser als im Vorjahr gedeckt werden konnten. Folglich sind die Menschen im Sinne ihrer eigenen Präferenzen glücklicher beziehungsweise zufriedener.

In dem Zusammenhang ist abschließend eine letzte kritische Bemerkung nötig: Wer die Debatten unserer Zeit aufmerksam verfolgt, kann den Eindruck bekommen, dass es manchen Zeitgenossen gerade nicht mehr darum geht, die individuellen Präferenzen und Wünsche der Bürger zum Maßstab zu machen, um den gesellschaftlichen Wohlstand richtig zu ermitteln. Vielmehr werden übergeordnete Ziele formuliert, denen sich die Bürger unterzuordnen haben. Manche NGOs, Denkfabriken und andere Institutionen massieren mit einem medialen Dauerfeuer ihre eigenen Vorstellungen von einem guten Leben ins Bewusstsein der Öffentlichkeit ein. Solche Vorstellungen lassen sich mit „Wohlfühlindikatoren" trefflich unterfüttern.

Bemühungen, die darauf abzielen, den Wohlstand eines Landes noch präziser darzustellen, als es das BIP bisher kann, sind immer willkommen. Problematisch ist es aber dann, wenn es nicht mehr darum geht, die Wohlstandsmessung zu verbessern, sondern der Gesellschaft eine neue Vorstellung von Wohlstand und einem guten Leben aufzudrücken. Die heutigen Debatten entwickeln sich zuweilen in eine Richtung, in der sich Wortführer als Gesellschaftsarchitekten verstehen und so tun, als wüssten die Menschen nicht, was für sie selbst gut ist. Nach Ansicht dieser Wortführer entscheiden sich die Normalbürger für das falsche, weil zu materiell ausgerichtete Leben. Schnell ist man dann bei Degrowth-Ideen (s. Beitrag von Jan Schnellenbach in diesem Buch), bei denen Konsumentensouveränität und Selbstbestimmung keine große Bedeutung mehr haben. Mit der Freiheit, für sich selbst herauszufinden, was sie glücklich macht, gehen die Menschen aus Sicht solcher Kritiker nicht richtig um. Doch wer soll entscheiden, was Glück und Wohlstand bedeutet, wenn nicht jeder Bürger für sich selbst? Das könnte die kritische Frage werden, die einige grundlegende wirtschafts- und gesellschaftspolitische Debatten der Zukunft prägen wird.

Weiterführende Literatur

Deutscher Bundestag (2022), Schuldentilgungskonto des Bundes, Drucksache 20/1429 vom 12.04.2022.

Frey, Bruno S. und Claudia Frey Marti (2010), Glück – Die Sicht der Ökonomie, in: Wirtschaftsdienst – Zeitschrift für Wirtschaftspolitik, 7/2010, S. 458–463

Frey, Bruno S. (2011), Glücksforschung aus der Sicht der Ökonomie, in: Soziale Sicherheit, CHSS 6/2011.

Quitzau, Jörn (2022), Schuldentilgungskonto: Freiwillige gesucht!, Wirtschaftliche Freiheit – Das ordnungspolitische Journal (www.wirtschaftlichefreiheit.de).